KB237583

한국형
혁신 리더십

박운서 지음

한국경제신문

이 책은 지난 3년 동안 3,000여 명의 종업원이 침몰 직전까지 내몰렸던 한 회사를 고통분담과 고군분투로 구출해 내고 경영정상화를 이룩한 과정을 기록한 다큐멘터리다. 5년 연속 적자구조를 보인 주식회사 데이콤이 변화와 혁신을 통해 부도위기에서 벗어나 흑자기반을 구축해 가는 과정을 한 권의 책으로 엮었다.

기업은 생명을 가진 유기체다. 사람들이 살아가면서 생명을 위협받고 건강에 위기를 맞이하는 것처럼, 모든 기업은 생존의 위기를 몇 번씩이나 맞닥뜨리게 된다. 기업의 환경이 변하고 기술과 시장이 변했는데 미처 대처하지 못해 위기를 맞거나, 내부의 조직문화나 리더십 등에 문제가 발생해 생존의 위기가 찾아오는 경우도 있다. 그러나 가장 위험한 것은 구성원들이 이런 위기를 전혀 인식하지 못하는 데 있다.

나는 2001년 2월 26일 데이콤의 최고경영자로 취임했는데, 당시 데이콤의 회생 확률은 30% 정도로 진단했다. 배는 침몰해 가고 있는데,

구성원 모두가 회사의 위기를 감지하지 못하고 있었다. 당시 데이콤은 20여 년 동안 굳어진 낭비, 비효율, 저생산성 등의 공기업적인 병폐에다가 과거의 방만한 투자실패로 사업마다 적자를 시현하고 있었다. 또한 부도덕한 일부 임직원의 부정과 비리에 따른 회사손실은 경영정상화에 큰 짐이 되었다. 게다가 회사를 인수한 대주주의 경영권지배를 저지하기 위한 노동조합의 파업과 직장폐쇄 사태로 회사는 후유증을 앓고 있었다. 적자폭 증가, 노사갈등, 과거 경영부실, 주가하락 등 사상 최악의 상태에서 우리는 혹독한 비용절감, 사업구조조정, 고장장애와의 전쟁, 6시그마 등 변화를 도모할 혁신 프로그램을 시행해 유동성위기를 극복해 나갔다. 그리고 사업구조의 수익성을 확보하고 계속기업으로서 성장발전해 갈 수 있는 흑자기반을 구축하는 데까지 이르렀다. 이 책에서 우리가 직면했던 위기의 본질과 원인을 소개함과 동시에 어떠한 변화와 혁신 프로그램으로 위기를 대처했으며, 재도약을 위한 준비를 어떻게 했는지를 사실 그대로 기술했다.

나는 1998년 《실전, 신바람 경영》이란 책을 쓴 이후 다시는 책을 쓰지 않겠다고 다짐한 바 있다. 왜냐하면 글을 쓴다는 것이 엄청 어려울 뿐 아니라, 재임 3년 동안 이렇다할 성공기업으로 키워낸 것도 아니기 때문에 주제넘은 생각이 들어 내키지 않았다. 그러나 주변 사람들로부터 "데이콤이 왜 이 지경이 되었느냐? 데이콤의 문제는 무엇인가? 살아날 수 있는 가능성은 있는가? 노동조합이 유명하다던데? 정부정책에 문제는 없는가? 주식가격은 언제 오를 것인가?" 등등의 질문을 많이 받았다. 따라서 이들 질문에 답변을 드려야겠다는 생각이 들어 책을 쓰게 되었다.

두번째는 구조조정을 통해 30% 이상의 직원이 회사를 떠났고, 급여반납, 임금동결, 분사, 아웃소싱, 매각 등의 고통을 감내하면서 회사를 살리겠다는 일념으로 혼신의 노력을 기울인 데이콤 임직원들의 고생담을 기록으로 남겨 그들의 노고에 보답하고 싶었다. 특히 6시그마, 워크아웃 프로젝트, 고장장애와의 전쟁 등 혁신 프로그램을 소화해 내면서 수익성 확보와 생산성 제고를 위해 경영혁신 활동에 불씨를 지피고자 한 우리의 노력과 결실을 회사의 역사에 남기고 싶었다.

세번째는 많은 기업과 경영진들에게 우리가 체험한 기록이 많은 도움이 될 수 있겠다는 작은 믿음이 있었다. 기업이 환경변화에 적응하지 못했을 때 어떠한 위기를 자초하는가? 핵심전략을 놓치고 다른 사업의 유혹에 넘어갔을 때 어떠한 결과를 초래했는가? 또 경영진의 솔선수범과 구성원 각자의 열정과 자발적 참여가 기업경영에 얼마나 중요한가를, 그리고 경영과 윤리는 분리할 수 없다는 사실을 다시 한번 깨달아 우리와 같은 위기를 자초하는 우를 범하지 말았으면 하는 바람이 책을 쓰게 된 동기가 되었다. 책에서 IBM, GE, 도요타자동차, 노키아 등 여러 성공기업의 사례를 예시했는데, 이들 예는 직원들의 교육과정이나 크고 작은 공식, 비공식 모임에서 인용한 내용으로서 독자들에게 참고가 되었으면 한다.

우리의 노력은 시작에 불과했다. 응급실의 환자를 일반 병동으로 옮긴 것과 같다. 그러나 시작은 미약하나 나중은 창대해질 것이라고 믿는다. 왜냐하면 우리는 거대한 플라이 휠을 돌리기 시작했다. 두 바퀴, 세 바퀴…열 바퀴, 스무 바퀴…백 바퀴… 이렇듯 쉼없이 돌아가면서 스스로의 탄성에 의해 무서운 속도를 낼 것이라고 믿어 의심치 않는다.

이 책을 내면서 먼저 하나님께 감사드린다. 외롭고 힘들 때마다 하나님께서 나와 함께 하셨다. 하나님의 도움이 없었다면 회사의 기적 같은 회생이 불가능했다. 각 장 첫 머리에 인용한 성경말씀은 매일 새벽기도를 드릴 때마다 하나님께서 내게 주신 말씀이다.

각종 자료와 원고를 제공해 주고, 교정에 도움을 준 데이콤 직원들에게도 감사를 전한다. 그리고 출판을 기꺼이 허락해 준 〈한국경제신문〉 신상민 사장과 한경BP 임직원들에게도 감사드리며, 편집기획을 맡아준 김찬희 실장과 직원들의 노고에도 감사의 마음을 전한다.

끝으로 2004년 10월에 원고를 탈고하여 한경BP에 넘겨주고는 필리핀 민도르 섬에 영농선교 기반을 구축하기 위해 정신없이 오가다가 2005년 11월에 귀국해서야 비로소 교정본을 읽어본 저자의 게으름을 널리 용서해 주기 바란다.

2006년 4월

박 운 서

1
침몰해 가는 타이타닉 호

두려워 말라 내가 너와 함께함이니라. 놀라지 말라 나는 네 하나님이 됨이니라. 내가 너를 굳세게 하리라. 참으로 너를 도와주리라. 참으로 나의 외로운 오른손으로 너를 붙들리라.

(이사야 41장 10절)

회생확률 30%에 놓인 기업

참으로 망가진 기업이었다. 어느 한 군데도 성한 곳 없는 문제투성이의 회사로 죽어가고 있었다. 도저히 회생이 불가능해 보이는 기업이었다.

2001년 2월 26일, 주주총회 직후 개최된 이사회에서 대표이사로 선임된 나는 회사의 경영실태를 파악하느라 밤낮이 없었다. 아침 7시부터 저녁 11시까지 일했지만 시간이 모자랄 지경이었다. 들여다보면 볼수록 한숨과 절망감이 엄습했고 헝클어진 실타래를 어디서부터 풀어나가야 할지 몰라 초조함만 더해갔다. 급기야는 약 20일 간 잠 못 이루는 불면증에 시달려야 했다. 눈만 감으면 난마처럼 얽힌 문제들로 점철된 회사의 실체가 나를 괴롭혔다. 마치 암세포가 온몸으로 퍼져나간 말기 암

환자와 다를 바 없었다. 어떻게 할 것인가? 어디부터 손을 써야 할 것인가? 과연 회사를 살릴 수 있을까?

가장 다급한 것이 유동성 문제였다. 지난 1997년 이후 4년 간 연속적으로 당기순익이 적자를 기록해 자본잠식이 시작되었고, 특히 1999~2000년에는 영업이익률마저 1%대로 떨어져 있었다. 2000년에는 영업이익이 25억 원으로 제로나 다름없었고 당기순익이 매출액의 10% 규모로 적자를 기록, 회사의 현금보유액은 바닥을 드러내고 있었다. 우선 숨통을 트여줄 급전이 필요했는데, 다행히도 그간 추진해 왔던 전환사채 1억 달러 발행이 성사되어 자금이 들어오기 시작했다. 한두 달 정도는 견딜 수 있었으나 그 다음이 문제였다.

취임 후 약 한 달이 지난 2001년 3월 23일 전직원을 회사 근처에 자리한 진선여고 강당에 모았다. 대표이사로서 한 달 동안 밤낮 없이 진단한 결과를 직원들에게 알리고, 그 동안 고민하며 생각한 회생 가능 방안을 제시하고, 구성원들과 함께 위기의식을 공유하고 고통을 분담하며, 회사를 살리는 일에 똘똘 뭉쳐보자고 호소하기 위해서였다. 회사의 위기를 설명하기 위해 모든 직원을 창사 이래 처음으로 소집한 자리이고, 새로 부임한 대표이사가 무슨 말을 하는지 궁금해하며 지방에서도 직원들이 올라와 큰 강당을 가득 메웠다.

우리 회사는 한 마디로 고비용, 저생산성, 비효율의 표본이었다. 공기업의 병폐를 고루 갖추고 있어 아무리 강도 높은 구조조정을 실시하더라도 회생할 확률은 50%밖에 안 되고, 그냥 두면 망할 확률이 70% 이상이었다. 성장성, 수익성, 유동성, 생산성 등 어느 한 분야에서도 회생 가능성을 찾아볼 수 없었다. 게다가 민영화 반대의 기치를 내세우며 LG그룹의 경영권 인수를 저지하기 위해 2000년 11월부터 2001년 1월까지 이어진 84일 간의 파업으로 기업 이미지는 실추되어 있었다. 게다가 고객의 20%가 빠져나가 직접매출 손실액만도 약 1,000억 원에 달해 매출액의 10% 이상을 잃어버린 상태였다.

나는 전직원 앞에서 주식회사 데이콤의 현 상태를 "세계에서 가장 튼튼한 배라고 자랑하던 타이타닉 호가 빙산을 들이받아 선체가 파괴되고, 물이 새고, 폭풍우가 몰아치는 망망대해의 칠흑 같은 어둠 속에서 점점 침몰해 가고 있는 것과 같다"고 진단했다. 이곳저곳에서 못 믿겠다는 표정으로 웅성거리기 시작했고, 이따금 "우우~" 하는 야유도 들렸다. 나는 개의치 않고 계속 말을 이었다. "당기순익이 4년 연속 적자이고, 주가는 1년 전 40만 원에서 4만 원으로 폭락했으며, 금융차입금이 3월 말 현재 매출액보다 많은 1조 3,600억 원으로 지급이자만도 연간 900억 원이나 되어 금융비용이 매출액의 10%를 넘어서고 있다. 기업의 최소한의 생존 조건은 영업이익으로 지급이자액만큼은 갚을 수 있어야 하는데, 우리 회사는 지난 3년 간 한 번도 이자배상비율이 1을 상회한 적 없었고, 2000년 영업이익률이 0.25%로 거의 제로에 그치고 있다. 이러한 상태가 유지된다면 2001년에 3,100억 원의 적자가 불가피한 상황이고, 부채비율이 연말에 400%가 될 전망이다. 특단의 개혁적 조치 없이는 상반기 중에 부도사태가 도래할 것이고, 법정관리 아니면 매각이나 청산절차를 밟을 수밖에 없다"고 선언하자 장내는 숙연해졌다.

주식회사 데이콤은 1982년 자본금 60억 원으로 데이터통신을 독점적으로 담당하는 회사로 출범했다. 현재의 KT인 한국통신공사가 당시 대주주였다. 한국통신의 회선을 임대해 재임대하는 전용회선 서비스, 행정전산망 서비스, 다이얼 업 온라인사업인 천리안 서비스 등 데이터통신사업을 해오다가 1991년 국제전화 사업권을 획득하면서 '002'로 한국통신과 경쟁하는 국제전화 서비스를 개시했다. 한편 한국통신도

1991년 데이터통신 서비스를 할 수 있도록 허용되자, 데이터통신 분야에 경쟁체제가 도입되었다. 한국통신의 데이콤 지분 3분의 1을 1인당 지분한도 5% 범위 안에서 매각해 삼성, 동양, LG 등이 데이콤의 주요주주로 참여했다. 그러나 여전히 민간기업이라기보다는 공기업 성격이 강하게 유지되면서 주인 없는 회사처럼 경영되었다.

1995년 1월 1일 WTO체제가 발족한 뒤, 1997년 2월 통신서비스 시장도 극적인 합의에 따라 WTO체제에 편입되었다. 정부에서는 외국인에게도 49%까지 지분을 개방하는 등 국내 통신시장의 개방화 · 자유화 · 민영화의 길을 터주었다. 그 일환으로 정부는 개인별 지분제한을 8%로 하는 시내전화사업자인 하나로통신을 1995년에 설립함으로써 데이콤, 삼성, LG, 현대, 대우, SK 등이 주요 주주로 참여한 또 하나의 주인 없는 통신회사가 출범했다. 데이콤에는 같은 해에 1인당 지분제한 5%에서 10%로 한도를 늘리고 추가로 시외전화사업권을 부여했으며, 1998년에 시외전화 및 국제전화사업자로 제3의 사업자인 온세통신 설립을 허용했다. 이로써 시내전화는 한국통신과 하나로통신 두 개 사업자가, 시외 및 국제전화는 한국통신, 데이콤, 온세통신 등 세 개 사업자가 유선 분야에서 경쟁하는 체제를 만들어 외형상으로는 유선 분야에서 개방화, 민영화가 마무리된 것처럼 보였다. 바로 여기서부터 후발 사업자의 부실이 싹트기 시작했지만 아무도 이를 예견하지 못했고, 돈이 될 것으로 예측했던 주요 주주들은 경영에 참여하지도 못했으며, 통신 3개 회사는 주인 없는 회사로 경영되면서 관료출신들의 낙하산인사와 경영부실로 인해 낭비와 비효율적인 운영이 계속되었다.

1998년 국민의 정부가 들어서면서 이른바 '빅딜'이란 명분 아래 LG그룹은 반도체를 빼앗기고 동일인 지분한도 10% 제한을 풀어준 데이콤을 받아왔지만, 데이콤을 놓고 지분확보전에서 삼성그룹과 경쟁하면서 동양그룹의 지분 23%를 비싼 값으로 매입하게 되어 엄청난 비용을 부담했다. LG그룹은 1999년 9월에 데이콤 지분 56%를 확보했지만, 재벌의 경영지배를 반대하는 노동조합과 참여연대의 공동투쟁으로 경영권을 확실하게 장악하지 못한 채 2년 여의 시간을 허송세월하게 되어 경영부실은 눈덩이처럼 불어났다. 더불어 빅딜 과정에서 반도체를 빼앗기게 되어 "꿩 대신에 메추리라도 잡아야겠다!"는 심정으로 기업을 인수하게 되었다. 제대로 된 실사조차 해볼 겨를 없이, 즉 통신사업에 대한 비전이나 전략 없이 그냥 인수했던 것이다.

당시의 데이콤은 맥킨지가 예시한 '망해가는 기업의 공통적인 열 가지 항목'에 대부분 해당되었다.

① 잘 나가던 시절에 너무 방만했거나 외부의 환경변화에 둔해져서 환경변화에 적응하지 못한 지 오래 되었다.

② 외부고객이나 경쟁사에 대한 대응보다 사내정치에 더 많은 에너지를 쓰고 있었다.

③ 일을 열심히 하다가 잘못되면 혼나지만 일을 찾아서 하지 않았다고 혼나는 일은 없었다. 직원들의 교훈은 "튀지 말고 시키는 대로 하라"는 것이고 가족과 같은 따뜻한 분위기도 없고 책임소재도 불분명했다.

④ 조직을 진정 사랑하고 목 터져라 외치던 젊은 혈기들은 조직을 떠났고 남아 있는 직원들은 지쳐서 순응하고 있었다.

⑤ 정실인사가 팽배했다. 임원승진은 실력자의 배려 또는 정치권의 영향력 때문이라는 소문이 무성했다.

⑥ 맡은 분야에 내가 최고라는 자부심은 찾아볼 수 없고, 열린 마음

과 겸손, 자기반성도 찾아볼 수 없었다.

⑦ 대다수의 경영진이 조직원의 신뢰나 존경을 받지 못하고 있었다.

⑧ 조직원을 아끼고 인격적으로 대우하는 분위기가 없고 생산수단
의 하나로 취급되고 있었다.

⑨ 보이지 않는 곳에 문제가 많았다. 개인적으로 기업경비를 남용하
고 있었고 고위직일수록 더욱 그러했다.

⑩ 남 핑계 대는 일에는 도가 텄고 방어적이고 회피적이었다.

당시 데이콤 직원들은 치열한 경쟁을 뚫고 입사한 엘리트로서 외부
의 비판에 익숙하지 않았다.

경영진단 결과

약 한 달 동안 나름대로 전반적인 경영상태를 진단한 결과, 무엇보다도
먼저 방만하게 지출되고 있는 비용과 무원칙하게 집행되는 투자비의 과
감한 축소가 필요했다. 지난 5년 간 연평균 매출증가율은 15%였는데,
영업 총비용은 연평균 20%씩 증가함으로써 영업이익이 제로 상태에 이
를 수밖에 없었다. 매출을 올릴수록 적자가 쌓이는 상황이었다. 그 결과
이자지급과 과다한 투자비를 차입금과 유상증자에 의존해 왔고, 이자지
급 등 영업외비용은 고스란히 경상이익적자로 연결되어 1997년 이후 4
년 간 연속 적자를 시현한 만성적 적자회사였다. 또한 방만한 투자가 경
제성 검토 없이 이루어졌는데, 과거 5년 간 매출액 대비 설비투자 비율
이 44%나 되었다. 이는 당시 국내 통신산업의 평균 매출액 대비 투자액
비율인 26%보다도 훨씬 높았다. 일반적으로 투자된 고정자산 대비 매

16

출액 규모가 3배 이상이 되어야 하는데 데이콤은 1.4배에 불과했다. 또 총자산회전율도 0.47에 머물러 기준이 되는 1에 훨씬 못 미쳤다. 투자된 자산의 상당 부분이 매출을 일으키지 못하고 불용 내지 유휴상태에 있었기 때문이다.

2000년의 투하자산수익률(ROIC)은 마이너스 0.6%였고 평균자본비용(WACC)은 10.1%로 나타나 기본적인 수익조차 창출하지 못했다. EVA는 마이너스 1,918억 원으로 그 비율이 −10.7%에 이르러 회사는 문을 닫아야 할 처지였다.

그렇다면 어떻게 회사가 유지되어왔을까. 지난 20년 간 영업이익과 감가상각비로 지급이자 등 영업외비용을 지출하고 당해 연도 투자비를 충당하고 난 후의 순현금흐름(Net Cash Flow)계정에서 플러스 현금창출을 두 해를 제외하고는 한 번도 실현하지 못했다. 따라서 '계속기업'으로서의 수명은 끝이 난 상태였으나, 회사를 유지하기 위해 지난 20년 동안 매년 유상증자를 실시했다. 그리고 재벌주주들의 경쟁심리를 이용해 유상증자에 성공해 왔던 것이다. 또한 공기업이라는 신용을 바탕으로 과다한 금융 차입이 이루어져 1996년 이후 5년 간 차입 규모가 9,000억 원이나 늘어 2001년 3월 현재 금융 차입금이 1조 3,600억 원으로 매출액 9,989억 원보다도 많았다. 부채비율은 1996년 83%에서 229%로 높아졌다. 과거 5년 평균 금융비용은 10.5%에 달했으며 3년 안에 부채비율이 3,000%에 도달할 것으로 전망되었다.

둘째로, 우리 회사는 장거리전화와 인터넷사업자였는데 경상이익 기준으로 전화사업은 1998년 이후 3년 간, 인터넷사업은 1995년 이후 6년 간, 천리안은 1999년 이후 2년 간 연속 적자를 기록했다. 그 사업을 쪼개보면 12가지 사업을 영위하고 있었는데, 기업에 광케이블을 연결해 주는 전용회선사업 한 가지를 제외하고는 경상이익 기준으로 모두 적자였다. 영업이익 기준으로도 전용회선사업과 국제전화사업을 제외하고는 10개 사업이 모두 적자를 시현하고 있었다. 그러나 국제전화사업은 과당경쟁으로 그 해에 적자가 예상되었고, 전용회선사업도 전용회선 임대료 인상으로 흑자가 크게 축소되면서 매출이 줄어들 것으로 전망되었다. 또한 자회사로 운영하는 것 중에 인터넷데이터사업인 KIDC를 제외하고는 통신장비를 수입 판매하는 Dacom International, 시스템 통합사업자 Dacom System Technology, 국제전용회선 재판매사업자 Dacom Crossing, LG에서 인수받은 Channel-i와 검색 포털인 심마니 등 5개 자회사가 모두 적자를 내고 있었다. 나는 조회 때마다 "데이콤의 사과나무에 12개의 사과가 달렸는데, 1개를 제외한 11개가 모조리 썩어 먹을 수 없다"는 점을 강조했다. 기분 같아서는 흑자를 시현하는 전용회선사업과 KIDC만을 남겨놓고 나머지는 모두 매각하거나 철수하고 싶다고 말했다. 이 같은 적자구조는 시장, 기술, 고객 등 환경변화에 적응하지 못하고 주먹구구식 투자와 공급자시장(Seller's marketing)에 안주한 채 매출만 인식하고 손익개념을 무시하고 고객에게 관심도 가져주지 않은 임직원들의 의식에서 비롯되었다고 판단했다. 따라서 앞으로 선택과 집중의 원칙 아래 과감하고 강도 높은 사업구조조정이 불가피하다고 역설했다.

셋째로, 우리 회사는 조직이나 경영시스템, 임직원의 의식구조나 행동 등에서도 공기업의 구조적 문제점을 가지고 있었다. 한국중공업을 2년 간 경영했고, 한국전력의 자회사였던 파워콤을 인수해 1년 간 경영해 보았으며, 데이콤을 3년 간 경영해 본 결론은 이 땅에 '공기업 형태의 주인 없는 기업'이 존재해서는 안 된다는 것이었다. 공기업은 민영화를 통해 주인을 찾아주어야 국가적인 낭비와 손실을 최소화할 수 있다. 많은 사람들이 공기업에 대해 국민기업, 경영과 소유의 분리, 기업의 공공성과 사회성 등의 장점을 강조하지만, 실제 공기업 3개를 경영해 본 나로서는 그 말에 찬성할 수 없다. 공기업은 부도덕하거나 책임의식이 없는 경영진을 견제할 수가 없다. 주주나 이사회가 감시감독할 수 있는 권리와 책임을 수행할 수 있는 완벽한 제도적 장치가 없기 때문에 경영진의 생각은 정부나 정치권을 향해 있고, 엉덩이는 항상 손익이나 고객과 주주를 깔고 앉아 있는 습성을 지녔다. 따라서 인사청탁이나 납품 또는 공사부탁 등 외부 압력을 거절하지 못해 경영부실이 쌓여만 가는 것이다. 더구나 부도덕한 경영진이 강성노조에 약점이 잡혀 노조의 눈치를 보게 되면 경영이나 인사를 그르치고 회사에 손해를 두고두고 끼친다. 공기업의 공통적 현상은 책임의 소재가 불분명한 조직구조라는 점이다. 데이콤의 경우 조직이 중층구조 내지 중복구조로 되어 있어 결제단계가 7~12개에 이르고, 협조서명란도 3~6개나 되어 책임의 소재가 분산되어 있었다. 의사결정과정이 아주 느린 것이 특징이었다. 더구나 공기업도 돈을 버는 기업인데, 임직원 모두가 손익개념이나 고객중심 의식이 결여돼 있었다.

우리 회사의 본부장이나 지사장들은 하나같이 자기의 매출에서 얼마를 벌고 있는지, 맡고 있는 사업의 영업이익률이 얼마인지조차 모르고 있었다. 그리고 공기업 특유의 예산제도는 매년 초에 확정된 예산을 그해에 당연히 다 쓰는 것이고 남을 경우도 반드시 모두 써야 한다는 고정관념 때문에 낭비와 비효율성이 쌓여(Built-in)갔다. 또한 구성원들은 상부의 지시나 명령에 길들여져 있어 정년 58세까지 어떻게든 버티기만 하면 된다는 무사안일주의와 소극적인 자세가 팽배했다. 주인의식이 없는 일부 탐욕에 눈먼 임직원들은 회사의 피를 빨아먹겠다고 호시탐탐 기회를 노리고 있었다.

넷째로, 우리 회사는 강성노조가 지배하고 있었다. 회사의 주인은 노동조합이고 회사는 노동조합의 권익을 위해 존재하며, 경영진이나 이사회보다 우월적 지위에 있다는 인식을 가지고 있었다. 정경유착으로 돈을 벌어 재벌이 된 LG가 인수했으니 과거 공기업일 때 경영부실을 모두 떠안고, 회사를 먹여살려야 한다는 식의 주장도 있었다. 임금은 회사의 수익성이나 생산성, 그리고 지불능력과는 무관하게 결정되었고, 노조의 요구대로 수용되었다.

2000년도 정규직 1인당 급여와 임금성 복리후생비는 연간 5,570만 원으로 당시 통신업계에서 하나로통신 다음으로 높았고 SKT보다 10%, LGT보다는 30%가 높았으나 1인당 부가가치 창출액은 SKT의 1/5 수준이었다. 또한 당시에 미국의 AOL, AT&T, SISCO 등의 1인당 평균 연봉이 5만~5만 2,000달러로 우리와 동일한 수준이었으나 데이콤의 1인당 생산성은 그들의 1/5~1/8 수준이었다.

우리 회사의 복리후생제도와 단체협약은 대한민국에서 가장 좋은 것으로 알려져 있었고, 민주노총에서 바이블로 활용될 정도였다고 했다. 통신사업자들의 모임에 가면 타통신사업자로부터, 노조가 데이콤의 사례를 제시하면서 과다한 요구를 해와 곤경에 처하는 경우가 종종 있는데, "당신 회사는 무슨 재주로 그런 요구를 들어주느냐?"는 질문을 자주 받았다. 보직자를 제외한 부장급 이하는 무조건 노조원이 되는 유니언숍(Union Shop)과 인사권, 경영권의 상당 부분을 노조와 협의 내지 합의해야 하는 족쇄에 묶여 있었다. 예를 들면 외부 경력사원을 그룹 자매사로부터 채용할 때 임원급은 협의사항이고, 1급 부장 이하는 합의사항이었으며, 회사의 합병, 분할, 매각 등 구조조정이나 외주제공은 합의사항이어서 노조와 합의 없이는 단 한 명도 해고할 수 없게 되어 있었다. 내 눈에는 돈 벌자는 기업이 아니라 돈을 공평하게 분배하자는 종업원 복지공단 같았다. 여기에다가 노조집행부 구성원 대부분이 명문대 출신이었다.

　나는 처음 6개월 동안은 키가 큰 사람이 난쟁이 나라에 와서 바보가 된 것 같은 기분이 들었다. 출퇴근 시간을 지키지 않아도 간섭하는 사람이 없었다. 당시에 우리 회사 직원들은 거의 9시에서 10시 사이에 어슬렁거리며 출근했다. 노조원인 팀원의 동의 없이는 어떤 결정도 내릴 수 없었는데도 당연한 것으로 여기고 있었다. 회사가 망해가고 있어도 남의 일 보듯 무감각했고, 자기가 담당하는 사업이 몇 년째 적자를 내어도 걱정도 하지 않았다. 실패나 실수로 회사에 손해를 끼쳐도 눈감아주고, 고객이 떠나도 둔감했으며, 파업 중에 일한 직원은 왕따를 당했다. 그나마 최소한의 애사심으로 뭔가를 해야겠다는 생각을 하던 직원들조차 혼자 나섰다가 바보가 될지 모른다는 생각에 행동으로 옮기지 못했다. 관료들에게 밥을 사고 골프 접대를 한 것이 큰 자랑거리였고, 정치권의 유력인사를 잘 안다는 것만으로 우쭐대었다. 분명히 잘못 되었는데도 관례로 여겨 아무렇지 않게 생각했다. 나의 잣대로는 대한민국 안에 이런 회사가 존재하는 사실이 도통 믿어지지 않았다.

　이상과 같은 회사 실체를 놓고 나는 부도를 감수하느냐, 아니면 30% 밖에 회생확률이 없는 회사의 소생을 위해 한번 도전해 보느냐 하는 선택의 기로에 섰다. 나는 그들에게 "죽느냐 살아남느냐는 여러분의 선택에 달려 있다. 뼈를 깎는 고통을 분담하고, 사고와 행동을 바꾸어 앞으로 있을 변화와 혁신 프로그램에 적극적, 자발적으로 참여하자. 그렇게 하겠다면 내가 먼저 내 급여의 일부를 삭감하고 앞장서서 회사를 살리는 데 혼신의 힘을 쏟아 부을 것이고, 그렇지 않다면 나는 당장 이 회사를 떠나겠다"고 공언했다. 내 말을 경청하던 그들은 조용해졌다.

　나는 우선 응급처방으로 2001년도 예산의 10%를 유보하고, 매년 매출액 대비 10%의 비용절감을 3년 간 실천할 것을 제시했다. 이러한 'CUT-10운동'을 강력히 밀어붙이겠다고 선언하면서 금년 급여의 20% 반납과 내년에는 동결할 것을 제의했다. 또한 건당 3,000만 원 이상의 투자는 새로 설치한 투자심의위원회에 상정토록 하고, 투자계획시에 5년 간 매출 및 손익계획, IRR 및 NPV, 투하자본 회수기간 등 철저한 경제성 분석을 검토한 후 투자를 결정할 것이며, 당해 투자계획 3,000억 원을 절반 이하로 줄이겠다고 선언했다. 그리하여 "금년은 부도위기에서 탈출하고, 내년은 만성적자회사에서 벗어나 흑자를 시현하고, 3년째는 경상이익 3%를 달성해 경영정상화의 기반을 구축한다"는 목표로 'Triple Three운동'을 전개하자고 호소했다.

그리고 노동조합에 호소했다. "이대로 가면 회사는 파멸이다. 철봉에서 떨어지지 않고 매달려 견디어보겠다면 3년 간 무분규, 무쟁의를 선언해 달라! 전임 사장이 경영실패를 책임지고 스스로 물러났으니 노조위원장 등 노조집행부도 84일 간의 파업에 대한 책임을 지고 스스로 사퇴하거나 최소한의 애사심이 있다면 급여의 20%를 반납하겠다는 결의를 하라. 정 못하겠다면 회사를 떠나라!"라고 언성을 높였다. 그러나 모두가 비웃는 듯한 표정이었다.

당시에 직원들의 경영진에 대한 불신은 이미 도를 넘어서고 있었다. 경영진 상호간의 불신도 쌓여 있었다. 내가 마지막으로 "우리 모두가 진돗개 정신으로 무장해 KT라는 셰퍼드를 물고 늘어져 이기자!"고 강조했던 것이 귀에 거슬린 모양이었다. 진돗개는 상대방 다리 밑으로 기기도 하고, 기회가 되면 수시로 국부공격을 되풀이하며, 죽기 아니면 살기로 상대방 목을 물고 늘어져 이길 때까지 절대로 놓아주지 않는다는 얘기를 비유로, KT를 이기기 위해 틈새시장(Niche Market)을 공략하고, 경쟁자의 약점을 파악한 뒤 그 약점을 파고들어 마지막으로 승부근성을 발휘해 죽을 때까지 승리를 반드시 쟁취하자고 강조했던 것인데, 회사 게시판에는 "우리를 모두 진돗개 새끼로 만들려고 한다"고 비아냥거리는 글이 올라오기도 했다. 당시 직원들이 갖고 있는 경영진에 대한 불신은 콩으로 메주를 쑨다 해도 믿지 못하는 상태였다. 팀장 이상은 책임전가와 상대방 비방을 일삼았고, 노조 홈페이지에는 무기명으로 경영진에 대한 온갖 욕설과 원색적인 비난이 하루도 빠짐없이 올라왔다.

나는 한편으로 우리에게 도전과 기회가 함께 있다는 얘기도 했다. "우리 회사는 도전할 만한 가치가 있는 인터넷사업의 선봉에 서 있는 기업이다. 우리는 데이터통신의 경험과 기술, 그리고 핵심인력을 보유하고 있다. 우리 앞에는 도전과 기회가 기다리고 있다. 나는 도덕적, 윤리적으로 한점 흠 없이 솔선수범해 이곳이 나의 마지막 직장이란 생각으로 혼신의 힘을 기울이겠다. 여러분도 지금까지의 미움과 불신, 갈등과 대결, 앙금과 상처를 땅속에 묻고 화합과 단결로 꿈과 희망을 가지고 침몰하는 타이타닉 호에서 함께 물을 퍼내고, 돛을 동여매면서 육지까지 끌고가는 데 동참해 달라"고 호소했다.

이후 사내 여론을 점검해 보니, 애사심을 가지고 열심히 일하던 임직원들은 지금까지 몰랐던 회사의 실상을 듣고 실망과 자괴감으로 한숨만 쉬고 있다는 것이고, 무사안일한 직장생활을 하던 부류들은 과연 소문대로 '타이거 박'을 만났다면서 겁을 집어먹고 있다는 내용이었다. 노조활동에 애착을 두던 직원들은 LG의 지원 약속은 없고 허리띠만 졸라매라고 강요한다면 회사 정책에 동의할 수 없다면서 투쟁의지를 다졌다.

컨센서스 빌딩

2000년 7월 도요타자동차의 최고경영자로 발탁된 후지오 사장은, 도요타자동차가 지난 30년 동안 '자주연구회'란 이름의 수많은 팀활동으로 원가절감을 이룩했음에도 새로 취임하면서 매년 30%의 원가절감을 목표로 하는 CCC21(Construction of Cost Competitiveness for 21st Century)을 선포했다. 당시 그는 "사장 한 사람 때문에 기업이 망할 수는 있지만 사장 한 사람으로 인해 좋아지기는 어렵다. 스스로 문제의식을 가지고 변혁의 열정을 갖고 움직이는 인재만이 변화를 이끌어내고 최강의 기업을 만들어갈 수 있다. 5%의 원가절감은 불가능할지 모르지만 30%의 원가절감은 가능하다"고 강조했다. 미국의 대표적 경영학 교수들 200명에 의해 20세기 최고의 경영자(gurus' gurus)로 뽑힌 피터 드러커(Peter Drucker) 교수도 "경영은 관리하는 것이 아니라 변화를 주도하는 것이다. 이를 위해 종업원의 잠재력과 수행능력을 최대화하는 것이 최고경영자의 몫이다"라고 강조했다. 이는 경영혁신의 수행자는 구성원이고 회사를 살려내는 것도 구성원의 몫이며 책임이란 뜻이다. 구성원의 참여 없이는 혁신도 변화도 이룩해 낼 수 없다는 말이다.

내가 데이콤에 취임 당시 우리 회사의 총 인력은 2,960명이었는데, 많은 우수한 인력이 벤처기업 창업 또는 다른 IT기업으로 빠져나가 이직률이 15%가량 되었다. 홍수가 올 것을 예측하고 들쥐들이 가장 먼저 이동하는 것처럼 회사의 장래에 희망이 없다고 생각하는 사람들이 속속 회사를 떠나고 있었다. 그렇다고 떠나는 사람을 무턱대고 막을 수만은 없었다. 그보다는 회사에 미련이 남아 있는 구성원들에게 비전을 제시하고, 회생이 가능하다는 확신을 심어주는 것이 시급한 일이라고 생각했다. 이들에게 회사의 실상을 알려주고, 살아남을 수 있는 방법을 제시하고, 해야 할 일이 무엇인지 알려주는 것이 중요한 과제였다.

나는 한 달 동안 집중적으로 업무를 파악하고 나름대로 진단과 회생방안을 머릿속에 정리한 다음, 경영진단과 대처방안에 대한 구성원들의 컨센서스를 모으기 위해 워크숍을 개최했다. 약 한 달 동안 평택 소재 LG전자의 배움센터(Learning Center)에서 진행된 워크숍에는 직책별로 매주 금요일 오후부터 1박 2일 일정으로 네 차례에 걸쳐 매회 100여 명이 참가했다. 회사의 경영실적과 전망을 설명하고, 회사의 원리금상환 압박과 상환 스케줄, 경영위기의 원인과 회생방안, 각사의 임금수준과 단체협약의 비교 등을 설명한 다음, 10여 명 내외가 한 조가 되어 밤새 토론하고 이튿날 각 조별 대표가 발표토록 했다. 첫번째 워크숍은 그해 3월 30일~31일 양일간 팀장 이상 본부장, 실장, 부문장 등 경영진 100여 명이 참석했다. 창사 이래 한 번도 이런 모임을 가져보지 않았기 때문에 모두가 토의방식에 서툴렀다. 나도 각 조별 토론 장소를 순회하면서 함께 토론에 참여했다. 토론주제는 각 조별로 경영위기의 원인, 살려낼 수 있는 방안, 노사간 협력방안 등으로 하고 조별로 토론 결과를 10분씩 발표토록 했다. 한 달 간 네 차례에 걸쳐 과장급 이상 약 500명이 참여해 같은 방식으로 열띤 토론을 벌였다.

워크숍을 통해 구성원들 사이에 모든 정보가 공유되는 기회가 마련되었고, 처방에 대한 합의점(Consensus Building)에 도달할 수 있었다. '우리는 어디로 가고 있는가? 어디로 가야 하는가?' 하는 방향을 깨닫게 되었다. 구성원들 스스로 회생방안을 도출했다는 자부심도 큰 힘이 되었다. 경영혁신에 대한 참여도를 높이고 주인의식 제고와 소극적 자세를 적극적 자세로 바꾸는 데 큰 도움이 된 것이다. 또한 내가 생각지 못했던 좋은 아이디어와 정보를 제시했고, 구성원들이 공동의 목표지점을 확인하고 함께 달려갈 수 있는 계기를 마련할 수 있었다.

과장급 이상이 참여한 4회에 걸친 워크숍 토론 결과는 거의 대동소이했다. 회사가 창사 이래 최대 위기를 맞고 있는 원인으로 수익성보다는 외형 위주의 백화점식 투자 실패로 인한 적자구조, 비도덕적인 경영진의 경영비리로 인한 손실 축적, 또 이러한 경영부조리가 노조에 발목이 잡히면서 법과 원칙을 무시하고 노조의 요구를 무분별하게 수용하게 되면서 부당하게 노조의 경영권, 인사권의 간섭을 허용했다는 것이었다. 또 우물 안 개구리같이 바깥 세상의 변화와 위기에 대한 불감증으로 세계화, 개방화, 기술의 변화에 적응하는 데 실패했으며 IMF사태에도 적절히 대응치 못했던 점이 지적되었다. 정부로부터 사업권만 획득하면 저절로 팔린다는 공급자 위주의 안이한 생각에 빠져 시장의 치열한 경쟁과 고객의 선택권을 무시했다. 또 관료주의, 낭비, 비효율과 더불어 조직과 시스템에 의한 경영이 아닌 경영인 개인에 의한 자의적인 경영 등이 지적되었다.

회생을 위한 처방으로는 급여의 10% 반납, 900% 보너스 중 절반 이상 반납, 연월차휴가 최대한 사용, 소모성 복리후생비의 동결 등 임직원들의 고통분담과 더불어 인력감축, 불요불급 경비의 지출억제, 투자비 50% 감축 등 줄일 수 있는 모든 비용을 찾아내어 매년 10%씩 비용을 줄여나가기로 합의했다. 그리고 LG그룹 내의 통신사업 분야를 데이콤으로 일원화해 그룹 자매사의 통신수요를 데이콤으로 전환하고, 전화접속료 및 전용회선 등 통신필수설비사용료 인하와 LM시장(Land to Mobile : 유선전화에서 무선전화로 걸 때의 통화료를 100% 한국통신이 독점하고 있는 시장) 개방 등 대 정부정책 건의 관철과, 유상증자 5,000억 원 추진 등 다양한 처방이 제시되었다. 또 공통적인 의견은 고통을 분담할 용의는 있으나 고용안정은 지켜져야 한다는 것이었다. 나는 조별 발표가 끝난 뒤 총평에서 위기 탈출을 이루려면 결국 구성원의 마음자세와 회사를 살려보겠다는 행동이 필요하다고 강조하고 "처음에 회사의 회생확률을 30 : 70으로 보았지만 워크숍에서 보여준 여러분의 의지로 보아 50 : 50으로 회생가능성이 높아졌다! 여러분이 제시한 비용절감과 구조조정 방안이 성공하면 회생확률은 70%로 높아질 것이다"라고 말했다. 그리고 잭 웰치 회장이 말한 바와 같이 우리 모두가 자발적으로 열정을 가지고 회사를 살리는 데 혼신의 힘을 함께 쏟아 부어보자고(Passion with Willingness to Participate) 호소했다.

나는 미국 PC메이커들의 성공과 실패사례를 예로 들었다. 천재로 알려진 스티브 잡스는 당시 대형 컴퓨터로 세계시장을 석권하고 있던 IBM에 도전해 1977년 매킨토시라는 독특한 운영체제를 탑재한 세계 최초의 개인용 컴퓨터를 개발해 세계를 깜짝 놀라게 했다. 그리하여 1980년대 초에 미국 PC시장점유율 1위로 등극해 승승장구했다. PC를 학생들의 장난감 정도로 여기던 IBM도 여기에 자극을 받아 PC제조업에 뛰어들었으나, 당시 운영체제를 독점하고 있는 애플에서 이 소프트웨어를 구입해야만 했다. 그러나 애플은 매킨토시 O/S(Operation System)를 독점해 모든 PC제조업체를 묶어두려는 속셈으로 타 PC제조업자의 O/S 판매 요구를 거절했다. 이때 빌 게이츠(Bill Gates)란 하버드 대학 1학년 학생이 친구로부터 Q-DOS란 O/S시제품을 단돈 50달러에 매입해 이를 기반으로 MS-DOS개발에 성공했다. 이것이 Windows의 시발이었다. 그러나 빌게이츠는 당시 매킨토시의 위세에 눌려 운영체계를 팔 곳이 없었다. 이때 애플의 거절로 운영체계를 구하지 못하던 IBM이 검증이 안 된 MS-DOS를 장착해 주었고, IBM은 1980년대 후반

PC시장 1위업체로 올라섰다. 학교를 중단한 빌 게이츠는 호랑이 등을 타고 휘파람을 불었다. 한편 애플은 20% 이상의 시장점유율이 2%로 떨어지자 스티브 잡스를 해고했다. 그 뒤 13년 만에 스티브 잡스는 다시 애플로 돌아와 몸체가 반투명한 PC인 i-mac을 개발해 새롭게 도전했으나 두각을 나타내지 못하고 있다.

한편 1984년 텍사스 대학교 의과대학 1학년이던 마이클 델(Michael Dell)은 단돈 1,000달러로 델 컴퓨터를 차린 뒤 전화와 팩스 등을 이용해 직접 소비자에게 PC주문판매를 시작했다. 10년 후인 1993년에 이르자 월 1억 달러씩 판매하는 회사로 성장했고, 그다음 10년 후에는 인터넷으로 맞춤형 PC를 주문생산해 하루에 1억 달러씩 판매하는 세계 PC 1위업체로 등극했다. IBM은 엄청난 물량의 PC를 팔았으나 돈을 벌지 못해 결국 PC제조업에서 철수했다.

기업은 먹고 먹히며 엎치락뒤치락 부침하는 것이다. 데이콤도 시장과 기술의 변화를 읽어내고 경쟁자보다 반보만 앞서면 기회가 올 것이고, 자만심을 버리고 변화에 민감하게 적응한다면 희망이 있고 강조했다. 특히 침몰하던 항공모함인 IBM이 살아났고, 부도 직전까지 몰렸던 노키아나 닛산자동차가 회생에 성공한 사례를 타산지석으로 삼아 죽기 아니면 살기로 각오하고 분발하자고 당부했다.

네 차례의 워크숍이 끝난 후 새로이 발간되는 사내신문 〈데이콤 T-3 뉴스〉의 머릿기사로 쓰인 '위기의식 공유로 만성 적자구조 탈출하자!' '창사 이래 최초경영현황 설명회 개최!', '금년은 생존을 위한 적자탈출의 해', '양치기 소년 같은 오해 풀리다' 등의 표현에서 당시 분위기를 읽을 수 있다.

위기탈출을 위한 네 차례의 워크숍 이후, 각 부서별로 또는 각 팀별로 경영혁신 워크숍이 우후죽순처럼 개최되기 시작했다. 주말에는 사내의 조용한 회의실에서, 구내식당에서, 오크벨리 콘도에서, 아산 위성지구국에서 각 부서별로 활발한 토론이 전개되었다. 다행히도 두 달 만에 대체적으로 노동조합의 집행부소속 직원들 외에는 회사에 대한 위기의식은 공유되어 가는 것 같았다. 그러나 처방에 대해서는 의견이 분분했다. 이런 가운데 전 임원 48명이 급여의 25%를 반납하고, 'Triple Three운동'에 솔선수범하겠다는 내용의 결의문과 사직서를 첨부해 대표이사에게 제출해 왔다. 또한 아산 위성지구국에 근무하는 하성만 국장과 전임 노조위원장이었던 현병만 과장 등 네 명의 이름으로 고용안정보장과 더불어 급여반납의 의지를 담은 결의문이 게시판에 올라왔다. 물꼬가 트이니 그 다음날에는 팀장 이상 127명이 경영정상화가 될 때까지 임금반납 등 고통을 분담하고, 인력 구조조정도 감수하겠다는 결의문에 서명날인해 게시판에 발표했다.

또한 팀장 이상 간부요원들은 1차 워크숍이 끝난 후부터 비공식적으로 입사동기별로 또는 같은 소속부서별로 삼삼오오 모여 의견을 조율한 것으로 알려졌다. 4월 18일 아침 8시, 강남사옥 20층 식당에서 부사장 이하, 상무보 이상 28명의 전 임원진이 이들을 대표해 25%의 급여반납 결의와 함께 결의문을 아래와 같이 축조심의한 후 서명하고, 팀장 이상 직원에게 개인 메일로 보내 나흘 동안 자발적으로 서명을 받았다고 했다.

우리는 다음과 같이 마음을 모았습니다.
- 회사를 살리기 위한 노력에 적극 동참하겠습니다.
- 인력 구조조정보다는 전직원이 다함께 고통분담을 하는 쪽으로 추진하는 것이 좋겠습니다.
- 그럼에도 불구하고 최소한의 구조조정이 불가피할 경우, 팀장급 이상 우

리들이 먼저 대상이 되겠습니다.

- 아울러 회사와 노동조합은 현재 상황을 극복하기 위한 노사대화합을 공
  동으로 선언해 주실 것을 간곡히 부탁드립니다.
- 회사는 고용안정을 위해 최대한 노력하고 노동조합도 무쟁의선언을 통해
  회사의 회생 노력에 동참해 주실 것을 부탁드립니다.

2001년 4월 18일, 고영수 팀장 외 126명 일동.

이러한 분위기가 사내에 빠르게 확산되자 노동조합도 어쩔 수 없이 회사가 제안한 경영위기 탈출을 위한 토론장에 나오게 되었다. 드디어 취임 두 달째인 4월 24일 오후 3시에 강남사옥 20층에서 '데이콤 생존 방안에 대한 노사협의회'가 열렸다. 이날 토론에는 나를 비롯한 경영진 7명과 이승원 노조위원장을 비롯한 노조대표 7명이 참석했고, 노조 대의원 등 참관인 약 100여 명이 참석했으며 5시간 이상 토론이 지속되었다. 회사측은 우선 퇴출위기에 몰린 회사를 구해놓고 보아야 하므로 강도 높은 비용절감, 사업구조조정, 인력 구조조정 등을 통해 자력으로 부도위기를 막아야 한다는 주장이었고, 노조측은 이렇게 된 원인을 먼저 밝혀내어 책임자를 처벌하고, 유상증자를 통한 자금조달이 급선무란 주장으로 맞서 양자 간에 타개책을 마련하지 못했다. 그러나 이를 통해 회사경영 실태를 노조의 집행부와 강성노조원들에게 알리는 계기가 되었고, 일단 '노사 공동 비상대책위원회'를 설치하는 데 합의했다. 이 비상대책위원회는 약 3개월 간의 협의를 거쳐 그해 7월 12일 '노·사 대 평화선언'이란 합의점에 도달하게 되었고, 취임 5개월 만에 노사간 정전협정과 회사회생을 위한 고통분담 방안이란 타협점을 찾아내었다.

정보공유

경영진에 대한 구성원의 불신은 일만 악의 뿌리다. 경영진이 직원들로부터 신뢰를 얻지 못하면 변화도, 경영혁신도 이룰 수 없다. 기업경영에서 신뢰는 아주 중요한 요소다. 주주들로부터 신뢰를 얻어야 주주가치를 높일 수 있고, 고객으로부터 신뢰를 얻어야만 마케팅이 가능하며 고객만족도를 높일 수 있다. 채무자는 채권자로부터 신뢰를 얻어야만 계속기업으로 성장이 가능하다. 또한 회사와 노동조합 간에 신뢰가 형성되어야 노사안정을 이룩할 수 있다. 특히 회사에 대한 직원들의 신뢰가 밑바탕이 되어야 경영혁신과 변화를 도모할 수 있고, 직원에 대한 회사의 신뢰가 쌓여야 참여의지와 창의력이 창출되어 파트너십 관계가 구축된다. 우리 회사는 신뢰성에 관해 어느 한 부문도 만족할 수 없는 회사였다.

나는 불신의 장벽을 뛰어 넘어 모든 직원이 경영혁신 활동에 동참토록 유도하기 위해 우선 매달 아침조회를 열기로 했다. 사원들이 납득해야만 회사생존 방안이 실천에 옮겨질 수 있기 때문이었다. 취임 후 한 달이 지난 2001년 4월 3일 첫번째 조회를 가진 후 2003년 12월까지 한 번도 거르지 않고 매달 또는 최소한 분기별로 아침조회를 개최했다. 아침조회 장면을 전국 지사에 있는 직원들도 인터넷을 통해 다 듣도록 조치했다. 그러나 "인터넷 시대에 이메일로 게시판에 올리면 될 것을 귀찮게 아침 일찍부터 불러모아 무슨 아날로그식 조회를 한단 말인가?" 또 "근무시간인 9시에 모으면 되는 것이지 왜 8시 반에 모으는가?" 등의 비판도 있었다. 실제로 세번째 직원조회 때에는 노조집행부 요원들이 피켓을 들고 강단을 점거해 단체협약에 명시된 출퇴근 시간을 어겼다면서 직원조회를 9시까지는 개최하지 못하게 방해하는 웃지 못할 일이 벌어지기도 했다.

직원들이 귀찮게 여기는 아침조회를 왜 하는가? 나도 이메일을 많이 이용하는 편이지만 직원들을 직접 대면하고 얘기하면 훨씬 생동감 있고 전달력도 좋다고 생각했다. 나의 경영철학과 생각을 계속 강조하면 직원들과 대표이사 간에 점점 일체감을 가지게 되고, 일관성 있고 예측가능한 사람이란 인상을 심어주면서 나에 대한 신뢰를 쌓아갈 수 있다고 생각했다. 또한 월별로 집계되는 경영실적을 소상히 알려주고, 잘한 것과 잘못한 것을 설명함으로써 경영상태에 대한 정보가 공유되고 우리의 노력이 어떠한 결과를 가져오고 있는가에 대해 알도록 하는 것이 필요했다. 투명경영을 덕목으로 하는 나에겐 회사경영에 관한 한 비밀이 없었다. 너무 다 털어놓는다는 임원진의 우려도 있었지만 나는 직원들을 내 가족, 내 식구라고 생각했다. 2001년 4월 3일, 나는 첫번째 직원조회에서 다음과 같이 말했다.

"데이콤 가족 여러분 안녕하십니까?

저는 부임한 후 한 달 동안 아침 일찍 출근해 경영상태를 진단하고, 회사의 회생을 위해 고민도 많이 했고, 과장급 이상이 모여 워크숍을 개최, 원인과 대안을 토론해 컨센서스도 모아보았습니다. 과장급들로 구성된 영 보드(Young Board) 1차 회의도 가졌습니다. 이번 주부터는 매주 수요일 오후 부회장실을 개방해 여러분의 의견을 개별적으로 들을 예정입니다.

우선 각자가 줄일 수 있는 비용을 찾아내어 최대한 줄여봅시다. 나의 경우 연봉을 10% 삭감했고, 비서실장을 부장급에서 과장급으로 낮추고, 여비서 2명 중 1명을 줄였습니다. 내 방의 전등 3분의 1은 빼냈습니다. 경영위원회 회의 때에는 자료를 프린트하지 않고 컴퓨터로 종이 없는 회의(paperless meeting)를 갖기로 하고, 꼭 필요한 경우에는 이면지를 쓰기로 했습니다.

2001년에 영업비용 중에서 매출액의 10%인 1,100억 원을 줄이기로 목표를 정했습니다. 광고비 100억 원을 삭감하고, 장비구매시 공개경쟁 입찰비율을 현재 20% 수준에서 60% 이상으로 제고하면 100억 원 이상 절약이 가능할 것입니다. 또 지난주에 정통부장관을 찾아가 1995년 서비스 개시 이후 만성적 적자에서 벗어나지 못하는 시외전화사업의 한국통신 시내접속료를 내려주지 않으면 시외전화사업권을 반납하겠다고 통보했습니다. 그리고 전용회선 등 통신필수설비의 사용료를 내리기 위해 한국통신 및 파워콤과 협의를 시작했습니다. 금년에 1,100억 원을 줄이려면 고통이 따르고 힘이 들 것입니다. 그러나 현재대로 가면 적자가 3,100억 원이 예상되고, 비용절감 목표를 달성해도 1,300억 원의 적자가 불가피할 것 같습니다. 골프장 배임 사건 등 잠재된 과거 부실요인이 약 3,500억 원 정도로 파악되었습니다. 우리가 매년 영업비용을 10%씩만 줄여나가면서 과거 부실액을 매년 500억 원씩 감소시키면 2003년 무렵에는 경영정상화를 이루어낼 수 있을 것입니다. 그러므로 올해는 우리에게 아주 중요한 해입니다. 첫 단추를 잘 끼워야 합니다.

지난 1, 2월 두 달 간 매출은 증가하지 않았습니다. 파업에 따른 차질을 감안하면 금년 매출은 9,200억 원 정도로 작년보다 7% 정도 감소할 것으로 예상됩니다. 비용절감으로 가격경쟁력을 회복하고, 나를 포함한 전사원이 영업사원이 되어 판촉활동을 전개해 봅시다. 먼저 손쉬운 LG그룹 자매사에 대한 매출증대에 총력을 기울여봅시다. 그룹의 통신시장 규모가 약 1,300억 원인데 데이콤 매출은 200억 원으로 15% 점유에 그치고 있습니다. 금년에 800억 원 이상 매출목표를 잡았는데 한번 뛰어봅시다.

다음으로 사업구조조정입니다. 3년 이상 적자를 내고 있는 사업이나 상품은 과감히 퇴출시키고, 월평균 1억 원 미만의 소액매출상품도 떨어냅시다. 콜센터와 천리안 등 핵심역량사업에 속하지 않는 것은 외자도입이나 전략적 제휴로 분사하고, 자회사 중 그룹사와 중복이 되거나 적자를 내고 있는 것들은 매각해야 할 것입니다. 또 식당이나 건물관리 같은 지원 분야는 과 감히 아웃소싱해야 합니다.

이번이 살아날 수 있는 마지막 기회입니다. 힘을 합해 똘똘 뭉치면 가능합니다. 우리가 살아나는 데 고통분담과 다소의 희생감수는 불가피합니다. 이제부터는 과거의 잘못을 전부 자신의 탓으로 돌리고 책임을 통감해 회사를 구하는 데 전력을 다해봅시다. 타이타닉 호의 남자 주인공 디카프리오처럼, 사랑하는 애인인 데이콤을 구하기 위해 우리 모두 혼신의 힘을 기울여봅시다. 스스로 낭비와 비효율을 찾아 개선하고 Triple Three운동에 자발적으로, 열정적으로 동참해 주기를 당부 드립니다.

노조도 이제는 변해야 합니다. 회사를 살리는 데 앞장 서야 합니다. 며칠 전일본에서 가장 경쟁력 있는 Trans Cosmos와 콜센터 합작투자를 위한 교섭이 있었는데, 우리에게 5년 간 무쟁의, 무파업 약속을 대표이사와 노조위원장이 서면으로 서명해 줄 것을 요청해 왔습니다. 노조가 외자도입에 발목을 잡아야 되겠습니까? 합리적이고 법테두리 내의 노조활동은 얼마든지 허용될 것입니다. 그러나 회사를 우선 살려놓고 봐야 하므로 5년 간 무쟁의, 무파업을 선언해 줄 것을 요청합니다. 우리의 적은 밖에 있습니다. 갈등과 대결의 에너지를 화합과 협력의 에너지로 바꿉시다.

마지막으로 고객은 우리에게 돈을 벌게 해줍니다. 고객이 우리에게 일자리와 봉급을 주고 있습니다. 이젠 매출중심에서 이익중심으로, 공급자 위주에서 고객중심으로 생각을 바꿉시다.

앞으로 매월 조회를 가질 예정입니다. 매월 진척상황을 점검하면서 목표지점에 도착하는 그날까지 우리의 역량을 모아 함께 뛰어봅시다. 감사합니다."

나는 이날 조회에서 구성원들의 회사회생에 대한 자신감을 불러일으키려 노력했으며 다음과 같이 강조했다. "미국 상무성에서 발간한 〈Digital Economy(1998)〉보고서에 따르면, 현재의 인터넷혁명은 코페르니쿠스의 지동설(1473), 아인슈타인의 상대성원리(1909)와 함께 인류 역사상 획기적인 3대혁명 중 하나다. 인터넷은 21세기 산업발전의 원동력이며 이로 인해 제2의 산업혁명 시대를 맞이하고 있다. 인류의 산업혁명 역사를 볼 때 50년마다 기술혁신을 통해 산업의 발달로 인간의 문화와 생활을 바꾸어놓았는데, 1800년대에 방직기의 발명으로 기계문명이 시작되었고 산업혁명의 단초가 되었으며, 1850년대에 철도가 개통되어 공간이 좁아지고 사람과 물건의 이동이 용이해 산업혁명을 확산시켰다. 1900년대에는 전력이 보급되어 산업의 동력으로서뿐 아니라 인간생활의 편의성을 제고했고, 1950년대는 자동차 보급으로 인간의 산업 역사를 뒤바꾸어놓았다. 2000년대는 인터넷의 보급으로 인류문명을 다시 쓰게 되었다. 우리는 지금 엄청난 변화의 시대에 살고 있고, 데이콤은 그 변화의 주역인 인터넷을 보급하는 회사로 자리매김하고 있다. 또한 우리는 IT사관학교라고 지칭될 정도로 일류대학 출신의 고급인력을 보유하고 있다. 우수한 인력은 회사의 자산이고 보배이므로 나는 여러분에게 희망을 건다. 피터 드러커 교수가 얘기한 대로 경영은 여러분의 잠재력과 창의력과 그리고 수행능력을 최대화하는 것이다. 100년 이상 장수한 회사의 공통점은 첫째 변화에 민감하게 적응, 둘째 구성원 간에 단결과 응집력, 셋째로 근검절약의 실천, 넷째는 보수적인 재정운용이다. 우리가 이 네 가지만 염두에 두고 실천한다면 반드시 살아날 수 있다고 생각한다".

정보공유와 신뢰회복을 위해 다른 여러 가지 프로그램도 도입했다. 4월부터는 매월 마지막 주 금요일 오후 3시에 각 부서별로 선출된 과장들로 구성된 영보드 미팅을 개최해 개선과제, 혁신과제, 개발과제, 고객만족방안 등을 토론하고 사내 밑바닥 여론을 경청했다. 또 〈데이콤 T-3 뉴스〉를 주간으로 발간해 전사원에게 배포하고, 각 부서별 사내 커뮤니케이터를 지정했다. 회사의 상태를 이해하는 데 도움이 되기 때문에 열독률이 점점 높아졌다. 또한 매주 목요일 아침 8시에 임원진이 각 팀별로 돌아가며 팀원들과 경영혁신 활동과제를 주제로 자유토론을 가졌다. 우리는 이 회의를 '한마음 T-3회의'라는 이름으로 불렀다. 이 회의 때문에 나는 과장급 이상 사원 이름을 거의 100% 부를 수 있었고, 일반사원 약 50% 이상의 이름을 기억했다.

2001년 4월 4일 창간한 〈데이콤 T-3 뉴스〉는 상단 좌측에 경영이념인 '고객을 즐겁게, 사원은 신나게, 주주는 기쁘게'를 싣고 우측에는 경영방침인 '이익중심, 고객우선, 열린 경영'을 고정으로 내걸었다. 이 사내신문은 2003년 12월 29일 제136호를 발행하기까지 한 주도 빼놓지 않고 발간되었다. 사내외로부터 '고객의 소리' 란을 상설해 고객의 소리를 전사원이 경청토록 하고, '고객만족, 내가 먼저' 란에는 직원들의 고객만족을 실천한 사례를 실어 독려했다. 또한 '베스트 팀 플레이' 란과 '금주의 T-3인물' 란을 고정으로 설치해 잘 하는 팀과 사원들을 칭찬했다.

한편으로 경영은 윤리의 테두리 내에서 이루어진다는 인식 아래 임직원들이 지켜야 할 올바른 행동과 가치판단의 기준인 '데이콤 윤리규범'을 제정해 그해 4월 1일부터 시행에 들어갔다. 경영비리에 의한 회사의 경영손실을 막기 위해서였다. 주요 내용은 고객에 대한 책임과 의무, 데이콤인의 품위유지와 기업으로서의 사회적 책임, 공정한 경쟁과 기업정보의 사적이용 금지, 이해관계자와의 공정한 거래, 부업행위 금지, 공과 사의 엄격한 구분 등을 포함했다. 구체적으로 소개하면 유언비

어를 조성해 유포하고 조직 내에 불신풍조를 조장하는 행위, 고객에게
허위사실을 유포하거나 허위정보를 제공하는 행위, 업무상 취득한 정보
를 사적으로 이용한 행위, 5만 원 이상의 선물이나 3만 원 이상의 식사
를 접대받는 행위, 회사재산을 개인적 목적으로 무단으로 반출하거나
이용하는 행위 등 윤리규범을 위반한 경우 징계위에 회부해 문책한다는
내용이었다.

2

경영혁신 추진단 설치

피곤한 자에게는 능력을 주시며 무능한 자에게는 힘을 더하시나니 소년이라도 피곤하며 곤비하며 장정이라도 넘어지며 자빠지되 오직 여호와를 앙망하는 자는 새 힘을 얻으리니 독수리의 날개 치며 올라감 같을 것이요 달음박질해도 곤비치 아니하겠고 걸어가도 피곤치 아니하리로다.

(이사야 40장 29~31절)

생존방안 확정

취임 후 약 2개월이 지나 '데이콤 생존방안' 이 확정되었다. 현재 상태로 간다면 매출이 9,230억 원으로 2000년 대비 8% 감소하고 영업이익 480억 원 적자, 당기순익 3,100억 원 적자로 부채비율이 230%에서 385%로 높아질 것으로 추정되었다. 이미 1/4분기 매출은 전년 동기 대비 16% 감소했고, 영업이익은 52억 원 적자를, 경상이익은 365억 원의 적자를 기록했다. 우리는 생존을 위해 3년 간 전력투구하기로 뜻을 모으고, 3년 동안 매년 10%씩 비용절감과 강도 높은 사업 및 인력 구조조정으로 난관을 헤쳐나가기로 했다.

우선 2001년에는 매출액 1조 원 돌파, 총매출의 10%인 1,100억 원을 절감해 영업이익률 10%에 1,000억 원 이상 실현, 이자보상배율 1 이상을 목표로 정했다. 또한 영업비용을 10% 줄인다 해도 당기손익이 1,300억 원의 적자가 예상되어 적자탈출을 위한 근본적인 사업구조 개편이 불가피했다. 그리하여 지원기능인 콜센터, 빌링센터, 식당, 건물관리, 네트워크운용 등을 아웃소싱하고, 문제사업과 불요불급자산인 글로벌스타, 보라홈넷사업, 강남사옥, 연구소 건물 등은 매각 또는 청산하고, 자회사 중 DST와 DIN을 매각, KIDC는 외자유치로 합작, 핵심사업이 아닌 천리안과 광대역 무선사업(B-WLL)은 분사해 전략적 제휴를 맺는 것으로 방향을 잡았다. 또한 손익관리가 분명하게 팀별 손익의 회계분리와 이익과 고객중심으로 하는 3S원칙, 즉 Speedy, Slim, Simple 하의 대대적 조직개편과 인력 30% 감축, 그리고 임금 10% 반납으로 당기순익적자 규모를 600억 원 미만으로 줄이기로 했다. 또한 투자도 2,000억 원 미만으로 억제해 금융차입금 규모를 현재 수준으로 동결하기로 하고 부채비율도 현재 수준인 235%를 고수하기로 했다. 이러한 내용을 가지고 2001년 4월 26일 오후 4시, 63빌딩에서 기업설명회를 열었고, 그 다음날에는 기자설명회를 가졌다. 또한 5월 직원조회에서 자세하게 설명하고 다음과 같이 동참해 줄 것을 호소했다.

"우리가 지난 두 달 동안 회사를 살리기 위한 컨센서스를 이루어 마련한 '데이콤 생존방안'을 나침반 삼아, 이를 실천하기 위해 힘을 합하고 주어진 책무를 성실히 수행한다면, 3년 후에는 "우리는 이렇게 해냈다"고 말할 수 있을 것입니다. 첫번째 당부드릴 말씀은 우리는 하나의 공동운명체라는 인식을 가지고 개개인이 회사 살리기 위한 실천 노력을 보여야 합니다. 특히 금년도 비용절감 목표 1,100억 원 중 현재 가시화된 것이 700억 원밖에 안 되니 전사원이 낭비와 비효율의 사례를 적극 발굴해 400억 원을 더 찾아내야 합니다. 둘째, 회사 살림이 내 살림이란 인식을 가져주기 바랍니다. 회사 돈과 물건을 아무렇게나 써도 괜찮다는 인식을 바꿔야 합니다. 우리 회사는 공기업으로 오랫동안 운영되어 오면서 주인의식이 사라지고 부조리가 퍼지게 되어 상황이 더 어려워졌습니다. 볼펜 한 자루, 전등 하나라도 아끼는 정신으로 행동해 주기 바라며, 내가 저지른 잘못 때문에 많은 동료직원이 일자리를 잃어버릴 수도 있다는 사실을 명심해 주기 바랍니다. 셋째, 고통분담입니다. 나는 인력감축과 급여동결은 구조조정의 최후 수단이란 것을 잘 알고 있습니다. 한국중공업에서는 일감이 없어 운동장 잔디의 잡초를 뜯게 하면도 인력감축을 하지 않았습니다. 그러나 우리 회사의 형편은 다급합니다. 가능한 모든 수단을 동원해야 부도위기를 막을 수 있습니다. 임원수를 반으로 줄이고 임원들 스스로 보너스의 500%를 반납하기로 결의하는 등 솔선수범하여 회사를 살리겠다는 결연한 의지를 보였습니다. 골프장 회원권도 반 이상 팔았고, 헬스클럽 회원권도 몽땅 팔았습니다. 시장에서는 회사생존방안을 긍정적으로 평가하고 있지만, 노조가 반대한다면 실천되겠는가 하는 의문을 품고 있습니다. 우리가 고통분담을 각오하고 실천 노력을 보인다면 시장도 좋은 반응을 보일 것입니다. 회사가 망하는 것보다 고통을 분담해 살려내는 것이 낫지 않겠습니까? 회사가 망해 노조가 없어지는 것보다는 무쟁의, 무분규를 선언하고 회사를 살려놓은 다음 노조도 살아남는 것이 나은 것 아닙니까?

팀장 이상 경영층에게 바랍니다. 잭 웰치 회장은 지도자의 자격요건은 4E라고 했습니다. 첫째는 건강과 실력으로 본인이 에너지(Energy)를 가져야 한다는 것이고, 둘째는 직원들의 창의력과 잠재력을 최대로 발휘토록 할 수 있어야 하고(Energize Them), 셋째는 결단력을 가져야 하며(Edge), 넷째는 추진력과 실천력이라고(Execute) 했습니다. 그는 이 네 가지를 겸비해도 열정(Passion)이 없으면 지도자로서 자격이 없다고 했습니다. 특히 결단력에는 사업추진 상의 결단력(Portfolio edge)과 인사 상의 결단력

(People)이 있어야 하므로, 세 가지 기준 즉 회사와 조직에 이익이 되고, 고객이 만족하고, 경쟁사를 이길 수 있는 경우라면 주위의 눈치를 보지 말고 결단력을 보여주시기 바랍니다. 팀장 이상은 열정을 가지고 솔선수범해야 합니다. 윤리적으로 도덕적으로 한 점의 흠이 없어야 합니다. 상황에 따라 움직이는 사람(status-oriented person)이 아니라, 일이 중심이 되는 사람(role-oriented person)이 돼야 합니다. 아무리 능력이 있다 하더라도 동료들로부터 신뢰와 존경을 받지 못한다면 간부 자격이 없습니다. 적당히 회사돈이나 쓰고 권위나 앞세우는 사람은 안 됩니다. 스스로가 변화를 주도하고 이끌어가는 사람이라야 합니다. 특히 인사청탁은 금물입니다. 나는 한국중공업에 있으면서 인사청탁한 사람에게 뒷배경이 큰 순서대로 오지로 발령을 낸 경력이 있는 사람입니다.

적자폭의 증가, 노사갈등, 주가하락 등으로 여러분들의 사기가 떨어진 것을 잘 알고 있습니다. 그러나 회사를 지키고 고용안정을 이룩하기 위해서는 달리 길이 안 보입니다. 우리 스스로가 먼저 자구노력을 보일 때 유상증자도 가능하고 시장의 반응도 긍정적으로 변할 것입니다. 마지막으로 과거 잘못을 덮어두고 용서해 주고 우리의 정력을 미래를 위해 바칩시다. 다른 사람 비난하고 욕하는 정열을 매출을 늘리고 비용을 절감하는 데 쏟아 부읍시다. 내가 늘 강조하는 Negative Energy를 Positive Energy로 전환합시다."

경영혁신 지도팀 설치

취임 후 두 달이 지난 2001년 5월 1일자로 창사 이래 대대적인 조직개편을 단행하고 인사이동까지 신속하게 마무리 지었다. 이때에 변화와 혁신을 입안하고 추진하는 대표이사 직속 기구로 '경영혁신추진단'을 공식

조직으로 설치했다. 대표이사가 단장을, 경영기획담당 상무가 부단장을 겸임토록 하고, 그 아래에 전담기구로 비용절감팀, 구조조정팀, 경쟁력 강화팀, 시너지창출팀, 기술개발팀 등 5개 팀을 구성했다. 1개 팀당 사내에서 가장 우수하다고 알려진 5~6명을 선정해 임명하고 사무실도 최고경영자 사무실과 같은 18층에 배치했다. 한국중공업에서 경영혁신 활동을 시작할 당시에는 수주확보 실패에 따라 약 5%로 400여 명의 잉여인력이 발생했다. 따라서 그 반을 경영혁신 활동 전담요원으로 차출해서 전담시키고 나머지 반은 수주가 확보되는 대로 현장에 투입할 수 있도록 운동장에서 잡초를 뜯어내도록 했다. 그러나 데이콤에서는 창사 이래 약 20년 동안 5S운동, 100ppm, TQM, TPM 활동 등 품질 및 생산성향상을 위한 원초적인 경영혁신 활동을 한 번도 경험해 보지 않았기 때문에 교육훈련을 통한 소수 정예요원을 양성한 다음 전사적으로 확산시켜야겠다고 판단했다.

한국중공업에서는 1980년대에 GE가 실천한 모델을 참고한 각종 기초적 품질개선 및 생산성향상 활동의 경험을 가지고 있었다. 때문에 각기 다른 부서로부터 차출한 전담요원을 과제별 다수의 경쟁력혁신팀으로 조직하고, 이른바 워크아웃 프로그램을 통해 원가절감, 낭비제거, 업무혁신, 품질개선 등의 활동을 추진한 다음 이 활동의 경험과 성과를 기초로 시차를 두어 2년 후에 6시그마 프로그램을 도입했다. 그러나 데이콤 내부에는 곳곳에 지뢰 같은 경영부실이 숨어 있었고, 고객에 대한 고장장애율이 10%를 넘기고 있어서 시간적 여유가 없었다. 그리하여 성공과 실패 확률이 50 : 50이었지만, 6시그마 활동을 다른 경영혁신 프로그램과 동시에 출범키로 했다.

잭 웰치 회장은 1981년 취임 후 처음 5년 간은 해당 분야에서 세계 1, 2등인 사업만 남겨두고 나머지는 팔든지 폐쇄시키는 과감한 구조조정을 단행했다. 그 뒤 1987~91년에는 생산성 향상을 위해 부서 장벽을 뛰어 넘는 과제별 테스크포스팀을 구성, 워크아웃 프로그램이란 혁신 활동을 추진했다. GE는 여기에 인력의 15%를 전담시켰다. 이를 통해 연평균 생산성증가율이 4%에 이르러 과거 5년 간 생산성증가율인 2%보다 배나 향상되었다. 다음 단계로 1991년부터 제품과 서비스를 묶어서 판매하는 상품과 서비스의 연계판매전략(Product & Service Package Solution Program)에 포커스를 두었다. 네번째 경영혁신의 단계는 6시그마 프로그램이었다. 1995년부터 200개 과제로 시작해 1996년 3,000개, 1997년 6,000개 과제를 선택해 혁신 활동을 전개한 결과 2000년에 6시그마 수준에 도달했다. 2000년 이후에는 기업의 모든 부문을 IT기술에 접목한 'e-enterprise' 화에 중점을 두어 변화와 혁신을 꾸준히 추진했다. GE에서는 4~5년 간의 시차를 두고 경영혁신 활동의 중심축을 옮겨가고 있는 것이 특징이지만 모든 경영혁신 활동을 동시에 그리고 광범위하게 추진했다.

1999년 5월 닛산자동차를 인수한 르노자동차의 최고경영자로 취임한 카를로스 곤 사장은 "여러분은 지금 바다 한가운데에서 불이 나 활활 타오르는 배의 갑판 위에 서 있다고 상상하길 바란다. 서둘러 탈출하지 않으면 배가 바다 속으로 가라앉고 만다. 살아남기 위해서는 설령 끝이 보이지 않는다고 해도, 한 방향을 선택해 헤엄쳐야 한다. 중요한 결단을 내려야 하는 순간은 이처럼 활활 타오르는 배의 갑판과 같다"는 말로 그 당시 어려운 상황을 설명했다. 10년 이상 지속된 시장점유율의 하락과 수익성 결여 과도한 부채와 지나친 이자부담, 복잡하고 불투명한 책임소재 등 헤아릴 수 없이 산적한 문제를 해결하기 위해 '닛산 재건계획'을 1999년 10월에 발표했다. 주요 내용은 2년 후인 2001

년 3월 31일까지 흑자 달성, 5년 후인 2003년 3월 31일까지 영업이익률 4.5% 달성 및 이자지불부채 반으로 축소 등을 목표로 하는 강력한 구조조정정책이었다. 당시 적자와 부채의 바다에 빠진 닛산은 최고경영자부터 공장노동자에 이르기까지 한 사람도 빠짐없이 실업의 위기에 놓여 있었다. 지금 데이콤의 상황과 흡사했다. 여기에 대한 해답은 복합기능팀(Cross Functional Team)의 설립이었다. 기존 부서의 소속과 업무영역을 넘어 팀당 10여 명으로 구성해 21개 팀을 설치했다. 여러 가지 직무, 지역, 직위의 사람들을 한 테이블에 모아, 여러 분야에 존재하는 문제와 기회를 모두 도출해 내기 위한 것이었다.

닛산자동차는 이러한 경영혁신 활동으로 당초 목표를 1년 앞당겨 경영혁신 활동에 성공했고, 2002년 말에는 '닛산 180'이라는 새로운 목표를 제시했다. 이는 2004년까지 영업이익률 8% 달성, 부채 제로, 판매 대수 100만 대 목표를 골자로 했다. 그리고 2004년 3월에 끝나는 2003회계년도 실적으로 영업이익률 11.1%를 기록해 이미 목표치를 넘어섰다. 이는 도요타의 3.2%와 혼다의 2.7%를 앞서는 수치였다. 매출은 전년보다 8.8% 증가한 7조 4,300억 엔으로 도요타의 17조 5,000억 엔의 절반 수준에 도달했고, 매출이 8조 4,000억 엔인 혼다를 따라잡고 2위 자리를 탈환하자는 목표에 근접했다. 2004년 3월 26일 닛산자동차는 또다시 '3개년 신 경영전략(Value-Up)'을 발표했다. 이는 2007년 자동차업계 Big 3진입을 목표로 영업이익률 10% 이상, 투자자본이익률 20% 이상을 달성하는 것으로서, 2007년에 420만 대의 자동차를 팔아 르노자동차의 300만 대를 포함, 자동차를 700만 대 이상 팔자는 야심찬 목표를 제시했다.

닛산의 복합기능팀은 GE의 워크아웃 프로그램과 같은 것이었으나, GE나 도요타자동차가 문제도출과 개선활동을 동시에 전담하는 팀이라면, 닛산은 복합기능팀이 문제를 도출하고 재건계획 및 실천계획을 입안하고, 그 실천은 모든 직원이 맡아하는 방식으로 추진했다. 한국중공업에서는 GE와 도요타자동차의 모델을 참고했으나, 데이콤에서는 전 직원이 혁신 활동에 참여토록 하는 닛산자동차의 모델을 참고했다.

도요타 생산방식을 탄생시킨 어머니로 불리는 오오노 타이이치씨는 "3년 안에 미국을 따라잡자"는 도요타 기이치로 사장의 슬로건을 행동으로 옮긴 유명한 인물이다. 1949년 기계공장장으로 취임한 그는 "작업준비 시간을 3분으로 단축하라. 불필요한 수정공장을 폐쇄하라. 부품재고를 줄여라" 등 철저하게 낭비를 제거할 것을 요구했다. 이러한 시도는 마음이 맞는 사람끼리 비공식적인 집단을 구성해 '상식을 초월한 자주적인 개선 활동'을 고집스럽게 반복하면서 성과를 완성해 나갔다. 이를 본 타 공장에서도 '자주연구회'를 수용했고, 1973년에 사내 텍스트인 '도요타 생산방식'이 총정리되어 그룹 전체로 확산되었다. 이러한 움직임은 처음에는 문제해결에 중독된 사원들로 구성된 자주적 모임에서 시작되었으나 점차 품질, 납기, 코스트 등 '지지 않기 위한 개선운동'으로 모든 분야, 모든 사원으로 확산되었다. 나아가 '이길 수 있는 방법을 찾아내기 위한 개선 활동'으로 미래를 준비하는 단계로 발전되어 가는 도미노현상을 불러일으켰다. 초기에는 10여 명으로 구성된 공장 내의 조·반장급이 주도하는 자주연구회가 활동했으나, 차차 계장급들로 구성된 공장 간의 자주연구회와 과장급들로 구성된 회사 간의 자주연구회 등으로 계층별 자주연구회로 확산되었다. 하나의 자주연구회는 10여 명으로 구성되고 월 1회 누구나 참가할 수 있는 형태였다. 따라서 데이콤에서는 처음에 혁신 지도부인 5개 팀에서 우선 쉬운 과제를 선택해 여기에 관련된 참여구성원을 10여 명 단위로 묶어준 뒤 이들이 경영혁신 활동을 스스로 전개해 나가도록 지도하고 자문토록했으며, 그 진도를 점검해 나가고 평가하게 했다.

이와 같이 비용절감, 워크아웃 프로젝트 등 경영혁신 활동에 각 사업부 및 지사의 팀원들이 자주적으로 참여해 실천하도록 추진하면서도 6시그마 활동을 동시에 추진할 것인지 여부에 대해서는 결론을 내리지 못했다. 당시 우리 회사에서는 6시그마란 용어를 처음 들어보는 사원이 대부분이었고, 혹자는 LG정유의 '시그마6'라는 휘발유 브랜드를 연상하는 상태에서 과연 제대로 추진될 수 있을지 걱정이었다. 국내 제조업에서는 여러 회사가 도입해 성공한 사례가 있지만 서비스업종에서는 성공하는 회사가 드물었고, 더구나 국내의 통신회사에서는 어느 회사도 도입하지 않았기 때문에 데이콤의 성공 여부는 업계의 관심거리였다. 또한 데이콤의 인력이 경영혁신 프로그램을 한 번도 경험하지 못한 터라 무모한 시도라는 우려도 있다.

하버드 대학 경영대교수 존 코터는 자신의 저서 《변화의 리더(Leading Change, John P. Kotter)》에서 변화를 망치는 여덟 가지 실수를 지적한 바 있다. 그 중에서도 나의 경험에 비추어 볼 때, 첫째로 직원들에게 충분한 위기의식을 불어넣기도 전에 혁신을 시작한다면 경영혁신의 목적을 달성하는 것은 거의 불가능하다. 둘째로 조직의 최고책임자의 적극적인 후원과 강력한 혁신지도부 없이는 실패확률이 높고, 셋째로 비전을 전사적으로 전파하지 못하거나 의사소통을 통해 전직원이 비전을 공유하지 못하는 경우, 특히 경영진의 말과 행동이 다르면 경영혁신은 물 건너가는 것이다. 어떤 종류의 경영혁신이라도 이를 실행에 옮기기 위해서는 경영진이 Top-Down으로 시작해 많은 구성원들이 자발적 참여 즉 Bottom-Up으로 화답해야 하는데, 어느 조직이든 새로운 환경에 적응하기 위한 변화를 거부하거나 뒷다리를 잡는 방해물이 있게 마련이다. 특히 자기 자리를 지키기 위해 경영혁신을 퇴색시키는 고위관리자가 있게 마련이다. 이들의 냉소주의가 팽배하면 경영혁신은 무력화되므로 잘라내든지 아니면 혹독한 재교육을 실시해야 한다. IBM의 루 거스너 회장은 혁신의 장애물인 봉건영주 같이 행동하는 임원진들을 쫓아냈다. 넷째로 단기간 내에 가시적인 성과를 보여주지 못하면 구성원들은 경영혁신이란 대장정에 동참하려 들지 않는다. 진정한 경영혁신은 오랜 시간이 걸린다. 구성원의 마음과 행동에 경영혁신 마인드가 체질화되어 플라이 휠(Fly-Wheel)처럼 저절로 탄력을 받아 굴러가려면 적어도 3년 내지 6년 이상 걸린다. 따라서 처음 6개월에서 18개월 내에 가시적인 결과를 보여주지 않는다면 쉽게 포기하게 되고, 경영혁신 활동에 회의를 품거나 저항하게 되므로 성공사례 발표대회 등을 개최해 작은 성공을 인지하게 만들고, 포상 등으로 구성원들을 칭찬하고 인정해 주어야 한다. 다섯째로 힘들게 노력해 어느 정도 가시적인 성과를 보이기 시작할 때 이제부터 저절로 경영혁신 활동이 굴러가겠구나 하고 최고경영자나 혁신지도부를 교체하게 되면 지금까지 몇 년 간에 걸친 모든 혁신노력이 수포로 돌아가게 된다. 우리나라 기업에서 전임 경영진이 고생해 이룩해 놓은 경영혁신 프로그램을 무시하고 새로운 것을 무리하게 시도하다가 모든 것이 수포로 돌아가는 우를 범하는 예가 종종 있는데 참으로 안타까운 일이다. 여섯째로 작은 성공이 계속 이어지고, 수익성과 생산성이 개선되고 있다고 자신해 너무 일찍 샴페인을 터뜨리면 경영혁신의 본질이 훼손되어 실패하게 마련이다. 미국의 크라이슬러는 아이아코카 회장의 주도로 경영혁신을 추진해 어느 정도 성공의 길로 접어들었으나, 너무 일찍 샴페인을 터뜨려 결국 다임러벤츠에 팔려간 신세가 되었다.

우리가 신설한 비용절감팀은 낭비와 비효율을 제거하는 팀으로 Cut-10 활동을 주도해 나가기로 했다. 임직원들을 대상으로 실시한 '회사자원낭비, 비효율사례 발굴 및 개선방안'에 대한 제안 공모에서 제시된 400여 가지를 중심으로 전 사적으로 실천해 나가기로 했다.

경쟁력강화팀은 업무혁신을 추진하고, 워크아웃 프로젝트를 주관하며, 이미 '고장장애와의 전쟁'을 선언한 뒤 네트워크 부문이 중심이 되어 추진하고 있는 실적을 점검, 독려하도록 했다. 이와 함께 6시그마 과제를 선정하고 블랙벨트와 그린벨트 후보자를 선정해 컨설팅 전담요원과 함께 교육을 실시하고 평가하는 등의 역할을 부여했다.

구조조정팀은 3년 이상 적자를 내고 있는 사업에 대한 구조조정과 월 1억 원 미만 매출을 기록하는 상품을 대상으로 분사, 철수, 매각, 청산, 합병 내지 외자도입 또는 M&A 등의 활동을 전담했다. 또한 자회사에 대한 합병, 매각, 청산 등의 사업조정도 맡겼다. 이와 함께 인력 구조조정 업무는 인재개발팀에서 별도로 추진토록 했다.

시너지창출팀은 LG그룹 자매사 간의 협력을 기초로 시너지를 내기 위한 모든 활동을 전담시켰다. 먼저 데이콤의 그룹통신 매출을 첫해 200억 원에서 800억 원으로 올리는 영업활동을 전개하고, 카드, 화재, 생명보험, 건설 등과 크로스 셀링 및 공동 광고행사 등 다양한 협력 활동을 추진토록 했다.

기술개발팀은 회사의 CTO(Chief Technology Officer) 역할을 맡았다. 기존의 종합연구소와 각 부서별 연구활동을 조정하고, 사업화 가능성과 돈 벌 수 있는 기술 중에서 우선순위를 정해, 사내에서 개발할 수 있는 전략과제와 외부와의 공동연구과제, 용역과제 등에 대한 연구개발예산을 책정, 조정, 배분하는 역할을 맡았다. 특히 각자 흩어져 있던 종합연구소와 각 사업부서 간 연결고리 역할을 하고, 그룹사 연구소들과의 공동연구 등 협력 활동의 창구 역할을 하도록 했다.

경영혁신 활동 성공사례 발표대회

나는 경영혁신 활동의 진척상황을 점검하고 방향을 잡아주기 위해 매월 마지막 주 토요일 오후 3시에 임원을 포함한 관계자가 참석하는 '경영혁신 활동 보고회의'를 직접 주재했다. 그리고 매주 목요일 오전 8시에는 팀별 경영혁신 활동 주제발굴과 독려를 위해 최고경영자를 포함한 임원진이 참석하는 '한마음 T-3회의'를 개최했다. 또한 경영혁신 활동의 전파와 가속화를 유도하고 내부경쟁을 촉진하기 위해 전사적으로 분기별 1회 '경영혁신 활동 성공사례 발표대회'를 열어 포상금을 지급했다. 이러한 발표횟수, 수상횟수는 전 사업부서별 경영평가 대상으로 삼아 업적평가에 반영하고, 진급심사시 가산점을 주었다. 또한 연말에는 1년 동안 시상한 팀장과 발표자를 대상으로 부부동반 파티를 열어 선물도 주고, 노래방도 열어 흥을 돋우어주었다. 나는 재임 3년 동안 주당 한마음회의, 월간 경영혁신 활동 보고회의, 분기별 성공사례 발표대회, 연말 수상자 부부동반 격려 등을 한 번도 거르지 않았는데, 이것은 경영혁신 활동의 일관성과 최고경영자의 혁신의지를 보여주기 위해서였다.

2001년 7월 19일, 대덕종합연구소에서 경영혁신 활동의 성과를 공유하기 위한 '상반기 경영혁신 활동 성공사례 발표대회'를 열었는데, 오전 9시부터 시작해 장장 8시간 동안 계속되었다. 처음 개최된 행사에는 본사 및 지사에서 약 300명이 참석해 경청했다. 이날 우리는 모두 가슴이 두근거렸다. 과연 어떤 내용이 발표될 것인가? 경영혁신이 어떤 것인지 알고 발표할 것인가? 정말 수상할 가치가 있는 내용이 발표될 것인가?

이날은 각 부서가 제출한 39개 성공사례 중 19개 과제를 발표했다.

평가는 팀장급으로 구성된 서류심사와 발표 당일 임원진의 심사위원평가를 50 : 50비율로 평가, 합산했다. 시상에서는 대상 1팀에 상패와 300만 원, 최우수상 3개팀 각 200만 원, 우수상 5개팀 각 100만 원, 장려상 10개팀 각 30만 원, 참가상 20개팀 각 20만 원씩 총 1,900만 원이 상금으로 지급되었다. 이렇게 후한 상금을 지급한 것은 사원들의 경영혁신 활동 참여를 유도하고 수상한 직원들을 공개적으로 칭찬해 사기를 돋우어주기 위해서였다. 또한 우리 회사의 평등주의적 임금체계를 무너뜨리기 위한 의도도 있었다. 1인당 월동비 50만 원, 설날과 추석날의 귀향여비 각 50만 원 등 계급에 상관없는 획일적 지급으로는 생산성향상을 기대하기 어렵고, 연공서열형 임금제도로는 최상급의 A-Player 탄생이 어렵기 때문에 연봉제를 도입하기 전이라도 경영혁신 활동에 참여하는 직원들에 대한 성적에 따른 보상의 목적도 있었다.

경영혁신 활동을 시작할 때는, 대표이사 한 사람만 열정을 가지고 떠드는 것 같아 혼자라는 생각이 들기도 했으나, 이날 발표 내내 이제 혁신의 불씨가 번지기 시작하는 것을 보며 마음 속으로 안심하게 되었다.

재임 중 2001년 7월~2003년 12월까지 모두 여덟 차례의 경영혁신 성공사례 발표대회가 열렸다. 대회를 거듭하면서 점점 내실 있는 사례가 발표되고 양보다 질 우선으로, 형식보다는 성과 위주로, 본사중심에서 지사로 확산되어 나갔고 1팀 1과제로 전파되었다. 우리는 3년 동안 480개 과제의 워크아웃 프로젝트를 수행했는데, 2001년에 93개, 2002년에 179개, 2003년에 208개로 해마다 늘어났다. 6시그마 과제도 2001년 14개, 2002년 68개, 2003년 55개 합계 137개 과제를 완료해 각각 37억, 116억, 118억 원의 수익성 개선효과를 가져왔으며, 블랙벨트 자격자 17명과 함께 그린벨트 자격자도 27명이나 배출했다. 우리는 이러한 경영혁신 활동을 통해 매출액 대비 평균 10%가 넘는 2001년 1,119억 원, 2002년 677억 원, 2003년 1,145억 원이란 엄청난 금액의 영업비용 절감을 이루어 당초 Cut-10 목표를 달성했고, 그 결과 부도위기를 견디고 금융차입 규모를 늘리지 않아도 되었다.

3

조직 활성화

손익책임의 조직개편

공기업의 조직편재는 공통적으로 생산, 설계, 영업, 기술 등 기능별로 조직되어 있고, 이는 과–부–처 또는 본부–그룹 또는 부문– 부사장–사장 형태의 수직적인 명령하달식 중층구조로 되어 있는 것이 특징이다. 따라서 의사결정 단계가 다단계이기 때문에 한 가지 사안을 결정할 때 오랜 시간이 소요되는 단점이 있다. 또한 어떤 사안은 협조부서의 협조 사인이 반드시 있어야 하는 경우가 많아 의사결정이 더딘 것은 물론 책임소재가 불명확해 투명성 확보를 어렵게 만든다. 어떤 사안은 수직으로 일사천리로 결정되어 관련 부서조차도 무엇을 하고 있는지, 어디로 가고 있는지도 모르는 경우가 비일비재하다.

GE의 잭 웰치 회장이 CEO에 오르자마자, 가장 먼저 한 일은 GE의 관료주의적인 의사결정 구조를 바꾸는 것이었다. 그는 길고 복잡한 의사결정 프로세스가 초래하는 왜곡과 지체현상을 개선했다. 우선 기존 조직의 9~11단계에 이르렀던 의사결정 과정을 4~6단계로 대폭 줄였다. 하버드 비즈니스스쿨에서 20세기 중 가장 위대한 최고경영자로 두 사람을 뽑았는데, 한 사람은 잭 웰치 회장이고 또한 사람은 GM을 창건한 슬로안(Alfred Sloan, Jr) 회장이다. 슬로안 회장의 공적은 29개의 결제단계를 3단계로 줄이고, 단일차종 생산에서 '세비'란 저가품에서부터 '캐딜락'이란 고가상품까지 고객의 기호에 따라 다양한 자동차를 생산함으로써 의사결정의 신속성과 고객만족 확보라는 근대적 경영방식을 실천한 원조였기 때문에 선정되었다.

잭 웰치 회장도 수없이 "대기업이지만 중소기업처럼 움직여라"고 강조했고, ABB의 바나빅 회장도 "세계를 보고 생각하되 행동은 작은 구멍가게를 운영하는 것처럼 하라(Think globally, Act like a small shop)"고 강조했으며, 나는 "고래 같은 몸집이라도 쉬리처럼 움직여라"고 수없이 되풀이해 왔다.

우리는 '빠르게, 얇게, 단순하게'란 3S(Speed, Slim, Simple) 원칙 아래 2001년 5월 1일자로 대대적인 조직개편을 단행했다. 첫째, 인터넷, e-Biz, 전화, 천리안 등 4개의 서비스별 사업부제를 도입해 그 책임과 권한을 명확히 하고, 한걸음 더 나아가 사업부 내의 소단위 사업팀을 두어 팀별 회계독립과 손익목표관리가 가능하도록 설계했다. 예를 들면 전화사업부 아래에 국내전화사업팀, 국제전화사업팀, 부가전화사업팀과 전화카드사업을 맡는 해외사업팀으로 나누고, 이들 상품별 개별팀의 손익을 합치면 전화사업부의 손익이 되도록 설계했다. 인터넷사업부에서도 전용회선사업팀, 기업인터넷사업인 보라넷사업팀, 초고속국가망사업팀, 가정인터넷사업인 보라홈넷사업팀으로 나누어 상품별 원가와 손익관리가 가능하도록 했다. 또한 각 사업부에는 상품개발팀을 따로 두어 신상품 내지 번들상품 개발을 맡겼다. 둘째, 공장과 같은 역할을 하는 네트워크 부문을 코스트센터에서 프로피트센터로 역할을 변경해 네트워크사업부로 만들어 각 상품별 사업팀과 내부거래 제도를 도입해 원가관리와 매출 및 손익관리가 가능하도록 재편했다. 셋째, 각 사업에 흩어져 있던 마케팅과 영업기능을 영업 부문으로 통폐합해 가정시장 영업은 유통정책팀으로 일원화함으로써 전국 유통망조직을 관장토록 했다. 기업시장 영업은 대기업담당, 금융 및 공공기관담당, 중소기업영업담당으로 재편해 과거 상품별 영업조직을 고객별 영업조직으로 바꾸었다. 이는 회사의 모든 상품, 즉 전화 · 천리안 · 초고속인터넷 · 전용회선 등을 패키지 상품으로 팔 수 있도록 영업역량을 상품별 중심에서 고객중심 영업이 되도록 바꾸는 것이 더 효율적이라고 생각했기 때문이었다. 넷째, 중층구조를 단축시켜 관료조직의 냄새가 나는 본부제를 없애고 팀 또는 지사체제로 바꾸어 결재단계를 3~4단계로 축소했다. 광고본부, 대외협력본부, 인터넷영업본부 등을 폐지해 그 기능을 해당 사업팀의 책임으로 맡기고 광고, 정부 접촉 등의 중복기능을 없애 해당 사업팀으로 일원화했다. 다섯째, 총무팀과 안전관리팀을 총무팀으로, 인사팀과 인력개발팀을 인재개발팀으로 통합하고 경영기획, 재무, 회계 등 지원 부문을 대폭 축소해 지원 부문 인력 비중을 15%에서 8% 수준으로 줄이고, 남는 인력을 영업과 사업 부문으로 전진배치했다. 여섯째, 특별판촉팀을 별도로 두어 신상품 또는 번들상품에 대한 게릴라식 영업활동을 전개토록 했으나, 실제 목적은 각 조직에서 적응 못하는 인력을 빼내어 7Habits교육, 가나안농군학교 교육 등을 통해 조직에 적응하도록 하기 위해서였다. 3년 동안 약 300명을 배치하였는데, 이 중 약 반은 고된 훈련을 견디지 못해 자진 퇴사하고 나머지 반은 현업에 재배치했다. 또한 권한을 대폭 위임해 팀 단위가 경영활동의 중심이 되도록 만들고 모든 결재는 전자결재만 통하도록 의무화했다.

이 같은 조직개편에 처음에는 많은 직원이 적응하지 못했으나 1년 후부터는 안정되어갔다. 우선 회사가 군더더기 없이 콤팩트해졌으며, 손익관리가 분명해졌고, 책임소재가 확실해졌다. 또한 의사결정이 빨라졌고 팀장의 역할이 회사경영의 중심으로 자리잡았으며 팀장 중심으로 효율적인 팀워크가 전개되어나갔다. 또한 사업부별, 팀별 평가제가 도입되어 사업 간, 팀 간 내부경쟁이 이루어졌고, 낭비와 비효율이 제거되어갔다. 이와 더불어 팀별 각종 단합대회가 많아졌다. 어떤 팀은 오후 7시에 용산 사옥에서 출발하여 쏟아지는 잠과 피로를 무릅쓰고 무려 80km를 18시간에 이르는 야간행군으로 결속을 다졌고, 다른 팀은 집단헌혈을 하거나 장애자집 자원봉사에 나서는가 하면, 다른 경쟁사와 축구 등 각종 운동시합으로 팀원의 조직력을 다졌다. 이처럼 팀별 단합을 다지는 광경이 벌어졌고 이는 경쟁적으로 확산되었다.

조직개편과 인사가 완료된 후 2001년 5월 18~19일 이틀 동안 신규로 보임된 팀장 109명 전원이 참석한 가운데 '팀장으로서의 각오와 다짐'이란 주제로 워크숍이 개최되었다. 이날은 팀빌딩 방법에 대한 교육과 노사협력 방안에 대한 사례발표를 마치고 저녁에는 10개 조로 나누어 현재의 문제점, 해결방안, 각오와 다짐, 그리고 건의사항 순으로 토의에 들어갔다. 그 다음날 조별 발표에서는 직원들의 사기저하와 노사문제가 제기되었고, 이에 따라 솔선수범하는 팀장, 칭찬의 문화 정착, 신바람 팀 만들기, 실천적 자세의 팀장이 되겠다는 결의를 다졌다. 또한 경영이 정상화될 때까지 회사의 비상대책에 적극적으로 동참해 경쟁력 강화 등 경영혁신 활동을 주도하고 팀의 리더로서, 회사경영의 중심축으로서 조직을 안정화하는 데 솔선수범하겠다는 결의문을 낭독했다.

나는 이들에게 Mini-CEO 역할을 주문하고 회사의 생존에 주춧돌이 되어달라고 당부했다. 특히 노사안정은 노무를 담당하는 부서만의 책임이 아니라 팀원과 함께하는 팀장의 가장 중요한 업무 중 하나로 생각하고 각별히 노력해 줄 것을 강조했다. 또한 팀별 업적평가에 따라 A, B, C로 구분, A 성적의 팀은 특별보너스 200%, B 성적은 100%를 지급할 것이고 C성적의 팀은 0%가 지급될 것이라고 선언했다. 더불어 아래나 위의 눈치를 보지 말고 팀장이 결정한 것이 회사에 이익이 되거나, 고객이 만족하거나 한국통신을 이기는 결정이면 모두 수용하고 비록 결과가 잘못되었더라도 탓하지 않겠다고 약속했다. 그리고 팀원들이 매일 퇴근 전에 항상 다섯 가지 질문을 스스로에게 던져볼 수 있도록 습관화 훈련을 시켜달라고 요청했다. 즉 '① 이 일을 내가 왜 하는가? ② 좀더 싸게, 좀더 잘 할 수는 없을까? ③ 고객이 한다면 어떻게 할 것인가? ④ 자기보다 두 계급 위의 상사가 한다면 어떻게 할까? ⑤ 한국통신을 이기려면 어떻게 해야 할 것인가?'를 하루에 한 번씩 반드시 자문자답하도록 해달라고 주문했다. 특히 우리가 성공하는 직장생활을 영위하기 위해서는 '지겹고 짜증나는 직장을 즐겁고 신나는 직장'으로 만들어 나가는 데에 팀장들의 역할이 가장 중요하다고 강조했다. 더욱이 지금 우리 회사의 팀장들이 노사갈등 과정에서 일부 직원들을 기피하고 그들을 골치 아픈 직원으로 매도하는 경향이 있는데, 그들 또한 소모품이 아니라 재산이며 보배로 생각해야 한다고 강조했다. 팀장 이상의 경영진들이 직원들을 사랑하는 마음으로 그들을 대한다면 좋은 인재로 변화시킬 수 있다. 나는 그들에게 미시간 대학 경영학교수인 노엘티치씨가 쓴 《리더십 엔진》을 읽으라고 주문했다. 책의 내용대로 여러분의 책임이 팀원들로 하여금 회사현실을 직시하고 문제점을 정확하게 깨닫도록 가르치는 임무(Awakening)와 기업환경 변화에 적응하기 위

해 변화와 혁신을 주도해야 하는 임무가 있으며, 팀장은 변화의 전도사
가 되어야 하고(Lead the Change), 팀이 나아갈 길을 분명히 하고 팀의
목표와 비전을 제시해야 한다는(Visioning) 것을 늘 염두에 둘 것을 당부
했다.

공동의 적을 만들어라

1962년 아칸소 주 로저스에서 변두리 창고를 개조해 설립한 월마트의
창업주 샘 월턴은 세 가지 비전을 제시했다. "Everyday Low Price. We
are all together in this room. Our common enemy is K-mart"를 전직
원이 매일 부르짖었다. 약 40년이 지난 후 1990년에 매출 면에서 월마
트는 K마트를 앞지르고 지금은 미국 내 최고기업으로 등극했다. 월마트
는 1970년에 당시 200만 달러의 빚에 쪼들리기도 했고 1980년까지는 총
매출이 10억 달러로 K마트의 4분의 1 수준에 머물렀으나, 2003년에는
2,587억 달러로 늘어나 3년 연속 〈포천〉지의 미국 내 500대 기업의 매출
액 기준 1위 자리를 고수하고 있다. 월마트의 2003년 매출액은 경쟁사
인 Target, Costoco, Sears Roebuck, K마트의 합계액보다 50%나 더 많
았다.

　1990~2000년까지 약 10년 간 K마트의 시장점유율은 30%에서 17%
로 곤두박질쳤으나, 같은 기간 월마트의 시장점유율은 30%에서 55%로
상승했다. 1960년대부터 약 30년 간 승자기업으로 승승장구하던 K마트
는 '타도! K마트'를 부르짖던 월마트에 그 자리를 넘겨주고 2002년 1
월에 파산신청을 하게 되었다.

　천리안과 같은 다이얼 업 온라인사업을 세계 최초로 시작한 AOL의

애기는 감동적이다. 1989년 Steve Case의 AOL은 가입자가 불과 7만 5,000명으로 당시 Prodigy 50만 명, Compuserve 30만 명보다 작아 업계 최하위에 머물렀다. AOL은 'Functionality, Convenience, Reliance, Priceless'란 기치 아래 온라인서비스와 콘텐츠 제공에 집중하고 대화방과 동호회에 초점을 맞추면서 전직원이 단결과 열정으로 5년 내 200만 가입자를 목표로 했다. 이때에 이들은 회사 배지를 '2Mill(2백 만)'로 만들어 달고다녔다. 이들은 10년 후인 1997년에 1,000만 가입자를 확보해 1위로 올라섰고 경쟁자 Compuserve를 인수했으며, 현재 2위인 Earth Link와 3위인 마이크로소프트사의 온라인 서비스인 MSN과 치열한 경쟁을 전개하고 있다. 특히 MSN과는 Netscape 인수전에서 치열한 싸움을 전개했고, MSN의 적대적인 M&A를 방어하는 데 전직원이 맞서 싸웠다. 이때 이들은 회사 배지를 'FUG 8'로 바꾸었다. 이 뜻은 Fuck Gates!로 마이크로소프트사에 대한 직원들 모두의 적대감을 부추겼다. MSN은 이에 대항해 시애틀 본사건물 곳곳에 'Stop AOL'이란 포스터를 붙여놓고 있다고 한다. GE나 오라클 등 다른 기업들도 경쟁자를 지목하고 박살내자!(Crushing the Enemy)는 구호를 통해 사원들의 단결과 도전의식을 부추기고 있는 것이 일반적인 현상이다.

1960년대 말에 거대 기업인 프록터 앤 갬블(P&G)이 종이를 소재로 한 소비재 산업에 침입해 들어왔다. 이때 업계의 1위였던 스콧페이퍼는 싸워보지도 않고 그저 2등 자리에 만족하면서 사업다변화의 길을 모색했다. 한때 자부심이 대단하던 이 회사는 경쟁업체를 바라보면서 "어떻게 최고에 맞서겠어? 우리보다 사정이 더 나쁜 회사도 있는 걸 뭐!" 하는 자세에 함몰되어 어떻게 이길 것인가를 고민하는 대신, 가진 것을 지키는 데에만 급급했다. P&G에 선두 자리를 양보하게 된 스콧페이퍼는

B급 범주에 몸을 숨긴 채 자기네 영토를 침공해 들어온 커다란 괴물이 자기를 가만 내버려두기만을 바랐다. 반면에 당시 업계 2위였던 킴벌리 클라크는 달랐다. 당시 CEO였던 다윈 스미스와 그의 경영진은 최고의 회사였던 P&G와 맞선다는 생각에 기분이 좋았고 경쟁을 통해 킴벌리 클라크를 좀더 훌륭하고 강하게 만들 기회라고 생각했다. 그리고 내부 직원들에게 경쟁 에너지를 자극하는 수단으로 보았다. 어느 날 다윈 스미스 사장이 경영위원회에서 일어서더니 말문을 열었다. "자! 모두들 일어나 묵념의 시간을 가졌으면 합니다." 모두들 스미스가 무슨 말을 하는 건지 의아해 하며 주위를 두리번거렸다. 잠시 당혹스런 순간이 지난 뒤 모두들 일어나서 경건한 침묵 속에 묵념을 하고 약간의 시간이 흐른 후 스미스가 사람들을 돌아보며 비감한 목소리로 말했다. "이상은 P&G의 죽음을 위한 묵념의 시간이었습니다." 모든 임원들은 흥분하기 시작했다. 그들은 골리앗에 도전장을 내민 것을 자랑스럽게 생각하고, 좋은 적수를 만난 기회를 대단한 자부심으로 승화시켜 전직원의 단결과 도전의식에 불을 지폈다. 기업들은 강한 경쟁자가 나타났을 때 스콧페이퍼처럼 스스로를 더 나약하고 의기소침하게 만들 수도 있고, 킴벌리 클라크처럼 냉혹한 현실에 맞서면서 더 강하고 활기찬 회사로 만들어갈 수도 있다. 현실에 안주하려던 스콧페이퍼는 결국 1995년 말 경쟁사인 킴벌리 클라크에 매각되고 말았다.

최근 도요타자동차의 성공비결이 세계적인 관심을 끌고 있다. 도요타자동차는 1960년대 초에 미국시장을 개척하기 위해 100여 대의 샘플 자동차를 미국으로 보냈다. 하지만 당시 캘리포니아의 고속도로에서 주행 테스트 중 모든 자동차가 결함으로 망가지는 창피를 당했다. 이때부터 당시 도요타 기이치로 사장은 GM자동차를 벤치마킹하고 '낭비 없는 생산과 고객만족'을 캐치프레이즈로 내걸었다. 그리고 전직원에게 "어떻게 하면 GM자동차를 이길 수 있는지 매일 생각하라"고 주문하고 개선운동을 시작했다. 도요타 기이치로 사장이 "3년 안에 GM을 따라잡자"는 비전을 제시하고 난 뒤, 당시 10배나 되는 생산성의 격차를 줄이기 위해 1949년 '작업준비 시간을 3분으로 단축하기' 운동을 시작으로 상식을 초월하는 자주적 개선활동, 이른바 '자주연구회'를 중심으로 하는 변혁의 경영혁신 운동이 시작되었다. 3년 안에 GM을 따라잡자는 슬로건으로 시작된 도요타의 혁신 노력은 "이렇게 하면 GM을 따라잡을 수 있다"고 하는 다소 상식을 벗어나기는 하지만 어쩌면 가능할지도 모르는 과제를 제시한 오노씨가 의견제안자 역할을 했고, 구성원들이 그것을 가능하게 할 방법을 모색하는 악전고투의 노력으로 결실을 맺어갔다. 이는 경영혁신 활동이 Top-down으로 시작되지만 타도 대상을 정하고 구성원으로부터의 Bottom-up을 이끌어내고 실행되어야만 가능하다는 것을 증명해 주고 있다.

이후 40년이 지난 2002년 드디어 도요타자동차는 세계 최고의 기업이 되었다. 1960년대 초 도요타의 매출은 GM의 63분의 1에 불과했으나 2002년에는 1,580억 달러, 순이익 면에서는 80억 달러로 GM, 다임러크라이슬러, 포드 등 Big 3의 합계액 50억 달러보다 많았다. 2003년 9월 도요타의 시가총액은 1,162억 달러로 GM 235억 달러, 포드 215억 달러, 다임러 크라이슬러 390억 달러를 합친 840억 달러보다도 더 컸다. 또한 미국의 J.D. Power가 발표한 품질지표(Initial Quality Study)에서 1999년 이후 연속 4년 동안 1위를 차지했다. 이 품질지표는 자동차 신차종 100대를 출고한 후 90일 간 발생한 결함 수를 매년 조사해 발표하는 것으로 2002년에 도요타는 무려 9개 차종에서 최고의 품질로 평가받았다. 이때 GM은 4개, Ford는 2개 차종에서 1위를 차지했을 뿐이다.

도요타자동차는 2003년 회계년도에 671만 대의 자동차를 팔아 순이익이 전년보다 55% 늘어난 1조 1,620억 엔을 기록해 연간 809만 대를 팔아 업계 1위를 고수한 GM보다 순익규모가 두 배가 많았고, 전세계 제조업 중 1위를 차지했다. 매출도 12% 증가한 17조 2,947억 엔으로 창사 후 최대 기록을 경신했다. 미국의 자동차전문 주간지 《오토모티브 뉴스》에 따르면, 2003년 세계 자동차판매 현황에서 도요타자동차는 678만 대를 팔아 859만 대를 판매한 GM에 이어 2위에 올라섰고, 3위 포드의 판매량 654만 대, 4위 폴크스바겐 501만 대, 5위 다임러크라이슬러 436만 대를 앞질렀다.

도요타에서는 특별히 지시를 하지 않아도 사원들이 자발적으로 움직이고 성과를 올리려는 힘이 분출되고 있는데, 이는 인간은 내버려두어도 열심히 노력한다는 점을 인정하고, 스스로 하고자 하는 의욕을 불러일으키는 환경을 만들어주면 특별관리를 받지 않아도 활기차게 일한다는 기본철학에 바탕을 두고 있다. 도요타 생산방식의 어머니라 하는 오오노 다이이치씨의 제자로 1973년에 만들어진 사내 텍스트인 〈도요타 생산방식〉을 총 정리해 그룹 전체에 보급한 쵸 후지오 사장은 《도요타식 사람 만들기, 물건 만들기》란 책에서 "도요타 생산방식의 기본은 사람의 능력을 최대로 살리고 키우는 데 있다"고 했는데, 이는 스스로 생각하는 것의 소중함과 인간의 지혜는 무한하고 그 가능성을 믿는다는 철학이 깊이 뿌리내려 있음을 보여준다. 쵸 후지오 사장은 늘 "사원을 보석처럼 여기고 자기를 능가하는 부하로 육성하라. 그리고 스스로의 생각으로 문제의식과 변혁에 대한 열정을 가진 변혁형 인재로 육성해야 한다!"고 강조했다. 이러한 생각은 잭 웰치 회장의 A-Player나 피터 드러커의 지식근로자(Knowledge Worker) 개념과 같은 것으로서 사원은 소모품이 아니라 재산이라는 생각에 기초를 두고 있는 것이다.

도요타에도 어려움이 있었다. 1937년에 설립된 도요타는 1950년 심각한 재정위기를 극복하기 위해 25%의 인원감축을 결정했는데, 노조가 이에 반발해 75일 간의 총파업을 전개했고, 이에 대한 책임을 지고 창업자이자 사장인 도요타 기이치로가 물러났다. 도요타는 이러한 경험을 통해 많은 것을 배웠고 1967년 '노사공동 선언문'을 채택하게 된다. 이후 노사가 서로를 존중하고 생산성 향상을 통해 회사의 번영과 근로조건의 개선을 추구할 것을 천명하고 실천에 옮김으로써 지금까지 한 번의 노사분규 없이 건설적인 노사관계를 유지해 오고 있다.

결국 사람이 승패의 관건이다. 구성원들이 데이콤을 살리는 데 자발적으로 힘을 쏟아 붓도록 환경을 만들어주고, 적과 싸울 의지를 불태우도록 유도하는 것이 중요하다.

나는 2001년 하반기부터 직원을 상대로 한 다양한 교육 프로그램을 마련하도록 지시했다. 팀장 이상은 LG전자 창원공장에서 실시하는 무박 6일 과정의 '혁신학교'를 의무적으로 수료하도록 했다. 퇴출당하면 합격할 때까지 또 보냈다. 부장과 과장급은 별도로 회사에서 맞춤교육 과정을 고안해 5박 6일 과정으로 이천에 자리한 국제생명보험의 연수원을 빌려 교육을 실시했다. 대리 이하 직원에 대해서도 7 Habits 내용을 맞춤과정으로 만들어 아산 지구국을 연수원으로 개조해 3박 4일 동안 실시했다. 이러한 교육은 약 1년이 소요되었는데, 내가 직접 강사로 나서 2시간 이상 대내외 환경변화와 우리의 현실, 그리고 나아갈 방향과 당부사항을 강의했다. 나는 모든 구성원이 CEO와 같은 생각, 같은 행동을 하는 사람으로 만들기 위해 진정으로 노력했다. 짐 콜린스의 《좋은 기업을 넘어 위대한 기업으로(Good to Great)》에서는 "위대한 기업으로 분류된 대부분의 기업들은 적합한 사람을 버스에 태우고 부적합한 사람을 버스에서 내리게 하며, 적임자를 적합한 자리에 앉히는 일부터 시작했다”고 분석했는데, 데이콤은 부적합한 사람일지라도 적합한 사람으로 만들어 같은 버스를 타고 가기 위해 사원들의 교육에 상당히 투자했다. 나는 다음과 같은 내용으로 평균 2시간 정도의 강의를 했다.

〈21세기 경영환경〉

인류문명은 3,000년 간의 농경사회를 거쳐, 18세기에 시작되어 약 300년 간 지속된 산업사회가 이제 종언을 고하고, 21세기에는 우리가 정보화사회라고 일컫는 디지털사회에 본격적으로 접어들었습니다. 앨빈 토플러는 《제3의 물결》에서 정보화사회는 급속히 진전되어 30년 내에 완성될 것이라고 예측했습니다.

디지털사회의 세 가지 특징적 현상이 있다고 보는데, 그것은 Globalization, Digitalization, Humanization이라고 할 수 있습니다.

Globalization이란 돈, 정보, 물건, 기업이 국경 없이 움직이고, 각국의 경제주권이 종말을 고하는 Global Capitalism을 의미합니다. 이는 1995년 WTO 출범으로 본격화되었고, 다국적기업들이 국경을 넘나드는 인수합병과 투자로 세계화를 주도하고 있습니다. 교통, 통신, 금융 등의 기술 발달이 이를 가속화시키고 있으며, 각국 간 FTA(Free Trade Arrangement)와 지역협정이 가교 역할을 하고 있습니다. 특히 인터넷 이용자가 1997년 1억 명에서 2001년 3억 명으로 2년마다 2배씩 늘어 지구촌이 동시생활권으로 변해가고 있습니다. 그레이엄 벨이 전화기를 개발한 이후 유선전화 가입자가 10억 명에 도달하는 데에 100년이 걸렸으나 인터넷 가입자는 10년 안에 10억 명에 이를 것입니다. 이러한 Globalization시대에는 과거 산업시대에는 비교우위론이 지배했으나, 이제는 절대우위론이 지배하는 세상이 되었습니다. 다시 말하면 세계플라이급 권투 챔피언이었던 우리나라 유명우 선수가 세계헤비급 챔피언이었던 타이슨 선수와 링 위에서 체급의 제한 없이 맞붙어야 하는 세상이 되었다는 것입니다. 이러한 세계화 현상은 중단 없이 급속히 진행될 것이며, 어느 누구도 거스를 수 없을 것입니다. 이러한 변화에 슬기롭게 준비하지 못하고 현명하게 대처하지 못하면 이 땅에서 공룡처럼 사라지게 될 것입니다.

100년 전에 우리나라는 서양문물의 개방압력에 효과적으로 대처하지 못해, 결국 일본에 강점당한 역사적 치욕을 경험했습니다. 우리 민족이 당시에 얼마나 어리석었나를 보여주는 한 예를 들어 보겠습니다. 고종황제가 서양문물을 받아들여야겠다고 판단하고 1894년에 갑오경장을 선포했습니다. 갑오경장 내용 중 '단발령'이 포함되었는데, 당시 서원을 중심으로 한 유생들이 '이는 효(孝)를 중시하는 유교사상을 말살하기 위함이다. 목을 잘리는 한이 있더라도 상투는 깎을 수 없다(此頭可斷, 此髮不可斷)'며 전국적으로 반대투쟁을 전개했습니다. 그리하여 당시 주동자 유생 122명을 효수해 저잣거리에 내 걸었는데, 이 사건이 1895년에 일어난 '을미사변'입니다. 100년이 지난 지금 되돌아보면 그 치렁치렁하고 보기 싫은 상투를 왜 깎지 않고 죽음과 맞바꾸었는지 쉽게 이해가 되지 않습니다. 이 사건을 생각하면서 현재 진행되고 있는 세계화시대에 두번 다시 이와 같은 어리석은 실수를 저질러서는 안 될 것입니다.

두번째는 Digitalization 현상입니다. 지금 TV를 비롯해 모든 가전제품이 아날로그기술에서 디지털기술로 바뀌고, 통신 분야에서도 협대역에서 광대역으로, 구리에서 광케이블로, 유무선 융합과 통신과 방송의 통합시대로 바뀌고 있습니다. 반도체 분야에서도 2002년에 1기가비트 칩이 상용화 되었는데, 향후 10년 안에 1기가비트 칩 1,000개가 4mm by 2mm인 8mm 제곱의 손톱 만한 칩에 집적되는 1테라비트 칩이 개발될 것이라 합니다. 이 작은 칩은 한 권에 630억 글자의 한글사전 2,000권이 저장될 수 있다고 합니다.

지난달 〈컴퓨터 월드(Computer World)〉에서는 지난 30년 간 컴퓨터산업이 성취한 것을 자동차산업이 이룩했다면 현재 롤스로이스 승용차 한 대의 생산원가는 2.5달러가 되고, 휘발유 갤런당 주행거리는 200만 마일에 달하게 될 것이라고 지적했습니다. 이와 같이 기술의 발전이 무서운 속도로 이루어지고 있습니다. 미국 〈월스트리트 저널(Wall Street Journal)〉에서 2000년 1월 특집으로 'Digitalize or Die'라는 기사를 다루었는데, Digitalization은 이제 선택의 문제가 아니라 생존의 문제라는 것입니다.

세번째 현상은 Humanization의 시대로 바뀌고 있다는 것입니다. 산업사회에서 생산의 3요소는 노동, 자본, 토지였지만 디지털사회에서는 기술, 정보, 지식으로 바뀌었습니다. 이는 과거에 자연자원(Natural Resources)이 중요했으나, 이제는 인간자원(Human Resources)이 중요해졌다는 얘기입니다. 기술, 정보, 지식이란 신(新) 생산 3요소를 여러분이 다 가지고 있습니다. 제레미 리프킨 교수가 쓴 《노동의 종말》이란 책을 보면 산업사회에서는 노동가치설이 지배했습니다만, 디지털사회에서는 지식가치설이 지배한다고 주장했습니다. 과거에는 블루칼라와 화이트칼라로 대별되어 대립관계였으나, 이제는 구분 없이 여러분이나 나나 모두가 골드칼라(Gold Color)라는 것입니다. 우리나라에서 지금 노사간 갈등과 대결, 그리고 투쟁이 전개되고 있는데, 이는 100년 전 우리 조상들이 단발령을 거부했던 것과 같다고 생각합니다. 피터 드러커는 그의 저서 《Next Society》에서 "앞으로 지식근로자를 어느 기업이 많이 확보하느냐에 따라 승패가 갈릴 것이다"라고 했습니다. 지식근로자가 새로운 자본가로 등장한다고 했습니다. 그는 앞으로 20년 후에 지식근로자의 비중이 현재의 15%에서 40%로 증가하고, 제조업의 근로자는 현재의 35%를 정점으로 해서 15%까지 떨어질 것이라고 전망했습니다. 이는 여러분도 지식근로자가 되지 않으면 시장에서 퇴출될 것이라는 사실을 의미합니다. 이상에서 설명한 바와 같이 우리는 엄청난 변화의 소용돌이 속에 살고 있으며, 소름끼치는 치열한 경쟁과 급속한 기술의 발전 아래서 행동과 사고의 변화를 강요받고 있습니다. 또 변하지 않고는 우리는 시장에서 살아남지 못하고 퇴출당할 것입니다.

〈데이콤이 처한 기업 환경〉

나는 데이콤을 경영하면서 '대한민국에 이런 회사가 아직도 망하지 않고 어떻게 견디어가고 있는가?' 라는 의문이 들었습니다. 이 회사를 경영해 가는 것이 마치 강원도 산골짜기에 있는 돌밭에서 농사를 짓는 것과 같다고 생각했습니다. 농토는 척박하고 물이 없어 천수답과 같은 박토를 경작하는 데 힘은 배나 들고, 간혹 지뢰가 터지고, 힘껏 농사를 지어보지만 소출은 형편없는 흉작으로 끝나고 마는 참으로 답답하고 울고 싶은 심정입니다.

우리가 처한 대내적 기업환경을 보면 세 가지 벗어야 하는 짐이 있습니다. 그 하나는 태생적으로 소아마비 상태로 태어난 질곡입니다. 1982년 KT의 자회사로 데이터통신의 독점회사로 출범했으나 1991년부터는 KT도 데이터통신을 할 수 있도록 허용되면서 두 회사가 경쟁하게 되었는데, 데이콤은 통신필수설비가 없어서 KT의 전용회선과 통신관로 등의 설비를 빌려 사용해야 매출을 일으킬 수 있었습니다. 지금까지 독점적으로 공급하던 우리의 데이터서비스는 KT와 경쟁하게 되었고 우리의 고액매출 고객에 대해 KT가 전용회선 사용료를 인상하던가, 아예 설비를 제공하지 않는 사태가 벌어지게 된 것입니다. 이는 KT의 저수지 밑에서 비싼 물값을 내면서 농사 짓는 것과 똑같습니다. 우리는 울며 겨자먹기로 비싼 물값을 지불하고 농사를 짓다 보니 기대한 만큼의 소출을 얻지 못하고 있습니다. 경쟁체제가 도입된 후 KT는 1998~2000년 3년 간 전용회선 사용료를 연평균 45% 인상했고, 통신설비 사용료는 연평균 28% 인상했습니다. 따라서 1998년에는 통신필수설비 사용료가 677억 원이었는데, 2000년에는 1,714억 원을 지불했습니다. 그 결과 100% 독점했던 데이터시장 점유율이 20%로 떨어졌습니다. 또한 데이콤이 1991년 국제전화사업에, 1995년에 시외전화사업권을 얻어 서비스를 시작했으나, 시내전화사업권이 없기 때문에 시내전화 접속료를 지급하면서 사업을 하다 보니 지금까지 6년 간 적자를 기록하고 있습니다. 이는 1998~2000년 사이에 접속료가 연평균 28% 인상되어 1998년 643억 원에서 2,000년에는 1,244억 원으로 증가되었기 때문입니다. 당시 정부가 시내전화사업권을 당연히 데이콤에 주었어야 했는데, 1995년 하나로통신을 설립해 사업권을 줌으로써 데이콤은 절름발이 신세가 된 것입니다. 1998년 매출이 6,812억 원이었는데, 이때 우리가 통신필수설비 사용료와 접속료로 지급한 금액은 1,320억 원으로 매출액의 19%를 부담했으나, 자유화 추세를 타고 계속 인상되어 2000년에는 매출액 9,989억 원에 물값으로 2,958억 원을, 즉 매출의 30%를 지급한 것입니다. 이는 2000년의 인건비 997억 원(10.0%)과 감가상각비 1,325억 원(13.3%)을 합친 것보다 많았고, 매출은 3년 간 연평균 15%씩 증가했는데, 물값은 연평균 36%가 증가했던 것입니다. 어쩌면 착취당했다고도 할 수 있습니다. 우리는 이런 소아마비적인 태생적 구조를 탈피하지 않고는 자생하기 어렵습니다. 그래서 내가 늘 파워콤을 인수해 우리 소유의 저수지를 확보해야 한다고 주장하는 것입니다.

또 하나 우리가 짊어진 질곡은 과거의 경영부실입니다. 내가 데이콤에 와서 파악한 바로는 2001년 4월 말 현재, 하나로통신 투자실패에 따른 1,000여억 원을 포함해 과거의 경영부실에 따른 손실액이 약 3,500억 원에 달합니다. 이것을 하나로통신을 제외하고 향후 3년 내에 다 떨어낸다면 1년에 800억 원 이상 떨어야 합니다. 계획대로 실행하려면 우리는 연간 최소한 800억 원 이상 당기순익을 실현해야 합니다. 이미 내가 오기 전에 1999~2000년에 떨어낸 1,100억 원을 합치면 경영부실의 짐이 약 4,600억 원에 달합니다. 경영부실의 원인을 두 가지로 분류 할 수 있는데 하나는 투자 실패에 따른 것이고, 다른 하나는 임직원의 비리에 따른 것입니다. 전자는 '국민천리안' 이란 Dial-up on-line 서비스 투자 실패, 광대역 무선사업(B-WLL: Broadband Wireless Local Loop) 실패, 각종 벤처회사 투자 실패, 제2사옥 건설사업 중단, 공중전화사업 실패, 위성방송사업권 및 IMT-2000사업권 획득 실패 등이며, 후자는 임직원들이 회사 공금유용으로 골프장을 매입한 배임사건, 사옥건설과 관련한 리베이트, 일본 및 미국 내 전화카드사업과 관련된 비리, 글로벌스타 사업을 위한 여주 토지매입과 관련한 리베이트 등입니다. 이것들을 생각하면 분노가 치밀어오르고 앞이 캄캄합니다. 그러나 이 경영부실은 우리가 피할 수 없는 것으로 앞으로 떠안아야 할 큰 짐입니다. 나는 연간 500억 원씩 앞으로 5년 간 떨어낼 생각입니다.

세번째 질곡은 노조 문제입니다. 지난해 있었던 84일 간의 파업으로 인터넷사업 584억 원을 포함해 730억 원의 직접매출손실액이 예상됩니다. 임금손실액이 64억 원으로 집계되었지만 고객으로부터 신뢰상실, 사원들의 생산성 감소, 우수인력의 유출, 브랜드 이미지 저하, 주가폭락 등의 간접손실이 엄청나다고 봅니다. 나는 한국중공업의 과격노조(Militant Union)와 데이콤의 사상노조(Ideology Union)의 활동을 경험하고 있는데, 데이콤 노동조합이 더 어렵습니다. 고학력의 엘리트인데다가 자기의 철학과 사상이 분명한 화이트칼라 노조이기 때문입니다. 이상에서 지적한 세 가지 질곡을 벗어버리지 못하면 우리 회사가 계속기업으로 생존하기 어렵습니다.

우리 앞에 놓여 있는 두번째 환경은 국내경제가 저성장시대에 돌입했다는 것입니다. 과거에는 우리경제의 잠재성장률이 7~8%대였으나, 이제는 4~5%대로 떨어졌다는 것입니다. 우리의 주요 고객인 제조업은 임금이 싸고 노사분규가 없는 중국 등 다른 나라로 이전해 제조업 공동화 현상이 진전되고 있고, 통신사업자 간 경쟁은 치열하게 전개되고 있습니다. 더구나 음성시장이 유선에서 무선으로 옮겨가고 있어 우리가 사업하는 유선음성시장은 점점 축소되고 있습니다. 또한 초고속 인터넷시장은 성숙기에 접어들어 수요가 정체되어 가고, 새로운 e-Biz사업은 아직 시장이 형성되지 않고 있습니다. 따라서 사업자 간 경쟁은 치열하고, 더군다나 철봉에서 곧 떨어질 위험에 처한 후발사업자 간 경쟁은 전쟁을 방불케 할 정도로 과당경쟁이 벌어지고 있습니다. 또한 IT버블이 꺼지면서 우리의 고객인 수많은 벤처기업과 중소기업이 망하거나 부도 위기에 내몰리고 있습니다. 이러한 가운데 새로운 성장동력사업은 찾아볼 수도 없고, 있다 하더라도 현재 상태로는 우리에게 투자할 여력이 없는 빈곤의 악순환 상태에 빠져 있습니다.

세번째 우리가 처한 환경은 통신시장에서 약자임과 동시에 실패자입니다. KT라는 엄청난 강자와 싸우고 있습니다만 상대방은 골리앗이고, 우리는 절름발이의 다윗입니다. 100년이란 세월 동안 통신시장을 독점해 온 KT와 개방화, 자유화, 민영화 바람을 타고 시장에 진입한 후발사업자들이 싸우기에는 역부족입니다. 정부는 유효경쟁을 통해 진정한 사업자 간 경쟁을 보장함으로써 소비자 선택권을 부여하겠다는 의지를 보이지 않고 있으며, 후발사업자가 비대칭적 규제를 통한 유효경쟁 조장정책을 수없이 건의했으나 소귀에 경읽기입니다. 시장지배사업자에게 서비스시장 점유율 50%제한, 통신필수설비에 대한 자유로운 임대와 설비사용료를 KT 내부거래 요율과 동일한 조건의 적용, 시내접속료의 대폭 인하 등을 요구했으나 전혀 움직이지 않고 있습니다. 내가 오죽했으면 정통부장관에게 시외전화사업권을 반납하겠다고 통보했겠습니까? 여기에 그치고 있는 것이 아닙니다. 무선사업 시장이 날로 커지고 있는데 2조 원이란 LM(Land to Mobile)시장은 KT에 독점권을 보장해 주고 개방하지 않고 있습니다. OECD 국가들이 대부분 개방하고 있는데 우리는 검토해 보겠다는 말만 되풀이하고 시간만 질질 끌고 있습니다. 새로 부임한 장관은 하나로통신을 인수하면 개방해 주겠다고 합니다. 또한 통신사업권을 획득해 흑자를 내는 기업은 당연히 매출액의 일정 비율로 사업권 허가료를 정부에 납부하는 것이 당연하지만, 사업권을 허가받아 몇 년째 적자를 내고 있는 상황에서 그것도 정부의 정책 때문에 적자가 나는데 왜 돈을 내야 합니까? 또한 일반적으로 역무제공에 따른 공동분담금이란 것이 있는데, 예를 들면 KT가 공중전화서비스를 제공함에 따라 발생하는 손실을 데이콤 등 다른 사업자가 공동 부담하는 제도로, 공중전화사업이 손해가 나면 당연히 철수하든지 정부가 보전해 주어야 하는 것인데도 공익성유지란 명목으로 다른 사업자가 공동으로 보전해야 한다는 것은 납득이 되지 않습니다. 지난주에 통신사업자연합회 모임이 있었습니다. 회비로 운영되는 연합회의 회비책정이 잘못되었다고 제가 시비를 걸었습니다. KT매출의 10분의 1도 안 되는 우리 회사가, 그것도 5년째 적자를 내는 회사가 연합회회비는 KT의 3분의 1을 부담해 온 것은 잘못 되었기 때문에, 순이익규모로 바꾸고 적자를 낸 회사는 회비를 면제해야 한다고 강변했습니다. 다음 회의에서 재검토해 합리적인 안을 제시하겠다고 하니 두고봅시다. 정부나 연합회는 시장지배사업자인 KT와 SKT의 이익을 수호하고 보장하는 기관이지, 후발사업자의 편을 들어주지 않고 있다는 사실을 염두에 두어야 합니다.

또한 우리가 제공하는 사업의 시장점유율이 점점 줄고 있습니다. 시외전화사업의 경우 2000년에 시장점유율이 15.3%에서 2002년에 10.5%로 줄었고 국제전화는 같은 기간에 28.1%에서 16.9%로 줄었으며, 전용회선사업도 12%에서 7.9%로 줄어들었습니다. 기업시장에 제공하는 인터넷사업만이 같은 기간 중 28%에서 29% 수준을 겨우 유지하고 있습니다. 천리안사업이 2000년까지 38%의 시장점유율로 1위 사업자의 지위를 유지했으나, 변신에 실패해 지금은 적자규모 확대와 급격한 매출감소로 인해 큰 골칫거리사업으로 전락했습니다. 수익 면에서도 이미 지적한 바와 같이 12가지 사업 중 11가지 사업이 적자를 내고 있는데, 흑자를 내는 전용회선사업도 전용회선 사용료가 점점 인상되어 2002년부터는 적자로 돌아설 전망입니다.

〈우리는 어떻게 할 것인가?〉

자! 우린 이제 어떻게 해야 합니까? 1980년대 초에 인텔은 D램 시장에서 일본 및 한국으로부터 값싼 반도체가 쏟아져 들어와 3년 연속 큰 적자를 시현했습니다. 하루는 창업주인 앤드루 그로브와 고든 무어가 깊은 한숨을 내쉬며 한 방에 앉아 있었습니다. 앤디가 물었습니다. "이번 이사회에서 우리를 쫓아내고 새 경영자를 데려오겠지?"고디가 대답했습니다. "아마 그렇겠지!" 앤디가 "그럼 우리는 짐을 싸고 나가야겠지?" 하고 중얼거렸습니다. 그러곤 고디에게 "우리 후임자는 어떻게 할 것 같은가?" 하고 물었습니다. 고디는 "틀림없이 메모리 분야에서 빠져나오게 될 것일세! 우리가 계획했던 마이크로 프로세스사업을 시작할 거야. 디램 사업을 포기하고 말이야!" 그 소리를 들은 앤디는 고디의 손을 잡고 강제로 끌면서 엘리베이터를 타고 내려가 건물 밖까지 나갔습니다. 건물 밖 인도에 서서 앤디는 고디에게 "우리는 이제 해고되었네! 그러면 재신임을 받기 위해 이제 다시 들어가서 자네가 얘기했던 대로 그렇게 하세" 하고 다시 손을 잡고 껄껄 웃으며 건물 안으로 들어왔습니다.

그 후 인텔은 다시 일어섰습니다. 경쟁력이 없는 디램 공장을 폐쇄하고, 부가가치가 높은 마이크로프로세스사업을 새로 시작했습니다. 인텔은 1980년대 말부터 세계 마이크로프로세스사업에서 시장점유율 90%를 유지하고 있습니다. 여기서 우리는 죽기를 각오하면 살아날 수 있다는 것을 배워야 합니다. 기존의 생각과 관념을 포기하면 기회가 분명히 온다는 것입니다.

자! 우리 함께 다시 시작해 봅시다! 어떤 요술단지 같은 전략이 나한테 있는 것이 아닙니다. 신출귀몰한 경영전략도 없습니다. 대박이 터질 만한 아이디어 상품이 내 머릿속에 있는 것도 아닙니다. 가뭄에 비를 내릴 수 있는 비법이 나에게 있는 것도 아닙니다! 회사가 확정한 '생존방안'이 유일한 길인 것도 아닙니다. 여러분! 여기서 죽을 수는 없지 않습니까? 모두가 한번 이를 악물고 오기로 회사를 살려 봅시다. 다만 다음 몇 가지를 당부합니다.

첫번째 우리 모두가 지식근로자가 됩시다. 'Knowledge Worker or Professional'은 세 가지 요건을 갖추고 있습니다. 하나는 자기가 하는 일을 스스로 개선하고(improve), 새롭게 개혁하며(innovate), 창의적으로 개발(develop)하는 것입니다. 여기에는 반드시 창의력(Creativity)과 실천력(Performance)이 결합되어야 합니다. 전사원이 이를 매일매일 실천하면 우리는 살아날 수 있습니다. 업무를 수행하면서 '왜?'라고 하루에 다섯 번씩 스스로에게 질문하면 됩니다. 또 하나는 각자가 아이디어, 소프트웨어, 브랜드, 특허 등 지적재산권, 업무혁신 등 이익을 창출할 수 있는 보이지 않는 자산(return on intangible assets)을 만들어내도록 고민하는 것입니다. 어떻게 하면 KT를 이길 수 있을지 곰곰이 생각해 보는 것입니다. 마지막 하나는 고객의 노하우, 경험, 아이디어, 생각을 자기 것으로 만들어나가는 것입니다. 여기에는 '항상 고객이 원하는 것이 무엇일까?'를 생각해 두는 것이 필요합니다. 이러한 주장은 내가 지어낸 것이 아닙니다. 드러커 교수가 강조하고, 잭 웰치 회장이 늘 강조하는 것이며, 초 후지오 도요타 사장이, 루 거스너 IBM 회장과 곤 닛산자동차 사장 등 위대한 회사를 만들어낸 최고경영자들이 항상 강조하는 것입니다. 우리나라에도 조선시대의 거상으로 알려진 임상옥이 장사는 이(利)를 추구하는 것이 아니라 의(義)를 추구하는 것을 '상칙인(商則人)'이라고 하여 사람의 중요성을 강조했습니다.

두번째 열정을 가진 멀티 플레이어가 되자는 것입니다. 우리에게는 지치지 않는 체력과 차별화된 기술력이 필요합니다. 여러분에게 부탁합니다. 1주일에 한 권 이상 기초실력을 키우는 데 필요한 관계 서적을 눈으로 읽고(眼讀), 자기가 모델로 삼고자 하는 상급자든, 동료든, 교수든, 타회사 직원이든 한 달에 한 분씩 만나 대화를 나누면서 귀로 읽으십시오(耳讀). 이런 말이 있습니다. "자기계발을 위해 소득의 3%를 투자하라" 내가 환갑을 지나 지금까지 살아온 인생을 되돌아보니 세월이 참으로 빠르게 지나가고 있구나! 하고 느낍니다. 20대에는 세월이 가는 것을 잘 느끼지 못했는데, 60대인 지금은 비행기를 타고 가는 것처럼 세월이 빨리 지나고 있습니다. 여러분도 세월을 아끼고 시간을 절약해 사용하기를 바랍니다.

그리고 투명성 제고를 위해 노력합시다. 과거 우리 회사가 인사 면에 투명하지 못했다는 얘기를 들었는데 앞으로 절대로 그런 일이 없다는 것을 약속드리겠습니다. 백이나 노조의 부탁은 통하지 않습니다. 핵심역량(Core Competency)과 업적(Performance)을 3 : 7의 비율로 반영해 공정하고 객관적인 평가로 인사를 할 것입니다.

기술직이라도 영업이나 기획에서도 능력을 발휘해야 하고, 경영을 전공했더라도 기술직 자리를 소화할 수 있어야 합니다. 앞으로 다양한 전문교육 프로그램을 실시할 예정입니다.

세번째 부탁은 차별화를 이룩하자는 것입니다. 〈워싱턴포스트(The Washington Post)〉가 2001년 3월에 지난 1000년 동안, 즉 1001년부터 2000년까지 인류 역사상 가장 위대한 인물이 누구인가에 대해 인터넷을 통한 여론조사를 했답니다. 아인슈타인, 콜럼버스, 나폴레옹, 마르코 폴로, 노벨, 링컨 등 여러 인물이 거명 되었는데, 여러분은 누구라고 생각합니까? 놀랍게도 몽고 유목 민족의 지도자였던 칭기즈칸이 가장 많은 표를 받았다고 합니다. 칭기즈칸은

170년 동안 유럽, 중동, 중국 등 기독교문화권, 이슬람문화권과 유교문화권을 지배했습니다. 우리나라도 고려 때 30년 간 지배받았습니다. 로마제국이 기독교문화권과 이슬람문화권을 지배했는데 칭기즈칸은 유교문화권까지 통일해 동서양문화 사이에 교류를 이루었고, 많은 문화유산을 남겼습니다. 이들은 민주주의를 처음 실천에 옮겼다고 합니다. 모든 국민은 평등하다는 사상으로 10가구를 대표하는 10부장, 100호 또는 1,000가구를 대변하는 100부장, 1,000부장을 직접 선출했다고 합니다. 칭기즈칸 자신도 왕을 뜻하는 칸 대신 그냥 보통 이름을 불러달라고 했답니다. 또 성과보상주의를 처음으로 도입했다고 합니다. 전리품을 공동의 몫으로 하고 베어온 목의 수에 따라, 죽은 전사자 수에 따라 분배하고, 전투에 참가한 병사뿐 아니라 칼을 만들고 수리하는 사람, 말발굽을 만들고 수리하는 사람에게도 같은 포상을 했다고 합니다. 지금도 몽고에서는 말 타기 경주에서 기수뿐 아니라 말 조련사와 우승마에게 더 큰 상금을 지급한다고 합니다.

여러분! 바둑이 바로 몽고민족으로부터 유래했답니다. 중국의 장기나 서양의 체스는 위계질서의 문화이지만 바둑은 평등의 문화입니다. 장기를 보면 장이 있고 차, 포, 마, 상, 졸 등이 있는데 각자 가는 길과 역할이 다르지만 바둑은 백돌과 흑돌이 돌마다 똑같은 길과 역할로 변화무쌍한 싸움을 전개합니다. 바둑에서는 돌들이 평등한 조건이지만 혼자만으로는 생존할 수 없는 서로 연결되어서 상생관계를 이루는 것입니다. 기업체도 바둑과 똑같다고 봅니다. 여러분도 한 개의 돌이고 최고경영자인 나도 한 개의 돌입니다. 내 몸, 하나의 돌을 어느 한 곳에 던질 때 상대방의 두 집을 파괴해 적을 잡을 수도 있고, 반대로 내 몸을 잘못 두었을 때 두 집을 만들지 못해 나의 동료 모두를 죽이게 되는 것입니다. KT와 바둑을 둔다고 생각해 보십시오! 여러분의 돌 하나가 회심의 일격으로 KT를 이길 수 있는 것이고, 반대로 여러분의 돌이 헛수를 두게 되면 싸움에 패할 수도 있습니다. 몽고민족은 바로 이러한 조직의 결집력과 상생의 원리를 실천했기 때문에 170년 동안 세계를 지배할 수 있었던 겁니다.

또 하나 몽고민족이 세계를 지배할 수 있었던 이유는 바둑과 같은 생활철학으로 무장한 이들이 차별화에 성공했기 때문입니다. 첫번째 차별성은 속도의 차별입니다. 중세의 서양 군사들은 철갑과 철모, 긴 칼 그리고 비상식량으로 무장했는데 그 무게가 70kg이었다고 합니다. 그러나 몽고 군사들은 얇은 철사망, 가죽옷 그리고 육포(소를 잡아 말린 것)로 무장하였는데, 그 무게는 7kg 정도로 서양 군사의 10분의 1에 불과했습니다. 같은 말을 탔을 때 몽고 군사는 시속 40마일 속도로 달리는데 서양 군사는 무게 때문에 20마일도 채 못 달렸다고 합니다. 이들은 경량화를 통해 속도전에서 이미 승리한 것입니다. 두번째는 기술의 차별성입니다. 말 위의 버팀목의 안장이 몽고에서 나왔다는데 버팀목을 잡고 오르내리면 신속성과 붙잡고 달릴 때 안전성이 보장되는 것입니다. 또 말을 타고 내릴 때 두 발을 디디는 등자가 몽고에서 유래했습니다. 말을 타고 내릴 때의 신속성은 물론 달릴 때 버팀목을 잡고 엉덩이를 번쩍 들면 말이 더 가벼울 것이고, 등자에 발을 디디고 비스듬히 누워서 말 몸체에 자기 몸을 숨길 수도 있습니다. 또 서양 칼은 일직선이지만 몽고 칼은 반달형 칼이랍니다. 말 위에서 속도가 빠를 때는 반달형이 적의 목을 베는 데 훨씬 쉽다고 하는군요. 또 화살의 끝에 구멍을 낸 활을 사용했다는데, 100여 명의 군사가 동시에 쏘아 올리면 공기와의 마찰로 나오는 공포의 굉음 때문에 지레 겁을 먹고 성을 비우고 도망갔다고 합니다. 바위를 날리는 기구, 지금으로 말하면 대포 같은 것도 몽고에서 개발한 것이랍니다. 이들의 성공은 차별화에 있습니다. 많은 성공기업들이 차별화를 통해 위대한 기업이 된 것을 우리는 너무나 잘 알고 있습니다. 기술의 차별화뿐 아니라 말과 행동, 사고의 차별화, 서비스에 대한 차별화를 어떻게 이룰 것인가를 고민해 보기 바랍니다. 제품의 차별화전략에는 세 가지가 있는데, 하나는 객관적인 차별화로 기술, 품질, 성능 등에서 확연히 구분되는 것으로 요즘 판매되는 PDP-TV, LCD-TV 같은 것이고 다른 하나는 주관적 차별화로 브랜드, 디자인, 회사 이미지 등의 차별화이며 또 하나는 제품과 서비스의 패키지로, 예를 들어 주유소에서 휘발유를 팔면서 세차, 담배, 음료수, 생필품을 함께 판매하는 것이나 항공권과 자동차임대, 관광상품을 함께 파는 것, 치약과 칫솔 및 비누를 한 세트로, 타이레놀과 크리넥스를 묶어서 파는 등 번들상품을 파는 것입니다.

요즈음 MBC방송의 〈일요일 일요일 밤에〉란 프로그램에서 신동엽이 진행하는 '러브 하우스'를 보면서 데이콤을 연상했습니다. 나는 데이콤의 '러브 하우스 꿈'을 실현해 보고 싶습니다.

빌 게이츠는 1975년에 창업하면서 "모든 가정의 책상위에 MS-DOS가 장착된 컴퓨터 한 대씩을 놓으리라"는 꿈을 가졌습니다. NTT Docomo의 i-Mode팀은 "휴대폰에 온라인 서비스를 제공하겠다"는 꿈을 가졌습니다. 지금은 어렵지만 우리도 PC, TV, 전화기, 냉장고, 휴대전화기, PDA 등 "Any Device를 Anytime, Anywhere에서 네트워킹 하겠다!"는 꿈을 가집시다. 노키아는 'Connecting People'을, 에릭슨은 'Power of Mobility'를, 모토롤라는 'Linking People's Dreams'를 꿈으로 삼고 있습니다. 우리는 'Networking Any Device'의 꿈을 키워봅시다. 취임 6개월이 지난 지금 약간의 희망이 보입니다. 2001년 1~3월은 영업이익이 52억 원 적자였으나, 4월부터 매달 영업이익이 흑자를 내고 있으며, 4월 21억 원에서 9월 75억 원으로 그 규모도 커지고 있습니다. 매출도 1월에 806억 원이었으나 8월에 822억, 9월에 824억 원의 실적을 내고 있습니다. 너무 실망하지 말고 자신감을 가지고 데이콤 바둑팀의 흑돌이 되어 봅시다! 직무몰입도와 조직애착도에 매출과 수익의 60%가 달렸다고 합니다. 데이콤 인력의 평균연령이 31.7세로 타회사보다 젊습니다. 사원 중 1,600명이 우리 회사의 주주입니다. 또한 IT사관학교로 불릴 만큼 우수한 인력을 보유하고 있습니다. 우리 모두가 회사의 주인으로서 열정을 갖고 업무에 몰입해 봅시다.

초겨울이 시작되면서 나는 사업부 단위로 매주 토요일 오후 3시부터 청계산 등산을 함께 했다. 약 두 시간이 소요되었는데 정상에서 우리는 큰 목소리로 함께 구호도 외쳤다. "데이콤!" 하면 "트리플 쓰리!"라고 외치고, 다시 "데이콤!" 하면 "최고가 됩시다!"를 외쳤다. 그리고 "KT를!" 하면 "박살내자!"라고, 또 "KT를!" 하면 쥐깃삐자!(죽여버리자의 방언)" 하고 목청이 터져라고 외쳐대었다. 모두가 노래도 부르고 구호를 외치면서 하나가 되어가고 있었다. 이 행사는 매년 11월 중순부터 그 이듬해 봄 3월초까지 사업부별로 돌아가면서 실시했으며 3년 간 계속되었다. 사원들도 닫혔던 마음을 열었고 최고경영자와 직원들은 서로 닮아가고 있었다.

노·사 대 평화선언

취임 3일 만에 개최된 제1차 노사협의회에서부터 마찰을 일으킨 노조와의 관계는, LG로부터 부사장 1명과 상무 1명을 영입해 오는 과정에 노조와의 협의를 거치지 않았다는 이유로 노조위원장과 최고경영자 사이에 멱살을 잡는 풍경까지 연출되면서 최악의 상태로 빠져들었다. 조직이 하나가 되고 안정화되기 위해서는 반드시 노사화합을 이룩해 내어야 한다는 사실을 알았지만, 전술적으로 이때부터 나는 노조집행부와의 직접대화를 보류한 채, '민심얻기 작전'으로 직원들과 직접대화에 돌입했다. 데이콤 생존방안을 확정한 뒤부터는 밤낮으로 용산사옥, 강남사옥, 그리고 전국의 지사를 돌면서 사원과의 대화와 일문일답의 질의응답 시간을 가졌다. 그러고는 시간이 허용하는 대로 사원들과 소주잔을 기울이면서 허심탄회하게 함께 어울렸고, 사원들의 상갓집을 직접 찾아다니면서 엄한 아버지가 아니라 부담 없는 삼촌이나 큰형님 또는 외삼촌의 이미지를 심어나갔다. 또한 내 스스로 부지런함을 실천하고, 열정을 가지고 생존방안을 추진하고, 나의 판공비 사용내역을 모두 공개하는 등 투명경영을 실천해 나갔다. 시간이 지나면서 '생존방안'은 하나둘씩 작은 성공으로 이어져 가시화되면서 사원들의 마음 속에 '뭔가 될 것 같다!'는 믿음과 자신감이 싹트기 시작했다.

2001년 상반기에 영업이익 92억 원이 실현되어 전년도 상반기 중 56억 원 적자에서 흑자기조로 바뀌었는데, 이는 6분기 만에 흑자시현이란 희소식이었다. 특히 비용절감 등 경영혁신 활동이 2/4분기부터 본격적으로 가동되면서 그 효과가 나타나기 시작해 2/4분기 영업이익이 144억 원이나 되어, 1/4분기 52억 원 적자를 상쇄했다. 이는 그간 모두가 허리띠를 졸라맨 결과 상반기 중에 매출액 대비 약 6%에 해당하는 280억 원을 절약했기 때문이었다. 또한 작년 상반기 중에 2,115억 원의 투자가 집행되었으나, 2001년 상반기 중에는 엄격한 투자심사를 실시해 700억 원의 투자로 축소되어 약 1,000억 원의 자금수요를 감축함으로써 유동성위기를 모면하게 되었다. 그러나 매출은 저조했다. 천리안매출이 초고속인터넷으로 급격히 전이되면서 2000년 상반기 중 824억 원의 매출에서 2001년 상반기 중 433억 원의 매출로 무려 391억 원이 감소했고, 국제전화가 별정통신사업자의 난입으로 같은 기간 중 1,418억 원에서 1,117억 원으로 271억 원이 감소했다. 그럼에도 상반기 중 전체매출이 4,731억원으로 전년 상반기 대비 3%정도인 약 130억 원 감소에 그쳤으며, 이는 파업의 영향이 컸음에도 불구하고 인터넷사업과 e-Biz

사업이 각각 27.5%, 51.6% 증가했고, 또 2/4분기 매출이 1/4분기 매출보다 약 1% 늘었기 때문이었다.

한편 전사적 경영혁신 발표대회에서 가시적인 성과가 나타남에 따라 '하면 되겠구나!' 하는 사원들의 자신감이 되살아나고, 비용절감 목표 1,100억 원 중 980억 원은 가능한 것으로 예상되었다. 특히 시외 및 국제전화사업자로서 시내사업자인 한국통신 가입자에 연결하는 접속료 지급액이 매출액의 53% 수준에서 30% 수준으로 줄었으며 이를 정보통신부가 2001년 1월부터 소급 적용하도록 결정 고시하여, 서비스를 시작한 1995년부터 6년 연속 적자를 기록했던 시외전화사업이 연간 약 200억 원의 접속료를 절감하게 되어 2001년부터 흑자를 시현하게 되었다.

또한 LG카드와 LG화재 상품과 데이콤 상품 간에 크로스셀링 계약을 체결해 본격적으로 그들 고객에게 통신상품을 판매하기 시작했고, LG EDS가 보유해 그룹사에 판매하던 통신인프라를 인수해 그룹 통신서비스 창구를 데이콤으로 일원화함과 동시에 그룹 각사의 천리안가입자가 3만 8,000명에 이르는 등 그룹 통신시장의 시장점유율을 15%에서 80%로 제고하겠다는 목표달성이 가시화되어 나갔다. 한편 텔레센터 분사를 위한 일본 TCI와의 합작계약을 47% : 45% 비율로 일본 동경에서 체결했고, 인터넷회선판매를 위한 합작법인인 데이콤크로싱도 데이콤 49%와 아시아 글로벌크로싱 49%로 하여 설립완료했다. 2001년 또한 6월 1일부터 식당과 빌링업무를 아웃소싱하는 계약을 체결했고, 조직개편 후 희망퇴직 및 자발적 퇴직, 분사에 따른 전직 등으로 취임시 2,896명이던 직원 중 811명이 회사를 떠나게 되어 그들이 사용하던 사무실 공간 임대를 통해 209억 원의 보증금이 입금되었다.

이제 모든 사원들은 노사가 대결을 중지하고 화합과 단결로 회사를 살리는 데 모두 힘을 쏟아 주기를 간절히 소망하게 되었고, 이는 노조집행부에 대한 부담과 압력으로 작용했다. 그리하여 몇 달 간 중단되었던 노사 간 대화가 2001년 5월 말에 재개되어 '2001년 임금 및 단체교섭'을 위한 1차 회의가 개최되었다. 역시 노사 간에 시각차는 컸다. 노조는 기본급 11.2% 인상, 능률제고수당 300%에서 100%추가, 파업으로 인한 임금손실분 1인당 400만 원 지급 등 총액임금 기준으로 25.9%의 인상을 요구했고, 회사는 현재의 능률제고수당 300%와 체력단련비 200%, 귀향지원비 100만 원 및 월동보조비 60만 원 등 총액임금 대비 20.8%의 삭감안을 제시했다. 우리는 인내를 가지고 끈질기게 공식, 비공식모임을 이어갔다. 드디어 우리는 2001년 7월 12일 '노사평화 대 선언'이란 이름의 합의점에 도달했다.

노사는 당면한 경영위기 상황을 공감하고, 이를 슬기롭게 극복하기 위해 노사평화 대 선언을 천명하고, 노사 상호간의 신뢰와 협력을 바탕으로 이를 성실히 이행해 나가겠다고 약속했는데, 이는 창사 이래 최초의 사건이었다. 선언의 주요내용은 ①노사가 2003년 1월 30일까지를 노사평화 기간으로 정하고, 노사 간에 평화의무를 위반하는 어떠한 형태의 행위를 하지 않는다. ②노동조합은 사업구조조정 등 회사의 경영권을 존중하고, 회사는 노동조합의 활동을 존중한다. ③노사는 회사의 체질개선 및 경쟁력 제고와 회사 생존을 위한 필수적인 고객과 시장으로부터의 신뢰회복을 위해 최선을 다한다. ④현재 경영상의 어려움을 감안해 2001년 임금을 동결하고, 2002년도 임금도 원칙적으로 동결한다. ⑤회사의 유동성위기를 극복하기 위해 2001년도 능률제고수당 200%와 체력단련비 100%를 반납한다. 다만 2002년에 당기순익이 발생할 경우 반납분의 50%를 2003년 상반기 중에 재직자에 한해 특별상여금으로 지급하며, 퇴직시에는 반납분을 별도로 지급하지 않으나, 퇴직금 지급시 반납분을 포함해 평균 임금을 산정한다. ⑥회사는 재무구조개선을 위해 자구노력에 최선을 다하고, 특히 유상증자는 조속한 기간 내에 시행되도록 다방면의 모든 노력을 다 한다. ⑦ADD-10팀 근무자에 대해서는 노사 공동으로 고충처리를 실시해 우선 희망자 60명을 올해 12월 말까지 재배치하며, 그 중 지방에서 올라온 경우 9월 말까지 해당 지역부서로 재배치한다. ⑧노사평화 기간 동안에는 장기근속휴가, 주택자금대출, 회사창립 및 노조창립 선물 등 복리후생비 지급을 유보한다는 내용이 포함되었다.

이러한 내용이 발표되자 각 언론사에서는 기적을 이루어냈다면서 경영정상화에 가속도가 붙을 것이라고 보도했고, 주식시장에서는 주가가 상종가를 쳤다. 또 정부와 경총 등 기업들로부터는 대단한 일을 해냈다고 격려를 받았다. 2001년 7월 25일 조합원 찬반투표에서 1,473명의 조합원 중에 77.7%가 투표해 찬성 817명(71.4%), 반대 307명(26.8%)으로 확정되어 7월 28일 '2001년 임·단협 조인식'을 가졌다. 사원들은 이제 한시름을 놓고 업무에 전념할 수 있게 되었으며, 회사도 2003년 1월까지는 노사문제로 시간을 허비하는 일이 없게 되었다.

3R 원칙의 실천

경영자에게 가장 어려운 일은 구성원들의 열정을 불러일으키고 결집력을 끌어내는 것이라고 생각한다. 기업의 경영자라면 누구나 최고의 성과를 내는 일류기업으로 회사를 키우고 싶은 소망을 가지고 있다. 이를 위해 훌륭한 경영전략을 수립하고 생산성향상과 효율성제고를 위해 변화와 개혁의 경영혁신 프로그램을 실천하고 이에 적합한 조직운영방식으로 개편했다 하더라도, 그 실행의 주체인 '사람'의 뒷받침 없이는 성과를 보상받을 수 없기 때문에 많은 기업경영자들이 우수한 인재의 확보와 육성을 위해 고민하는 것이다.

GE는 '열정(Passion)'을 인재확보와 육성의 핵심가치로 하고, 모든 구성원을 세계최고의 A급 선수(A-Player)로 육성, 배치하는 것을 목표로 하고 있다. IBM도 그 핵심가치를 열정과 공명정대(Integrity)에 두고 있고, 도요타자동차는 문제의식과 변화에 열정을 가진 '변혁형 인재'로 육성하는 데 역점을 두고 있다. 여기에서 많은 일류기업들의 인재확보와 육성에 등장하는 키워드가 '열정을 가진 인재'라는 것을 알 수 있다. 열정의 근본적 실체는 '누가 강요하지 않아도 자발적으로 일에 몰입하고, 활력이 넘치게 일에 매진하는 모습'이라고 정의할 수 있다. 그러면 어떻게 열정적 인재를 육성할 수 있을까?

우리 회사는 임직원 모두가 자발적으로 열정을 가지고 일하는 풍토가 절실했다. 조직구성원의 열정을 끌어내기 위한 동기부여를 위해 평가에 의한 차등적 금전적 보상제도(Rewards) 도입이 필수적이었고, 구성원들의 불만을 줄여 일의 성취감을 높이고 신명나는 환경을 마련키 위해 각종 포상제도의 도입 등 칭찬문화 확산과, 노력을 인정해 주는 이벤트가 필요했다(Recognition). 또한 히딩크 감독의 축구국가대표팀 선수들처럼 멀티플레이어가 되겠다는 의지를 심어주고, 몽고 군사들의 바둑과 같이 상생의 결집력을 공고히 하기 위해서는 구성원 상호간 신뢰를 쌓고, 존경하는 풍토를 조성해야 한다고 생각했다(Respects). 이 같은 3R의 실천을 위해서는 현재의 평등적 보상제도를 차등적 보상제도로 바꾸어야 할 뿐 아니라, 구성원의 열정지수를 높이기 위해 여러 가지 비금전적 보상제도를 활용해야겠다고 마음먹었다.

차등적 금전보상제도를 도입하기에는 데이콤의 부담 능력에 한계가 있었다. 하지만 우수인력의 유출을 막고, 생산성과 수익성제고를 위해서는 현재의 평등보상제와 연공서열형 급여제도로의 극복이 필요했다. 이에 따라 취임 초부터 여러 회사의 사례를 연구하고 우리에게 맞는 평가보상제를 연구토록 했다(Rewards).

GE에서는 매년 임직원들의 핵심역량과 업적을 평가해 상위 20%를 A등급으로(Top 20%), 중간 70%를 B등급으로(Vital 70%), 하위 10%를 C등급으로(Bottom 10%)평가 분류하여 A급 인재를 더욱 많이 확보하고, B급 인재를 A급으로 육성하며, 개선이 되지 않는 C급은 퇴출시켜 지속적으로 인재풀을 업그레이드해 나가는 제도를 실시하고 있었다. A급 인재에 대해서는 연봉을 B급의 2배 이상 지급 및 100%의 스톡옵션을 주고, B등급에게는 고정적 임금인상율과 스톡옵션 50%를, C등급에게는 임금동결과 스톡옵션은 지급하지 않으며 2년 연속 C등급을 받으면 해고대상으로 창업교육프로그램에 배치하고 있었다. CISCO나 휴레팩커드에서는 일정분의 급여를 고객만족도 조사의 평점에 따라 지급하는 차등연봉제를 실시하고 있었고, 미국의 미니 밀(Mini Mill) 중에 최고 강자인 뉴코의 직원들은 보수의 절반 이상을 성과에 따라 받게 되는데, 일정 품질 이상의 철강제품을 초과 생산한 실적에 따라 매주 추가적인 보너스를 지급하고 있었다. 일반적으로 30~50%는 고정급으로 지급하고, 50~70%는 업적평가에 연동하는 것이 바람직한 것으로 나타났다. 그러나 성과주의는 동료 사이의 지나친 경쟁과 조직 내의 팀워크 약화, 업무 노하우의 전수 기피, 부서이기주의에 따른 부서 간 협조 부족, 단기적인 성과 치중, 평가의 공정성 시비 등 부작용도 가지고 있었다. 그리하여 우리는 회사 전체 실적을 평가한 뒤 그해의 추가적 인센티브보너스 규모를 정하고(50% 또는 100%), 사업단위별로 A ,B, C등급으로 평가해 각각 100%, 50%, 0% 또는 200%, 100%, 0%를 조직별로 차등 지급하기로 했다. 개인별로는 조직평가와 개인평가를 50 : 50 비율로 해 A, B, C,

D, E 다섯 등급으로 나누고 평균 등급인 C를 기본인상률(a)로 하여 노조와 합의를 통해 그해의 급여 인상률로 정하고, A등급은 2a, B등급은 1.5a, D등급은 0.5a, E등급은 동결하도록 설계했다. 따라서 회사 전체 및 소속 조직별 평가에 따른 인센티브보너스와 개인별 연봉인상률에 따라 그해 연봉이 결정되도록 설계했다. 구체적으로는 성장성, 수익성, 생산성, 혁신성 등 네 가지를 성과지표로 삼고 사업부서별 특성에 따라 가중치를 달리 적용해 계량화했다. 여기에 목표달성도와 전년도 실적 대비 증가율을 50 : 50의 가중치를 두고 차등 평가해 100분비 점수를 산출했다. 또 평가의 기준이 되는 성과지표를 명확히 제시하기 위해 전 사적, 사업부별, 팀별, 개인별 균형잡힌 성과표(BSC: Balanced Scorecard)를 도입하기로 했다. 임원에 대해서는 고정급과 차등급 비율을 50 : 50으로 하고 점차 30 : 70으로 가져가기로 했다. 일본 주요 상장기업의 임원 평균급여 중 기본급 및 퇴직금이 90%를 차지하고 성과급은 10% 정도에 불과한 것으로 알려졌는데, 우리는 성과급이 0%이고, 미국의 평균은 50%인 것을 보면 우리는 아직도 아날로그 시대에 살고 있는 것이다(자세한 기술은 9장 '노사안정의 길을 열다' 참조).

두번째 칭찬의 문화를 조성하기 위해 여러 가지 프로그램을 도입했다(Recognitions). 인간은 남으로부터 인정받고 칭찬받는 것을 좋아하는 속성을 가지고 있기 때문에 공개된 장소의 여러 사람 앞에서 칭찬해 줌으로써 자부심과 주인의식을 높일 수 있다. 이러한 칭찬은 전사적으로, 사업부별로, 지사별로, 팀별로 이루어질 수 있도록 유도했다. 이러한 제도는 회사별로 각양각색의 다양한 프로그램이 진행되고 있었는데, 우리 회사는 최소의 경비로 최대 효과를 내면서 현재 회사가 가지고 있는 문제점을 해소할 수 있는 프로그램을 생각하게 되었다.

경영혁신 활동 성공사례에 대한 포상 실시와 별도로 '자랑스러운 데이콤인 상'을 제정해 첫 1년 간은 매달을 선정했고, 다음 해부터는 분기별로 선정해 시상했다. 이는 데이콤인들의 문제점인 주인의식 부족과 자신감 상실을 치유하기 위해 마련한 포상제도로 매달 조회에서 상장과 상금을 수여했다. 구체적인 상의 명칭은, 회사경비와 물품을 아껴 쓰는 '자린고비상', 신규 고객을 끈질기게 설득해 시장개척하는 '악착상', 부서 간 협조와 협력에 모범을 보인 '우리함께상', 고객으로부터 칭찬과 감사를 받는 '고객짱상', 고장장애 방지와 긴급 복구하는 '장애명장', '개통명장' 등이었다.

또 영업을 활성화하고 자신감을 심어주기 위해 '이 달의 영업왕' 1, 2, 3등을 선정해 시상하고 영업사원의 팀별, 개인별로 월별 유치실적과 매출실적을 공표해 누구라도 열람할 수 있게 했다.

조직개편시에 우리는 상품별 독립 영업팀을 통합해 고객별 영업팀으로 개편하고 영업 부문을 대폭 보강했다. 따라서 치열한 시장경쟁에 대처하기 위해 영업 부문 사원들에게 실현한 추가 영업이익의 5%를 인센티브로 주려고 경영위원회에서 논의했다. 매출 1조 원 벽을 넘어서고 수익성을 확보하기 위해서는 추가 매출이 필요했고, 기존 매출에서는 수익성 확보가 취약해 추가 매출에서는 적어도 영업이익률 15% 이상을 확보하기 위해, 분기별로 추가 매출과 수익성을 평가해 실적 영업이익의 5%를 금전적 보상으로 지급해 매출증대를 유인코자 했다. 그러나 기존매출에 대한 소홀과 타 부문에서 일하는 사원들에 대한 차별 문제를 이유로 반대하는 임원들이 많아 이를 보류했으나, 지금에 와서 생각하면 그때 강행하지 못한 것이 아쉽다.

또한 매주 월요일 아침 8시에 열리는 경영위원회와 매달 마지막 주 토요일에 열리는 경영혁신 활동 추진실적 점검회의에서는 그때그때 잘

한 성과에 대해 박수를 치면서 공개적으로 인정해 주었다. 나는 사원들과의 각종 공식, 비공식 모임을 통해 수시로 칭찬하는 기회를 갖고자 노력했다. 우리나라 속담에 있는 '말 한마디가 천 냥 빚을 갚는다'는 말처럼 상대를 기쁘게 하고 의욕을 증진시키려면 부하직원을 칭찬하고 인정하는 것은 반드시 상사가 실천해야 하는 덕목이라고 생각했다. 링컨 대통령이 백악관 직원들에게 자주 일러준 "타인의 나쁜 점을 말한다는 것은 언제나 자기 자신에게 손해를 가져온다"는 말처럼 "악을 악으로 갚지 말고 선으로 갚으라"는 성경 귀절도 같은 맥락이다.

현재 일본의 코치21이란 회사대표인 스즈키 요시유키 씨가 쓴 《칭찬의 기술》이란 책에서 "어떤 상황에서 가장 의욕이 납니까?"라는 질문에 기업의 관리자급의 압도적 다수가 "믿고 일을 맡길 때"라고 대답했다. 삼성그룹의 창업자 이병철 회장의 기본철학은 '疑人 莫用, 用人 勿疑'였다고 한다. 즉 의심스러운 사람은 쓰지를 않고, 일단 일을 맡겼다면 의심하지 않는다는 것이다. 나의 경험에 비추어보면 질책하는 것은 좋지만 절대로 화를 내서는 안 되며 칭찬은 남들 앞에서, 질책은 따로 불러서 하는 것이 효과가 있고, 사원들에게 자주 질문을 던지고 그들의 얘기를 진지하게 들어주는 것이 중요하다. 팀장급 이상에 대한 교육과정에서도 '1일 1회 이상 칭찬하기'를 주문하면서 이런 예를 들곤 했다. 새로 시집온 며느리가 밥을 잘못지어 죽도 아니고 밥도 아닌 상태로 시아버지께 밥상을 올리면서, "아버님! 제가 서툴러서 죽도 아니고 밥도 아닌 진지를 지었습니다. 다음부터는 조심하겠습니다" 그러자 시아버지는 "아가야! 내가 요사이 입맛이 없어서 죽도 먹기 싫고 밥도 먹기 싫더니 네가 그걸 알아차리고 죽도 아니고 밥도 아닌 것을 지어 올렸구나! 참으로 잘했다"라고 칭찬했다는 것이다. 찾아보면 얼마든지 직원들의 칭찬거리를 찾아낼 수 있다.

세번째로 임직원의 열정을 불러일으키기 위해서는 상호간 존중과 신뢰가 기초가 되어야 한다(Respects). 참으로 어려운 일이다. 2004년 2월에 도요타자동차 노조는 임금동결을 선언했고, 경영진은 고용안정을 약속했다. 2003년에 사상 최대 이익을 시현했음에도 노조는 2년 연속 임금동결을 약속했으며, 지금까지 근속년수와 직급에 비례해 지급하던 퇴직금을 앞으로 개인의 능력과 업적에 연동해 차등지급하기로 하고, 또 근무기간에 비례해 지급하는 연령별 연공서열급을 성과에 연동한 차등보상제로 바꾸기로 했다는 보도를 접하면서 역시 최강 도요타라는 생각이 들었다.

미국의 노스케로라이나 주 샬럿에 본사를 두고 있는 뉴코(Nucor)라는 철강생산회사의 직원들은 비노조를 고집하는 특이한 회사다. 임금도 업계 평균보다 싸고 강도 높은 노동윤리를 가지고 있는데도 노조가 없다는 것은 잘 납득이 안 된다. 미국 8개 주 16개 공장에 7,000여 명의 종업원이 일하고 있는데, 공장은 모두 농촌에다 세웠고 직원들이 어느 공장에도 노조를 세우지 못하게 하는 것이 특이하다. 한번은 상급단체인 미국철강노조의 노조 활동가들이 뉴코의 한 공장을 방문해 노조조직을 권고했을 때, 사원들이 소리를 지르며 모래를 뿌려대며 노조 활동가들을 공격하는 바람에 경영진들이 오히려 그 활동가들을 보호하느라고 안간힘을 쓸 정도로 회사에 대한 노동자들의 충성심이 지극했다. 이들은 경기침체기에는 고통분담(Share the pain) 계획을 기꺼이 받아들였다. 이 프로그램에 따르면, 시간제 근로자는 20~25%의 임금삭감, 부서장은 35~40% 삭감, 본사 관리자는 70%의 삭감을 요구하고 있다. 뉴코의 1인당 철강생산량은 980톤인데 업계 평균 생산량은 420톤에 불과해 생산성이 배나 높았고, 업계 평균 톤당 생산원가는 135달러인데 뉴코의 생산원가는 60달러로 2분의 1 이하였다. 어느 한 공장이 10명의 직원을 모집한다는 구인광고를 내자 1만 명 이상의 지원자가 몰렸다고 한다. 뉴코의 노동자들은 부인으로부터

"당신이 뉴코에서 해고되면 난 당신하고 이혼할 거야!"라는 말을 들을 정도로 고용이 안정되었다. 뉴코는 1966~2003년까지 38년 동안 계속 흑자를 시현하고 있는 회사다. 이들은 어떻게 해서 이렇게 위대한 회사로 발전했을까? 한마디로 경영진과 사원들 사이에 깊은 신뢰가 쌓였고, 직원들과 경영진 간의 이해관계가 일치했기 때문이다.

1964년 파산 직전의 위기에 놓인 뉴코는 아이버슨(Kenneth Iverson)을 사장으로 영입했다. 그는 소박하고 겸손하며 검소하기로 소문난 사람이었다. 그는 취임 후 곧바로 건축재료, 자동차 등의 사업을 정리하고 강철을 회사의 핵심사업으로 하는 소형제철(Mini Mill)이란 새로운 기술에 회사의 미래를 걸었다. 그는 조직의 군살을 빼고 경영계층을 축소했다. 본사 인력을 25명(이사, 경리, 비서)으로 축소하고, 샬럿 근교에 위치한 허름한 빌딩의 4층을 임대해 사용했다. 별도의 식당이나 별도의 주차공간도 없고 회사전용차량도 없었으며, 비행기는 모두가 이코노미 클래스를 이용했다. 경영계층을 4단계의 계층, 즉 현장주임-부서장-공장책임자-사장으로 축소하고 권한을 대폭 위임했다. 평등을 강조하는 조직문화를 형성했고, 관리자들에게 "아무것도 관리하지 말고 회의도 소집하지 말고 오직 지원만 하라"고 지시했다. 경영진의 기본급은 업계 평균보다 낮고, 보너스는 철저하게 자본금수익률과 연계되어 있다. 자본금수익률이 8% 이하일 때는 보너스가 없고, 24%에 달했을 때는 봉급의 2배 보너스와 봉급에 해당하는 회사주식을 받는다. 그들에게는 퇴직금이나 연금도 없고 고용계약도 없다. 부서장들은 속한 부서의 이윤에 따라 보너스를 받는다. 공장근로자들에게는 품질과 생산성에 연계해 보너스를 지급하지만, 출근시 15분 지각하면 그날 하루치 보너스가 없고, 30분 지각하면 1주일치 보너스가 없다. 모든 노동자들은 자녀 고등교육비로 매년 1인당 2,000달러씩 4년 동안 지급받는다. 1964년 파산위기에 내몰렸던 뉴코는 지금 35억 달러 매출의 회사로 〈포천〉 선정 500대 기업에 들었다.

《Good to Great Company》의 저자들은 뉴코의 성공 요인을 솔선수범하는 경영진, 일관성을 유지한 사업 포트폴리오, 계층구조와 관료주의 배제 등을 들고 있는데, 다른 요인들 중에 '농부의 노동윤리'로 무장된 노동자로 육성한 것과 핵심관리직에 적임자 배치, 경영진의 근검절약 정신 등을 예로 들었다. 이는 도요타자동차에서 "농부의 정신은 도요타의 최고 장점이며, 자랑할 만한 도요타정신이다"라며 농부의 근면성과 정직성을 도요타 정신으로 승화한 것과 일맥상통한다. 도요타자동차는 본사가 지방에 있다는 열등감과 닛산자동차의 임원 중 60% 이상이 도쿄 대학 출신인데 도요타는 20% 미만이란 점을 잘 극복해 최고의 경쟁력을 지닌 도요타 사원을 만들어낸 것이다.

결론적으로 구성원 상호간에 신뢰를 높이고 구성원들의 열정을 높이는 길은 경영진 스스로가 직접 문제해결을 위한 열정을 구성원들에게 보여주는 길뿐이다. 또한 원리원칙과 분명한 규율을 지키고 일관성을 유지해야 한다. 독일의 유명한 경영컨설턴트 슈프랭어는 "100년 이상 장수하는 기업의 성공비결은 신뢰에 있다"고 강조했다. 그의 저서 《위대한 기업의 조건》에서 신뢰를 구축하는 기본원칙으로 제시된, "① 일관성 있게 행동하라. 만약 당신의 태도가 모호하거나 지속적이지 못하면 당신은 신뢰받기 어렵다. ② 잘못을 인정하라, 만약 자기 자신의 잘못은 은폐하고, 직원들의 실수를 만천하에 드러내는 상사는 결코 신뢰를 얻을 수 없다. ③ 약속한 사항은 반드시 지켜라. ④ 상처 입을 각오가 되어 있는 상사가 되라. 신뢰를 얻으려면 위험부담을 감수해야 한다. ⑤ 신뢰가 신뢰를 낳고, 불신은 불신을 먹고 자란다"라는 말은 우리 모두가 참고할 만하다.

4
비용절감

손쉬운 것부터

회사의 유동성위기를 단기적으로 극복하는 길은 지출되는 각종 비용을 최대로 줄이는 방법뿐이었다. 또 치열한 경쟁 속에서 살아남는 길은 서비스의 원가경쟁력의 확보와 품질의 안정이 보장되어야 했다.

우리는 유동성 위기를 극복하기 위해 2001년 예산 가운데 10%를 유보하고 줄일 수 있는 비용을 무차별적으로 줄이기 시작했다. 마치 배고픈 사자가 먹잇감을 찾아 헤매듯이 낭비를 적으로 삼고 공격해 들어갔다. 회사는 그해 6월 말에 사원들에게 지급해야 하는 정기보너스를 지급할 수 없는 위기까지 몰렸다. 전직원의 가정에 가정통신문을 보내고 가족들의 이해를 구했다. 회사의 어려운 처지를 설명하고, 조금만 참고 협조해 주면 회사를 살려낼 것이라고 호소했다. 최고경영자로서 임금을 체불하는 불명예를 감수하는 치욕을 이해해 주기를 간절히 당부드렸다. 먼저 회사의 보유자산 중 매각 가능한 것을 이 잡듯 뒤졌으나, 돈될 만한 거리를 발견할 수 없었다. 이미 1998년과 1999년에 적자실적을 흑자로 바꾸기 위해 기존자산을 처분해 처분이익으로 1998년에 441억, 1999년에 1,001억 원을 각각 계상해 그해 당기순익을 각각 플러스 155억 원과 169억 원으로 회계 처리했기 때문이었다. 워낙 다급해 강남사옥과 용산사옥, 그리고 대덕연구소 건물을 매각하려고 여러 곳과 타진했으나 경기침체로 장부가격을 받을 수 있는 매각 가능성은 전혀 없었다.

먼저 최고경영자의 주변부터 줄여나갔다. 스스로 취임 첫 달부터 급여 10%를 삭감하고 비서실 인원을 4명에서 2명으로 줄였다. 또한 사무실 전등 3분의 1을 빼내고 커튼을 걷어냈으며 판공비 사용내역을 공개했다. 당시 상무보 이상 경영임원 전원 48명의 사표를 받아 28명만 반려하고 20명을 퇴직시켰다. 본사에서는 37명 중 19명만 잔류시켰다. 경영위원회 등 최고경영자가 주제하는 모든 회의를 PC프로젝터를 이용하고 모든 회의 자료의 프린트를 없앴다. CEO에게 보고하는 일체의 보고는 이면지를 활용하거나, 노트북PC로 보고토록 강제했다. 모든 결재는 전자결재를 통해서만 이루어지도록 만들었다.

또한 회사가 공식적으로 부담하는 단체가입비 및 연회비를 대폭 삭감했다. 당시에 가입한 각종 단체가 36개로 연간 지출비용이 5억 7,000만 원이었으나, 16개 단체만 유지하고 20개 단체는 탈퇴해 4억 6,000만 원의 비용을 줄였다. 국회의원 등 정치후원금 지출액도 10분의 1 수준으로 줄이고, 각종 체면치레용 연구용역비도 삭감해 절반 수준으로 줄였다. 전임 경영자에게 지원하던 모든 지원금을 중단하고 또 준조세 성격의 부담금을 찾아내 다섯 가지 준조세를 2000년 184억 원 지출에서

2001년에 59억 원 수준으로 줄였다. 또한 골프회원권 50%와 헬스클럽 회원권 100%를 매각해 약 13억 원이 입금되었고, 정보통신사업자협회의 연회비도 매출액 기준과 당기손익 기준으로 변경해 연 3억 원 이상 절감했다.

필기구, 종이류 등 일반 소모품의 신규 구매를 3개월 간 중지하고 대부문 인터넷 구매로 전환하든가 LG그룹 전체가 통합 구매하는 LG MRO 창구를 이용토록 했으며, 한 팀당 구독하는 신문 종류를 2종 이내로 제한했다. 임원 및 팀장 이상의 활동비와 조직활성화 비용을 30% 삭감하고, 모든 회사경비 지출시 신용카드 이용을 의무화했다. 또한 5월 1일의 대대적 조직개편과 희망퇴직에 따라 약 800명의 인원이 감축되어 이에 따른 사무실 재배치로 강남사옥 20개 층 중에 8.5층을 임대해 209억 원의 임대보증금과 월 관리비 1억 1,000만 원이 입금되었다. 1인당 사무실 공간 이용평수도 2.5평에서 2.2평으로 축소했다.

이처럼 강도 높은 비용절감 활동이 추진되고 있는 한편 사내 반발도 만만치 않았다. 노조에서는 경영실패에 대한 임원문책과 LG지주회사의 유상증자를 강력히 촉구했고, 최고경영자가 쓰는 자동차를 경승용차로 바꾸고, 월 급여를 '1원'으로 하라고 어깃장을 부렸다. 당시 사내신문에 기고한 글에서도 사내 분위기를 읽을 수 있었다.

〈비용절감 방안을 내면서〉
저는 비용절감 방안에 대한 많은 의견을 내놓았는데, 그것들 중 일부가 긍정적으로 검토되고 있다는 점은 참 다행스러운 일이라 생각됩니다.

회사에서는 현 상황을 큰 위기로 인식하고 있습니다. 물론 사원들도 이러한 급박함을 피부로 느끼고 있습니다. 또한 회사의 상황에 대해서는 최근의 일간지나 사내신문을 통해 극명하게 전달되고 있습니다. 이러한 환경 아래에서는 임직원 모두가 복지혜택의 일부삭감이나 사업축소 등을 감수해야 합니다.

그렇지만 어쩐지 맥이 빠지는 기운도 느껴졌습니다. 이는 단지 회사의 현실이 좋지 않다는 이유 때문만은 아닙니다. 우리가 비용을 절감하고 복지혜택을 축소해서 적자 폭을 어느 정도는 줄일 수는 있겠지만, 그 절감 폭이 근년의 경영과오로 초래된 손실을 얼마나 줄일 수 있을까 하는 의구심과 또다시 데이콤의 위기를 가중시킬 사안이 발생하지 않을까 하는 불안감이 쉽게 가시지 않습니다.

한편 새로운 재원확보나 수익창출에 대한 비전 제시보다 비용절감 등의 방안이 지속적으로 더욱 강조된다면 회사발전에 가장 중요한 사원들의 사기와 자신감이 땅에 떨어지지 않을까 하는 걱정도 앞섭니다. 회사는 장기적 사업비전 제시나 증자를 통한 재원마련 등 장기적이고 궁극적인 방안에 더욱 힘쓰는 모습을 보였으면 좋겠습니다. 임직원들이 자신과 가족의 생계와 관련된 부분을 포기하면서도 사기를 잃지 않고, 회사를 믿고 따르겠다는 희망을 가질 수 있으려면 좀더 고차원적이고 궁극적인 위기탈출 방법이 제시되어야 하겠습니다.

지금 데이콤 사원들에게 가장 절실한 것은 바로 '희망과 사기'입니다. 회사를 살려낼 수 있는 가장 강력한 원동력 또한 전직원의 '희망과 사기'일 것입니다. 이 희망과 사기가 꺽이지 않도록 해야 하는 막중한 임무를 회사는 잊지 않았으면 좋겠습니다.

〈천리안사업부 황석만 사원〉

지난 5개월 동안 회사가 '변화와 혁신'을 외치면서 대대적 조직개편과 강도 높은 비용절감, 사업 및 인력조정 등 회사를 한바탕 뒤흔들어 놓으면서 직원들은 회사에 입사해 한 번도 경험하지 못한 소용돌이 속에서 견디어내지 못하고 혼란과 당혹감을, 고통과 실의를 느끼고 있었다. 특히 임금반납 문제가 불거져 나오자 모두가 심각한 고민에 빠져 있었다. 2001년 7월 조회에서 나는 다음과 같이 말했다.

올해도 벌써 6개월이 지나갔습니다. 상반기 경영실적을 평가하고 긍정적인 점들과 우려되는 점들, 회사를 살리기 위해 우리가 앞으로 해야 할 일들을 살펴보겠습니다.

우선 긍정적인 것들을 네가지 정도로 요약해 볼 수 있습니다. 첫째는 여러분이 노력한 결과 상반기 중에 92억 원의 영업이익을 실현했다는 것입니다. 영업이익률은 겨우 1.9%에 불과합니다만, 2/4분기 중 영업이익은 144억 원으로 영업이익률 6.1%는 1998년 이후 가장 높은 수치이고, 1999년 3%, 2000년 0.25%에 비해서는 높은 수치입니다. 이것은 여러분이 '생존방안'이 확정된 후 회사를 살려보겠다는 의지로 허리띠를 졸라매고 고통을 분담하면서 매출액 대비 6% 정도인 280억 원을 절감했기 때문입니다. 둘째로 매출은 지난해 상반기 대비 1%가 줄었으나 인터넷사업은 28% 증가했고, 금액은 적지만 e-Biz사업이 48%나 증가했는데, 이는 인터넷사업자로 거듭나겠다는 우리의 사업방향에 대한 긍정적 신호라고 볼 수 있습니다. 셋째는 투자심의위원회를 설치해 투자를 엄격히 심사한 결과, 작년 상반기 중에 2,100억 원이 투자되었으나 2001년 상반기는 그 3분의 1 수준인 700억 원의 투자로 억제할 수 있었습니다. 지난 7월 3일 우리 회사의 신용등급이 BBB+에서 BBBo로 한 단계 낮아졌고, 회사는 지난 6월 말에 회사는 여러분의 상여금을 지급하지 못할 정도로 유동성위기에 직면했으나 비용절약과 투자억제로 이제는 그 위기에서 벗어났습니다. 지금과 같은 노력이 지속된다면 금년 11~12월에 만기가 도래하는 2,000억 원의 회사채를 자력으로 갚을 수 있을 것입니다. 넷째로 워크아웃 프로젝트 등 경영혁신 활동의 불씨가 퍼져나가고 있다는 것입니다. 지난 7월 19일에 대덕연구소에서 첫번째 경영혁신 발표대회를 가졌을 때 나는 '우리도 해낼 수 있다' 는 자신감을 얻었습니다.

그러나 아직도 걱정되는 것들이 더 많습니다. 첫째로 영업이익을 겨우 흑자로 돌려놓았지만 지급이자를 작년도 상반기보다 123억 원이 더 많은 538억 원을 지급하게 되어 당기손익의 적자가 680억 원 발생했습니다. 이는 금융차입금이 지난해 말 1조 781억 원에서 금년 6월 말 현재 1조 1,505억 원으로 6개월 동안 724억 원이 늘어났습니다. 상반기 금융비용이 15%로 아마 업계의 최고일 것입니다. 우리가 금융차입금을 줄이지 않는다면 언제나 허덕일 것입니다. 둘째로 매출이 뜨지 않고 있습니다. 물론 84일 간의 파업의 영향이 지대합니다만 작년도 상반기보다 1% 마이너스라는 것은 창피한 일입니다. 상반기 천리안 매출이 월평균 72억 원으로 지난해 월 137억 원보다 월평균 65억 원이나 줄었고, 국제전화 매출이 월평균 236억 원으로 지난해 월 191억 원보다 월평균 45억 원이 줄었는데, 이 두 가지 상품은 경쟁력이 없어 앞으로도 계속 줄어들 것이므로 다른 상품의 매출증가로 메워나가야 합니다. 셋째로 주가가 자꾸 떨어지고 있습니다. 지난 연말 3만 원에 이르던 주가가 6월 말 현재 2만 5,000원선으로 내려갔습니다. 이는 시장에서 우리 회사의 미래 가치를 인정받지 못하고 있으며, 장래가 불확실하다는 것입니다. 넷째로 현재 고장장애율이 10%를 넘고 있는데 이것은 있을 수 없는 일입니다. 상반기 중 장애신고 건수가 월평균 258건으로 하루에 열 건씩 고장이 났다는 말입니다. 특히 주력사업인 기업용 초고속 인터넷사업인 보라넷의 장애신고율이 53%로 절반 이상의 가입자에게서 고장이 발생했다는 것입니다. 여러분! 자동차를 새로 샀는데 이틀 만에 한 번씩 고장이 난다고 생각해 보십시오. 상반기 중 6개월 동안 월 2%의 기업고객 이탈로, 17만 1,000개에서 16만 2,000개의 기업으로 줄었고, 가정고객 이탈률은 월평균 18%로 315만 명이 203만 명으로 줄었습니다. 아무리 파업에 핑계를 댄다 하더라도 납득할 수 없습니다. 이탈한 우리 고객을 되찾아야 합니다.

자! 하반기 6개월 동안 한번 승부를 걸어봅시다. 노사가 대 평화선언에 합의했고, 생존방안도 확정해 하나둘씩 실천해 나가고 있습니다. 경영혁신 활동도 불이 붙어가고 있으며 '고장장애와의 전쟁'도 선포했습니다. 곧 6시그마 활동도 시작할 것입니다. 앞으로 6개월이 고비입니다. 이자보상배율 1이상을 반드시 달성해 2001년에는 부도에서 탈출해, 내년에는 흑자로 만들고, 2003년에 경영정상화를 이룩해, 2004년부터 재도약하겠다는 우리의 꿈을 실현해 봅시다.(…중략)

6대 계정항목 공략

2001년도 비용절감 목표인 1,100억 원을 절감하기 위해서는 큰 비용항목을 줄여야만 가능하다고 결론렸다. 그리고 2000년도 비용항목 중 큰 순서대로 나열해 과거 평균증가율을 계산했다. 먼저 연간 1,000억 원 이상을 지출하고 있는 6개 비용항목을 집중적으로 공략하기로 하고 매월 절감추진실적을 점검해 나갔다. 우선 전용회선, 통신관로, 광케이블 등 타사의 통신필수설비의 임차료가 총비용의 20% 정도였는데, 과거 3년 간 연평균증가율은 45.3%로 인상되었다. 이들 설비는 한국통신의 독점설비여서 울며 겨자 먹기 식으로 이용할 수밖에 없는 약점 때문에 일방적으로 크게 인상해도 대안이 없었고, 이것이 회사의 수익성악화 요인이 되었으며, 자기 설비를 내부거래로 부담하는 한국통신과 가격경쟁을 할 수 없는 처지였다. 또한 데이콤은 시외 및 국제전화사업권만 가지고 있기 때문에 시내전화사업자인 한국통신에 지불하는 접속료도 연평균 27.8%가 인상되어, 3년 간 전화매출 연평균증가율 1.1%를 크게 웃돌아 적자상태를 면하지 못하고 있었다. 이와 같은 상황에서 총 영업비용의 31% 이상을 차지하는 타사의 통신필수설비 사용료와 접속료의 과다한 부담을 해결하지 않고는 시장에서 공정경쟁은 불가능하다고 판단했고 정부와 한국통신, 국회 등에 호소하기 시작했다. 독점적 통신필수설비의 자유로운 사용 보장과 사용료 및 접속료를 한국통신의 내부거래 수준까지 인하해야 유효경쟁이 가능하다고 주장하고 설득했다.

특히 시외전화사업은 1995년 서비스를 시작한 이래 6년 동안 영업이익을 한 번도 시현하지 못했고, 국제전화는 1999년 이후 경상이익이 적자를 시현하고 있다는 점을 강조하면서 전화사업의 경상이익이 1999년 624억 원 적자, 2000년 682억 원의 적자였음을 알렸다. 이대로 가면 올해 780억 원, 2002년에 875억 원, 2003년에 1,000억 원의 적자가 예상됨에 따라 접속료를 인하해 주지 않으면 시외전화사업권을 반납하겠다고 통보했다. 이 문제를 해결해 보려고 당시 정보통신부 장관과 한국통신 사장, 그리고 국회 통신위원장 등을 수없이 만났지만 근본적인 해결책을 마련하지 못했다. 겨우 '필수설비사업자와 시장점유율이 50% 이상인 사업자에게 다른 사업자와 달리 비대칭규제를 할 수 있다' 는 전기통신사업법 제33조에 선언적 규정을 삽입하는 정도의 개정으로 끝이 났다. 이것도 정통부에서 장관이 고시한 금액을 초과하고, 50만 명 이상의 가입자를 보유한 초고속인터넷사업자에게만 가입자 선로의 공동활용 의무설비로 규정하고 있어 그림의 떡이었다. 예를 들어 시내전화 3조 5,000억 원, 시외전화 1조 1,000억 원, 국제전화 5,000억 원, 회선설비 임대역무 1조 3,000억 원 이상의 매출이 있어야 비대칭규제를 할 수 있다고 규정하고, 50만 명 이상 가입자를 확보한 사업자에게만 가입자 선로의 제공 의무를 선언적으로 규정하고 있어 눈 가리고 아웅하는 꼴이었다. 다만 전화접속료는 매출액 대비 50%에서 30%로 2001년 1월부터 소급적용되어 혜택을 보았는데, 2001년에 약 200억 원을 절약할 수 있었다. 그러나 그 후에 KT가 접속료를 야금야금 올리기 시작해 국내전화 접속료는 매출액 대비 2001년 1/4분기 30%에서 2002년 1/4분기에 39%로, 2003년 1/4분기에 44%로, 국제전화 접속료는 같은 기간 중 5%에서 9%로 인상되었고 전화사업 전체로는 같은 기간 중 23%에서 28%까지 올렸다.

이때부터 나는 파워콤 인수를 통해 가입자망을 확보해 KT 의존에서 탈피해야겠다고 마음을 먹었다. 또한 2001년도 비용절감 목표 달성을 위해 먼저 수익성이 없는 임차통신설비를 찾아 매출이 줄더라도 적자 서비스를 해지했다. 또한 가격이 싼 파워콤망으로 전환을 시도하고, 한국통신과는 사용료 협상을 전개해 약 10%를 인하했다. 또 시외전화도 직거래(Direct Dacom) 고객 중 수익성이 없는 고객은 해지하고 국제별정사업자에게 제공하던 설비 임차를 중지해 접속료 부담과 정산료 부담을 대폭 줄였다. 예를 들면 KT 임차회선 수를 2001년 약 5만 회선에서 2002년 3만 5,000회선으로, 다시 2003년 2만 5,000회선으로 줄이고, 파워콤 임차회선 수를 2001년 2,000에서 2002년 9,000, 2003년 1만 5,000회선으로 늘려갔고 부실별정사업자를 정리했는데, 여기에서 수익성이 개선되었다. 따라서 1998~2000년 3년 동안 타사의 설비 임차료가 연평균 45.3%씩 늘어났으나 2001~2003년까지는 6.9%씩 증가에 그쳤다. 접속료는 과거 3년 간 연평균 27.8%씩 증가했는데, 최근 3년 간은 연평균 4.5% 증가에 머물렀다. 물론 과거 3년 간 매출이 14.8%씩 증가했는데, 최근 3년 간은 2.2% 증가에 그친 것을 감안하지 않았다.

6대 비용항목 중 가장 큰 비용이 국제전화의 정산료였다. 위에서 지적한 바와 같이 수익성 위주로 별정국제전화 임대사업을 중단하고 Low cost접속을 증대해 영업이익 적자를 줄이는데 초점을 맞춘 결과, 국제전화의 매출은 2000년 2,684억 원에서 2003년 2,024억 원으로 줄었지만, 1999~2000년 적자에서 2001년부터 흑자로 돌아서 영업이익률은 10.5%에서 2002년 14.2%, 2003년 11.4%로 10%대 이상을 유지했다. 따라서 정산료가 2000년 1,348억 원에서 2003년 910억 원으로 과거 3년 간 연평균 마이너스 1.4%씩 감소했으나 최근 3년 간은 마이너스 8.4%씩 줄었다.

가장 많이 줄인 항목은 광고홍보비였다. 2000년 당시 매출액 대비 4.0%를 지출하고 있었는데, 당시 통신회사 평균인 2.5%보다 높았다. 우리는 1%가 적정하다고 보고 2000년 400억 원에서 2001년 105억 원으로 매출액 대비 1%대로 줄이고 그 후에도 같은 수준을 유지했다. 지급수수료는 주로 판매수수료와 정보이용료였는데, 부실 유통망을 정비해 600개에서 300개로 줄이고, 정보이용료도 수익성 없는 정보는 해지함으로써 2000년 1,058억 원에서 2003년 847억 원까지 줄일 수 있었다.

우리 회사는 당시 경영상태로 보아 내가 부임한 후 3개월~6개월 사이에, 다시 말하면 2001년 5월~8월경에 부도가 나고 법정관리에 들어갔을 회사였다. 실제로 이를 방지하기 위해 구조조정본부에서 골드만삭스에 의뢰해 매각을 추진하자고 나를 설득했다. 그러나 나는 강하게 반발했다. CEO로서 취임한 지 얼마 되지 않았는데 회생노력을 해보지도 않고 포기한다는 것은 있을 수 없는 일이었다. 또 누가 회사를 매수할지 알 수 없지만, 매각을 위한 실사나 협상하는 동안 회사는 앞으로 일보도 전진할 수 없을 것이고 시간만 끌다가 결국엔 부도사태에 이를 것이라고 주장했다. 우리는 위에서 설명한 것과 같이 가혹할 정도의 비용절감 노력이 없었다면 법정관리에 들어갔을 것이다. 다른 통신사업자들이 법정관리에 들어가는 사태가 일어났지만 가장 먼저 법정관리에 들어간 우리는 어려움을 극복하고 용케 살아났다. 그러나 파산하지 않으려는 노력에만 정신이 빼앗겼기 때문에 미래의 성장을 확보할 수 있는 새로운 도약에 대해 소홀했고, 사태가 너무나 다급해 계속 성장하는 기업으로 존재하기 위한 중장기방안에 대해서는 생각할 겨를이 없었다.

우리는 이상과 같은 강도 높은 비용절감 노력으로 2001년 2/4분기부터 영업이익이 6분기 만에 처음으로 발생하기 시작했고. 2001년에 872억 원의 영업이익을 실현해, 목표 10%에는 미치지 못했지만 영업이익률 8.7%를 달성할 수 있었다. 2002년에도 매분기 영업이익을 실현해 연간으로 961억 원으로 영업이익률 9.1%를 달성하고, 경상이익도 83억 원을 실현해 5년 만에 흑자구조로 바뀌었다. 이는 우리 모두가 힘을 합해 영업비용과 투자비를 줄였기 때문이다. 그 동안 가입자가 많이 늘어나고, 감가상각비 과다투자 때문에 400억 원 이상 증가하고 매출이 늘어났음에도, 3년 간 6대비용의 연평균 증가율이 과거 3년 간 연 17.9% 증가에서 최근 3년 간은 연 1.7%씩 감소로 바뀌었다.

또한 6대 비용 계정 외의 비용을 더 혹독하게 줄였기 때문에 3년 간 영업비용의 연평균감소율이 2.7%로 6대 계정보다 컸다. 이 같은 비용절감 노력 때문에 2001년에는 1,119억 원을 절감해 절감목표 1,100억 원을 초과달성했고, 2002년은 677억 원, 2003년은 1,145억 원을 절감했다. 또 영업이익을 2000년 25억 원에서 2003년 889억 원까지 실현함으로써 영업이익률을 0.25%에서 9.0%까지 올릴 수 있었다.

그 다음으로 감가상각비 문제였다. 1995년 시외전화사업 개시 이후 급속도로 투자가 증가해 5년 동안 1조 7,713억 원(연간 3,543억 원)을 투자했는데, 이는 매출액 대비 평균 47.4%나 되었다. 이 기간 중에 다른 통신사업자들이 연평균 26%를 투자했는데 이동통신투자가 활발했음을 감안하면 우리 회사는 너무나 과도한 투자를 했고, 바로 이런 과다투자의 실패가 어려움을 겪게 된 원인이 되었다. 이러한 투자는 고스란히 감가상각비로 반영되어 지난 3년 간 매년 10%씩 증가되었고 고정비이기 때문에 줄일 수도 없어 회사의 큰 부담이 되었다. 먼저 투자를 신중히 하기 위해 건당 3,000만 원 이상 투자계획은 투자심의위원회에 상정해 철저하게 경제성을 따져나갔다. 또 투자가 집행된 뒤 1년 후부터는 당초 손익예측과 집행 후의 실적을 대비하면서 투심위에서 점검해 나갔다. 그 결과 실제 투자를 크게 억제해 자금수지에 큰 보탬이 되었다. 2000년에 4,606억 원(매출액 대비 46.1%) 투자에서 2001년에 1,725억 원(매출액 대비 17.3%) 투자로 억제했고, 2002년은 1,124억 원(10.6%), 2003년은 980억 원(9.8%)의 투자로 줄였다.

다음으로 투자비를 절감하기 위해 장비구매제도와 공사입찰제도를 바꾸었다. 지금까지 1억 원 미만의 장비구매나 공사계약은 사업부와 지사에 위임했으나, 중앙 집중방식으로 바꾸어 1,000만 원 이상은 본사에서 경쟁입찰을 실시하는 것을 원칙으로 삼아 연간 약 200억 원의 투자비 절감효과를 가져왔다. 따라서 2000년 기준으로 수의계약 비율이 65%, 경쟁입찰비율이 35%였으나 2001년부터는 경쟁입찰비율이 점점 높아져 그해 42%, 2002년에 66%, 2003년에는 75%까지 이르러 구매에서 투명성을 확보했다.

그 다음으로는 2002년 하반기부터 6명이 한 팀이 되어 6시그마 과제로 1년 반 동안 부재자산·불용자산·유휴자산 등에 대한 전면적인 자산실사작업을 실시했다. 공기업적인 병폐가 20년 이상 지속되어 직원들의 자산에 대한 절약과 애착심이 크게 부족한 상태였다. 회계장부에는 분명히 자산으로 등재되어 있는데, 실물은 존재하지 않는 등 분명히 구매는 하고 현장에 설치했는데 실제 운영되는 자산으로 남아 있지 않은 채 불용자산과 유휴자산이 사무실에 그냥 방치되었거나 창고에서 낮잠 자고 있었다. 반면 장부에는 없는데 현장에서 돌아가고 있는 자산도 있었고 어느 것이 임대자산이고 어느 것이 회사자산인지 분별되지도 않았다. 한마디로 말해 자산관리가 엉망진창이었다. 전면적인 자산실사 결과로 유형자산처분손이 153억 원, 유형자산 감액손이 546억 원으로 합계 699억 원이 발생해 2003년 영업외손익으로 털어버렸다. 회사의 손실은 큰 것으로 기록되었지만 어지럽던 집안을 깨끗하게 청소하고 난 다음처럼 마음은 후련했다. 우리는 20년 간 묵은 때를 씻어 내고, 여기저기 흩어져 있던 쓰레기들을 모두 치워 말끔히 정리했다. 그리고 후속 작업으로 장비별 감가상각 연한과 방법의 변경이 필요하다고 판단해 케이블모뎀 등 고객단에 설치하는 자산 등은 비용으로 처리하는 방법과 기술의 급격한 변화가 이루어지는 설비는 현재 8년 균등상각을 3년 내지 5년 정율상각으로, 토지 등 수명이 긴 고정자산은 10년 이상으로 균등상각하는 방법 등으로 바꾸는 작업을 진행했다.

인건비 절감

취임 당시인 2001년 3월 말 현재, 우리 회사의 인력 규모는 2,896명이었고 복리후생비를 포함한 2000년 인건비는 1,331억 원으로, 1인당 인건비는 4,600만 원이었지만, 정규직 1인당 인건비는 5,700만원으로 당시 환율로는 4만 8,000달러였다. 경쟁3사의 매출액 대비 인건비 평균비중이 10.4%였는데 데이콤은 13.3%로 더 높았다. 더구나 회사가 심히 어려운 가운데 있는데도 2000년도 신입사원을 420명이나 대거 모집해 설상가상으로 부담이 되고 있었다.

우리는 당시에 외국기업으로 AT&T, Worldcom, NTT, AOL, BT, DT 등 6개 기업 평균과 국내 상장 50대 기업 평균을 산출해 우리 회사의 적정 인력 규모를 산정하고, 매출액 대비 인건비 비중을 산출해 내었다. 당시 1인당 매출액은 외국기업은 5억 1,000만 원이고, 국내기업은 4억 원, SKT는 14억 5,000만 원이었으므로 데이콤의 3억 3,000만 원을 적어도 외국기업 수준인 5억 원까지는 끌어올려야 하므로, 적정인원은 2,000명 미만이라야 한다고 판단했다. 또한 1인당 EBITDA 기준으로 국내기업 평균은 9,500만 원이고, 외국기업 평균은 1억 3,200만 원으로, 데이콤의 4,600만 원을 1억 원 정도로 올리기 위해서는 1,500명 수준이 바람직했다. 또한 외국기업의 1인당 영업이익 규모인 8,200만 원과 국내기업 평균 5,000만 원과의 중간선인 6,600만 원을 창출한다고 목표를 삼으면 데이콤의 인원은 2,000명으로 영업이익을 1,300억 원 이상 창출해야 하고, 1,500명시는 1인당 8,700만 원의 영업이익을 창출해야 했다. 이 숫자는 현실적으로 어려우므로 우선은 국내기업의 평균 영업이익 규모인 5,000만 원 이상으로 하고 1,500명시는 750억 원 이상, 2,000명시는 1,000억 원 이상의 영업이익 창출을 목표로 삼았다. 또한 매출액 대비 인건비 비중을 국내 평균인 10% 미만으로 가져가려면 현재의 인건비 1,300억 원 수준을 1,000억 원 미만으로 30%를 줄여야 하므로, 임금수준의 삭감은 어렵다고 보고 1,000명 내외의 인원감축을 목표로 삼았다. 결론적으로 단기적으로 1인당 매출액 5억 원, 중기적으로 10억 원, 1인당 영업이익은 단기적으로는 5,000만 원, 중기적으로는 8,700만 원을 창출, 1인당 EBITDA는 단기적으로는 9,000만 원, 중기적으로는 1억 원 이상을 목표로 하고, 인건비 비중은 단기적으로 10% 미만, 중기적으로는 8% 미만을 목표로 했다. 다만 데이콤의 1인당 인건비가 4만 8,000달러이므로 당분간 외국기업 평균인 5만 2,000달러를 넘어서는 안 되고, 1인당 부가가치생산성이 외국기업의 5분 1 수준인 점을 감안해 향후 3년 간은 인원동결과 더불어 생산성 향상 배가운동을 전개해 나가야 하는 것으로 목표를 설정했다.

이 문제를 해결하기 위해서는 노조와의 합의가 이루어져야만 했다. 회사의 현재 전망으로는 10% 비용절감과 사업구조조정으로 당기손익 적자가 당초 1,250억 원에서 650억 원 정도로 예견되어 이를 300억 원 적자 수준으로 줄이려면 인건비 약 350억 원을 감축해야 하고, 또 인건비 비중을 국내기업 평균 매출액의 10% 이내로, 1인당 매출 5억 원을 달성하기 위해서는 인건비 30%감축과 1,000명의 인원감축이 불가피하다고 설득했다. 앞장의 '노사 대 평화선언'에서 언급한 바와 같이 노사는 진통을 거듭한 끝에 인건비는 2001년에 평균 11% 삭감, 2002년은 동결하고, 인력은 희망퇴직 및 분사로 1,000여 명을 정리하기로 합의했다. 결과적으로 보면 인원 수는 2000년 2,890명에서 2001년 1,950명, 2002년 1,819명, 2003년 12월 말 1,753명으로 처음보다 1,100명 정도 축소되었고 1인당 매출은 2000년 3억 3,000만 원에서 2003년 5억 7,000만 원으로 증가해 목표 5억 원을 겨우 달성했으나 적어도 10억 원에는 도달해야 한다는 생각에는 미치지 못했다. 매출액 대비 인건비 비중도 13.3%에서 2001년 11.8%, 2002년 11.5%, 2003년 10.5%로 축소되어 목표했던 10% 미만으로 줄이지는 못했지만 근접했다. 또한 인건비 총액도 1,331억 원에서 2003년 948억 원으로 28.8%가 줄어 목표인 350억 원을 초과하는 380억 원을 감축했다. 1인 당 인건비는 3년 간 연평균 3.8%가 인상되었다. 1인당 영업이익은 목 표 6,600~8,700만 원에 미치지 못했는데, 2001년 4,500만 원, 2002년 5,300만 원, 2003년 5,100만 원의 실적으로, 앞으로의 과제로 남았다. 또한 1인당 EBITDA 창출액은 목표 9,000만 원~1억 3,000만 원에 비 해, 실적으로는 2001년 1억 2,900만 원, 2002년 1억 4,600만 원, 2003 년 1억 5,000만원으로 영업이익 증가와 감가상각비 증가에 따라 목표 를 넘었다.

뒤돌아보면 우리는 많은 고통과 아픔을 참고 견디며 여기까지 이르 렀다. 한솥에서 밥을 먹고 생사고락을 같이하던 직원들 중 지난 3년 동 안 무려 1,143명이 우리 곁을 떠났다. 그들의 희생으로 우리는 2001년 158억 원과 2002년 252억 원의 인건비를 절감했다. 떠난 동료들의 무 궁한 발전과 앞날이 승승장구했으면 좋겠고, 남은 우리는 그들의 몫까 지 경영정상화로 보답해야 할 것이다. 당시 떠나는 사원들은 다음과 같 은 글을 2001년 5월 30일자 사내신문에 남겼다.

데이콤을 떠나며…

13년 동안 함께 해온 데이콤을 뒤로 하고 새로운 미지의 세계로 나가려 합 니다. 한동안 미로를 헤맬지도 모르는 험난한 길이지만 여러분이 곁에 있음 으로 자신감을 갖고 퇴직합니다. 언제 어디서나 데이콤을 영원히 잊지 못할 겁니다. 그리고 항상 데이콤이 커나가는 모습을 바라보겠습니다. 여러분이 데이콤의 명성을 반드시 찾아주시길 바라며, 여러분 모두의 가정에 항상 건 강과 행복이 깃드시길 바랍니다.

〈대외협력실 윤석호 과장〉

6년 5개월 동안 몸담아 오며 미운 정, 고운 정이 든 데이콤을 이렇게 떠나게 되는군요. 그 동안 업무상으로나 인간적으로나 많이 부대끼며 함께 일했던 모든 분들께 고맙고 미안한 생각이 교감합니다.

이제 조직을 잘 정비하고 서로 마음을 화합해 예전처럼 모두가 정말 일하고 싶어하는 선진기업으로 나아가기를 진심으로 기도하며, 모든 분들께 '파이팅!'을 외칩니다.

〈초고속국가망팀 김인영 대리〉

5

사업 구조조정

IBM 스토리

동물의 세계에서는 변화하는 환경에 적응하지 못할 경우 멸종하거나 변화에 적응해 진화의 길을 밟아 살아남았다. 기업의 세계도 마찬가지다. 1900년 다우지수에 등재된 100개 기업 중 현재 GE만 건재하다. The Living Company의 자료에 따르면 1970년에 〈포천〉지 500대 기업으로 선정된 기업 중 3분의 1이 13년 만에 사라졌고, 30년 이상 생존한 기업은 3분의 1에 불과했으며, 기업의 평균 수명은 12.5년이라고 했다. 〈월간 현대경영〉조사에 따르면, 2004년 7월 말 현재 우리나라 500대 기업 중 창립 50주년을 넘긴 기업은 61개로 12%, 70년 이상인 기업은 12개로 1.2%에 불과하다고 발표했다. 이처럼 기업의 세계는 동물의 세계보다 부침이 훨씬 심하다고 할 수 있다.

　최근에도 환경변화에 적응하지 못해 많은 기업이 쓰러지고 있는 것을 볼 수 있다. 세계 유수기업으로 널리 알려진 K마트, 월드콤, 엔론 등이 그 대표적인 사례다. 한때 세계적 성공기업으로 날리던 회사가 침몰 직전까지 몰렸다가 다시 변화와 개혁을 통해 기적 같이 살아난 사례도 많은데 그 중 대표적인 회사가 IBM, 노키아, 닛산자동차 등이다.

　IBM은 구습에 매인 기업을 세계경쟁 속에서 강인하고 민첩한 기업으로 변신하는 데 성공한 기업이다. 거대한 IBM은 1980년대 후반에서 1990년대 초반까지 연속 적자를 시현하게 되어 1987년 말 43달러 하던 주가가 1993년 4월 12달러로 떨어졌다. 당시 승승장구하던 마이크로소프트사의 빌 게이츠는 "IBM은 7년 안에 망할 것이다"라고 예견했고, 〈월스트리트저널〉 기자는 "IBM이 다시 컴퓨터 업계를 지배할 날은 결코 오지 않을 것이다"라고 기사를 썼다. 3년 간 순익의 적자가 160억 달러에 이르렀고, 최악이던 1993년에는 매출이 627억 달러로 전년보다 5%가 감소했고, 당기순익이 81억 달러의 적자로 매출액 대비 13%에 달했다. 2000년 데이콤의 9.2% 적자보다 컸다. 30만 명의 종업원 중 1990년 이후 3년 간 12만 명이 회사를 떠났다.

　존 에이커스(John Akers)가 경영의 실패를 책임지고 물러난 뒤 '미국의 소중한 보배를 살리기 위해 변화의 창조자로'라는 기대와 함께 걸출한 경영인 루이스 거스트너(Louis Gerstner)가 1993년 4월 1일 IBM의 새로운 회장 겸 CEO로 취임했다. 그는 9년 간 근무하고 퇴임 후 쓴 저서 《코끼리를 춤추게 하라!(Who says Elephants can't Dance?)》에서 당시 상황을 "IBM의 판매고와 수익은 놀라우리만큼 빠른 속도로 줄고 있었다. 더 중요한 것은 점점 악화되는 자금사정이었다. 주력사업으로 매출의 20%를 차지하던 메인프레임(Main Frame)의 판매수입은 1990년 130억 달러에서 1993년 68억 달러로 격감했다. 1년 사이에 상황이 호전되지 않으면 모든 것을 잃게 될 상황이었다. IBM을 구할 수 있는 확률이 20%도 채 안 되었다. 또한 1980년대 이후 도입된 거의 모든 컴퓨터기술 분야에서 패배했다. 마이크로프로세스 분야는 인텔에게 빼앗겼고, 소프트웨어 분야에서는 마이크로소프트에게 빼앗겼다"라고 회고하고 있다.

그가 취임했던 1993년도 1/4분기 매출은 전년 1/4분기보다 7% 감소했고, 세전손익은 전년도 1/4분기 중 10억 달러 흑자에서 1993년 1/4분기에는 4억 달러가 적자였다. 이후에도 매월 4억 달러씩 적자가 전망되었으며, 당시 예상된 자금부족이 60억 달러나 되었다. 그는 이런 회사를 기적 같이 살려냈다. 1992년 매출액 645억 달러에서 10년 후인 2001년에 859억 달러로, 1992년 50억 달러 적자에서 1994년부터 흑자를 시현하고 2001년에는 77억 달러 흑자를 내면서 순익은 매출액 대비 9%에 달했다. 주당 수익이 1992년 마이너스 2.17달러에서 2001년 4.35달러가 되고, 주가는 1993년 3월 31일 12.72달러에서 2001년 12월 31일 120.96달러로 10배나 올랐다. 2003년 매출액 891억 달러로 〈포천〉 선정 500대 기업 중 8위에 올라섰다. 그는 어떻게 침몰하던 항공모함을 구출해 내었을까?

그는 단기적으로 관료주의와 자만심에 빠져 있던 구습을 청산했고, 고객과 시장중심의 조직개편과 더불어 봉건영주의 제후 같이 행동하던 임원들을 몰아냈으며, 성과주의 보상체계의 정립, 기술혁신에 의한 메인프레임사업의 회생, 각종 난립된 브랜드의 통합했다. 또한 3만 5,000명의 대량 해고와 개별 사업별로 난립된 IT시스템과 통신망의 통합, 불필요한 부동산과 회사 항공기, 그리고 고가 예술품 매각 등 비합리적인 고비용 구조에 철퇴를 가했다. 그 결과 매출액의 12%인 80억 달러에 해당하는 강도 높은 비용절감으로 급한 불을 끌 수 있었다.

중장기적으로는 수익성이 없거나 성장성이 없는 사업을 과감히 매각하거나 철수하고, 내부에 축적된 핵심역량을 활용해 서비스그룹, 소프트웨어그룹, 기술판매그룹 등 새로운 영역으로 시장을 개척했다. 성장의 축을 제조업에서 서비스와 소프트웨어산업으로 옮겼으며, 과거의 봉건주의적 기업문화를 '최상의 고객서비스, 모든 일을 탁월하게, 개인을 존중, 분산과 통합의 조화, 내부 비협조적 시스템의 타파, 절차 중심에서 보편적 원칙 중심으로, 승리-실행-팀워크 존중, 열정과 공명정대' 등의 높은 성과문화(High Performance Culture)를 가진 기업으로 탈바꿈시켰다.

사업 구조조정과 관련해 IBM이 이룩한 성과는 다음과 같은 것을 예로 들 수 있다.

첫째, 전임경영자 시절 IBM은 개별 사업단위로 분리하는 프로그램을 진행하고 있었는데 이를 중단했다. 당시 회사를 개개의 자율적인 사업단위로 쪼개기 위해 회계를 독립단위로 분리하고, 상장(Initial Public Offering)하기 위해 수천만 달러를 쏟아 붓고 있었는데, "IBM을 분리하지 않는다. 다만 경제모델을 근본적으로 바꾼다. 생산성이 낮은 자산을 매각해 자금을 마련한다"는 구조조정 원칙을 천명하며 종업원에게 나아갈 방향을 분명히 하여 조기에 혼란을 방지하고 안심시켰다.

둘째, IBM의 주력사업이었던 메인프레임사업이 무용지물이라는 비판을 받아 왔는데 이를 조속히 정상화시켰다. 1956년 창업주의 뒤를 이어 CEO가 된 토머스 왓슨 2세가 발명해 전세계를 디지털컴퓨터 시대로 이끌었던 메인프레임 시스템/360은 근 30년 동안 소비자들에게는 '신의 선물'이었고, IBM에는 시장점유율 30%가 넘는 돈방석에 앉게 해준 사업이었다. 그러나 1970년대 후반 애플이 데스크톱PC를 개발해 시판하자 한

발 늦게 뛰어든 IBM이 PC전쟁에서 승리하기 위해 모든 자원을 쏟아 붓고 있는 동안, 메인프레임사업은 고전을 면치 못했다. 1993년 1/4분기 중 메인프레임의 매출은 전년 동기 대비 43%나 감소했고 경쟁사인 히타치나 후지쓰보다 30~40%나 더 비싼 가격 때문에 시장에서는 '고물을 강매한다' 는 비판이 쏟아졌다. 그는 당시에 대당 6만 3,000달러이던 가격을 사내의 강한 반발에도 불구하고 40% 인하하고, 연구소로 하여금 시스템/360의 기술체계를 완전히 바꾸는 모험을 감행했다. 그 후 이 시스템은 1999년에 대당 2,500달러까지 내려가 연평균 96%씩 가격을 인하했다. 당시 시스템/360 개조에 10억 달러를 투자해 1997~2001년 간 190억 달러를 벌어들였고 매출은 1994~2001년 간 연평균 38%가 증가했다.

셋째, 수익성이 없는 사업에서 과감히 손을 떼었다. 수익성 있는 사업이란 시장에서 받아들일 수 있는 가격으로 물건을 팔아 수입을 창출해야 하며 이를 통해 충분한 이익금을 확보해야 하는 사업으로 정의하고, 수익성이 없는 사업을 매각 또는 철수했다. 이러한 군살빼기 작업을 1993~96년까지 집중하여 자금을 긁어모았다. 국방우주 분야에서 획기적인 기술은 가지고 있었으나 수익성이 장기적으로 극히 낮았던 Federal Systems란 회사를 15억 달러를 받고 Loral Corporation사에 매각했는데, 이는 첫해에 매각한 것 중 규모가 가장 컸다. 그 다음에는 1970년대 이후 데이터통신의 수요가 급속히 늘어날 것으로 보고 다수의 데이터 네트워크를 만들어 전세계에 데이터를 전송할 수 있게 한 IBM 네트워크를 1996년에 경매에 붙여 AT&T에 50억 달러에 넘겼다. 이 매각을 놓고 내부의 저항이 심했는데 "우리의 미래를 속이고 있다" 고 주장하면서 전 지구적인 데이터망을 내던진다는 걸 도무지 납득할 수 없다는 불평이 많았다. 그러나 거스너 회장은 네트워크사업은 기본적으로 통신영역이고, 규제가 많은 사업에서는 돈 벌기 어려우며 또 세계 전역에 네트워크를 건설하고 유지하는 데 엄청난 자본을 투자해야 하기 때문에 선택과 집중을 택해 과감히 철수했다. 그 뒤 이 분야에 경쟁적으로 투자했던 글로벌크로싱, 월드콤 등의 통신회사들은 무너지고 말았다.

또한 IBM이 1950년대부터 최근까지 제조, 금융, 유통, 보험, 의료 등과 같은 업종에 수백 가지 비즈니스 응용소프트웨어를 만들어 판매해 왔는데, 지금까지 200억 달러를 투자했으나 평균 마이너스 70%의 수익률을 보여왔기 때문에 응용소프트 사업에서 철수했다. 이로써 그 동안 전문영역으로 하는 응용소프트회사들과의 경쟁관계를 청산하고 그들과 공생관계를 유지하게 되면서 고객을 다시 찾아 하드웨어 분야에서 빼앗겼던 시장을 되찾게 되었다.

마지막으로 그들이 고민한 분야가 PC사업 분야였다. IBM이 메인프레임사업의 성공으로 컴퓨터업계의 지배적 지위에 만족하고 오만에 빠져 있는 동안, 또 1969년에 미국 법무부가 IBM을 상대로 제기한 반독점소송으로 13년 간 시달리는 동안(1982년 레이건 정부시에 '해당 없음'으로 취하된 사건), UNIX는 개방형 운영환경의 메인프레임으로 IBM의 폐쇄형 메인프레임 시장을 잠식해 갔다. 또 1970년대 후반 애플의 스티브 잡스가 데스크톱 PC를 출시하자 취미생활자나 학생들만이 사용할 것이라는 안이한 판단과는 달리, 사무실과 기업에까지 PC 사용이 확산되었다. 그러자 IBM도 곧 후발사업자로 PC사업에 뛰어 들었지만 이미 PC사업의 주요 부품인 운영체제는 마이크로소프트에, 마이크로프로세서는 인텔에 주도권을 넘겨주게 되어 PC사업에 대한 통제권을 상실했다. IBM사람들은 두 개 회사가 IBM으로부터 받은 선물을 가지고 업계의 정상에 올랐다고 주장하지만 그들은 외부현실에 너무나 둔감했다. 그 뒤 1984년에 마이클 델이 고객의 주문에 따라 제작 판매하는 '맞춤형 PC'라는 비즈니스 모델로 성장에 성장을 거듭했는데, IBM은 PC제조업 자체뿐만 아니라 이를 위해 벌였던 반도체 D램 사업과 운영체제인 OS/2사업까지도 위협을 받았다. IBM은 1980년대 초에 PC사업에 진출해 15년 동안 수백억 달러의 PC를 판매했으나 거의 수익을 남기지 못했다. 1990년대 초에 PC사업의 철수를 놓고 격한 내부논쟁을 벌였지만 당시 PC의 매출규모가 회사매출에 대한 비중이 컸고, 소비자들의 IBM에 대한 인식에 미치는 영향을 감안해 완전히 포기하지는 못했다. 따라서 IBM의 강점인 이동식 컴퓨팅과 PC들을 연결해 통합 작동케 하는 시스템 시장에 주력하면서, 일상용품과 같은 제품의 생산은 중단하고, 판매도 인터넷과 텔레마케팅과 같은 직접채널로 돌렸다. 그 후 1990년대 후반에 PC의 개발과 제조를 제3자에게 넘겨주었고, 1999년에 D램 사업도 접었다. 또 시장점유율 5%인 OS/2로는 90%인 Windows와 경쟁할 수 없다고 보고 OS/2도 철수했다. 그리고 2002년 중반에는 하드디스크 드라이브 사업도 히타치에 넘겨주었다.

넷째, 새로운 성장사업으로 1996년에 IBM Global Services를 설립했고, 1995년에 Notes란 이름의 소프트웨어회사인 Lotus Development Corporation을 인수해 2000년에 IBM 소프트웨어그룹을 설립했다. 모두가 내부 자원을 보유하고 있었지만 거의 사장되다시피 한 부문을 통합해 매출과 수익을 창출한 기막힌 전략이었다. 서비스 분야는 고객들이 정보기술 분야에서 복잡한 기술과 수많은 기기와 부품 등을 하나로 통합해 제공하는 통합솔루션—시스템을 만드는 일부터 구성체계를 정비하는 일, 컴퓨터를 관리하고 운영하는 일 등—을 원하고 있다는 데에 착안해 통합능력을 갖추었고, 메인프레임으로 기업고객을 많이 확보하고 있는 IBM의 이점을 활용했다. 판매사업부의 하부단위로 존재하던 통합시스템 사업을 확대 개편하고, 전세계에 있는 서비스 분야를 하나로 통합한 서비스회사를 차렸다. 그 결과 서비스 부문 매출이 1992년 73억 달러에서 2001년 300억 달러로 치솟으면서 회사 매출의 35%에 이르렀다.

IBM은 전세계에 산재한 30여 개 연구소에서 개발한 4,000여 종의 소프트웨어를 보유하고 있었는데, 당시 사람들은 소프트웨어는 그저 하드웨어에 따라가는 부속물로 생각했고 하드웨어 안에 보이지 않게 묻어 있거나 부속물로 판매되는 것으로 생각하고 있었다. 그러나 1994년 말부터 회사 내의 모든 소프트웨어자산을 모아 통합관리하기 시작해 1995년에 1-2-3 스프레드시트로 알려진 Notes를 인수하고, 1996년 Tivoli Systems를 인수해 미들웨어 분야의 빈자리를 메웠다. 또한 60개 소프트웨어 브랜드를 6개로 통합하고, 30개 소프트웨어 개발연구소를 8개로 통합해 미들웨어 연구에 전문화했다. 아울러 1997년에는 5,000명의 소프트웨어 판매전문가를 채용하고 훈련시켜, 2000년에 1만 명에 달하는 소프트웨어 판매전문회사로 육성했다. 또한 전문 소프트웨어 분야의 선두주자들과 파트너십 계약을 체결해 상생관계를 구축했다. IBM은 그 동안 180개의 전문 소프트웨어 개발자들과 파트너십 계약을 체결했는데, 그 대표적인 것이 고객관리 소프트웨어 부문의 선두주자인 Siebel Systems였다. 현재 IBM 소프트웨어그룹은 두 자리 숫자의 성장을 유지하고 있으며 세계 최강의 소프트웨어회사 중 하나로 성장했다. 2001년에는 매출액 130억 달러, 순수익 32억 달러를 기록해 마이크로소프트에 이어 2위 자리에 올랐다.

이상에서 설명한 IBM의 사업구조조정 과정을 자주 직원들에게 소개한 이유는 첫째로 파멸직전까지 내몰렸던 상황이 우리와 비슷한 가운데에서도 기적적으로 회생한 것을 참고해 우리도 할 수 있다는 자신감을 심어주고, 둘째 주력사업인 전화사업을 조속히 정상화시켜야 하며, 셋째 내부 유보자원으로 잘 할 수 있는 분야를 찾아냄으로써 기존 자원의 최대활용과 투자비 절약을 가져올 수 있다는 것이고, 넷째 기술과 시장의 트랜드를 미리 읽어내고 적기에 출시해야 한다는 것, 다섯째 수익성과 성장성이 없는 사업은 과감히 철수해야 된다는 것을 인식하고 명심하도록 당부하기 위해서였다.

분사, 아웃소싱, 매각

취임 초기에 주력사업이 아닌 사업의 매각을 시도했으나, 시장에서는 관심도 없었고, 관심이 있다 하더라도 제안 가격이 고정자산 장부가격의 1/10도 안 되는 가격으로 제시하는 데 나는 심히 당황했다. 우리는 시장에서 매력도 없는 사업을 끌어안고 적자만 쌓여가고 있었던 것이다. 남은 선택은 철수하는 길뿐인데 철수를 하더라도 투자비회수가 불가능했고, 잉여인력을 떠안아야만 했다. 이와 같이 철수에 따라 부담해야 하는 손실액이 너무나 커서 4년 연속 적자를 기록하고 있는 회사로서는 감당할 수가 없었다. 앞이 캄캄했고 울고 싶었다. 그래서 우선 주력사업의 부담을 줄여주고, 적자규모를 감축할 수 있도록 지원 분야의 분사(Spin-Off)와 매각을 생각하게 되었다.

첫째로 우리가 제공하고 있는 서비스의 안내와 클레임 처리, 텔레마케팅업무를 담당하고 있던 텔레센터는 주로 고교 또는 전문대 졸업사원이 담당했으며 본부조직으로 편재되어 있었다. 이 센터의 비용은 모두 당시에 전화, 인터넷, 천리안사업으로 이전되고 있었다. 텔레센터는

1991년 12월 고객상담실로 출범해, 2001년 3월 현재 정규직 135명, 비정규직 705명으로 합계 840명이 연간 약 150억 원의 비용을 쓰고 있는 코스트센터였다. 이것을 독립된 회사로 분사해 생산성 향상에 의한 비용절감뿐 아니라 타사의 콜센터 기능을 대행해 매출과 이익을 창출하는 프로피트센터(Profit Center)로 전환하고, 탄력적 인력활용으로 고용의 유연성을 높이고 성과급제의 도입으로 구성원의 독립채산제 의식을 제고할 필요가 있었다. 더군다나 1996년에 회사가 노조에 굴복해 그들을 정규직으로 전환해 주면서 항상 노사분쟁의 선봉 역할을 자임하고 있어서 이를 해결해야만 했다. 당시에 회사는 선진고객관리경영기법을 전수받기 위해 일본 내 콜센터 및 솔루션 업체 5위인 트랜스 코스모스(Trans Cosmos Inc.)와 합작을 위한 MOU를 체결했으나 노조의 분사 반대로 진척이 되지 않고 있었다. 그리하여 당초의 분사계획을 추진하기 위해 한편으로는 TCI와 협상을 재개하고 또 한편으로는 노조와 협의에 들어갔다. TCI와의 합작계약을 성사시키기 위해 내가 직접 그해 3월 말에 동경으로 날아가서 오쿠다 회장과 합의를 이루어냈다. 제일 큰 난관이 '노조의 5년 간 무쟁의 약속' 조항이었다. 콜센터 성격상 노조의 파업이 일어나면 업무가 마비되고 고객의 신뢰를 한꺼번에 잃어버리기 때문에 일본의 요구는 당연한 것이었다. 우리는 자본금 150억 원에 데이콤 지분 47.2%, TCI 지분 45.3%, 7.5%는 종업원지분으로 배정키로 하고 최고경영자의 무쟁의에 대한 확실한 약속을 전달함으로써 합의에 이를 수 있었다.

새로 설립하는 한국고객서비스센터 주식회사(CICK)의 2001년 매출목표는 165억으로 하고, 인력 규모도 250여 명을 감축해 600명으로, 영업이익은 30억 원 계획으로 출발하기로 합의했다. 그해 4월 19일 두번째 일본 방문에서 양사 대표가 합작계약서에 서명하고 5년 내에 한국 텔레마케팅을 선도하는 1등 기업으로 육성키로 약속했다. 한편 노조와 한 달여 간의 협상 끝에 5월 7일 분사(안)에 합의했다. 주요 내용은 정규직 은 평가연봉제로 전환, 현 급여의 25%를 삭감하고, 퇴직금누진제를 단 수제로, 월 3회 토요휴무제를 월 1회 휴무제로 전환하기로 합의하고, 임시직은 희망자에 한해 원칙적으로 고용승계토록 했다. 가장 쟁점이 되었던 임금삭감분에 대한 보전 문제를 회사가 다소 양보해 2년 간 차 액을 현금 또는 주식으로 일시에 지급키로 했다.

2001년 5월 22일 자회사로 분사된 CICK의 지난 3년 간 영업실적을 보면, 2001년 매출목표보다 40억 원이 더 많은 207억 원의 실적을 올렸 고 영업이익도 11억 원이 더 많은 41억 원을 실현했으며, 2002년은 269 억 원의 매출에 41억 원의 영업이익을 실현했는데, 데이콤 이외의 외부 매출액이 2001년 15억 원에서 2002년 95억 원으로 6배나 성장해 외부 매출 비중이 8%에서 35%로 확대되었다. 외부고객 수도 11개에서 48개 로 늘어나 통신업 중심 영업에서 금융, 제조, 유통 등으로 고객이 확대 되었다. 2003년에는 경기침체에도 불구하고 15%가 증가한 308억 원의 매출을 기록해 과거 3년 간 매출이 연평균 39.3%가 늘었고, 영업이익률 도 3년 평균으로는 14%대를 유지했다. 또한 이러한 성장에 힘입어 2002년 5월 자력으로 좌석 500석의 서울 제2센터를 열었고, 300석의 부산센터를 2003년 5월에 개관해, 700석으로 시작했던 좌석 수가 현재 1,500석으로 늘었으며 업계 제2위 자리에 올라섰다. 인원도 당시 600여 명에서 1,500명으로 늘어났으며 노동조합도 결성되지 않았다. 업무량 과 고객의 증가에도 불구하고 분사로 인해 영업비 지출액을 3년 간 364 억 원 줄여 영업비용의 42%를 절감할 수 있었다.

둘째로 빌링업무와 사내식당의 외부위탁이다.

빌링업무는 당시 본사 조직으로 빌링센터 내에 3개팀, 69명이 가입청약, 요금청구 및 수납, 미수채권관리를 주로 담당하고 있었는데, 이미 빌링시스템 관련 전산장비와 소프트웨어 개발 및 운영업무를 자회사인 데이콤시스템테크놀로지(DST)에 위탁하고 있었으므로 빌링업무 자체도 아웃소싱한다면 일원화에 따른 비용절감도 기대할 수 있었다. 따라서 빌링제도 수립과 미수채권 회수대책 등 핵심 업무만 남기고 그 해 7월 1일부터 DST와 Service Level Agreement(SLA)를 체결해 위탁함으로써 69명의 인력 중 9명만 남고 26명이 DST로 전직했고 연간비용 150억 원에서 10%를 절감하는 용역계약을 체결했다.

또한 사내식당은 당시에 51명의 직원이 6개 식당을 직영하고 3개 식당을 위탁운영하고 있었는데, 식당운영비가 2000년에 약 28억 원이 소요되었다. 당시 한 끼당 원가가 3,627원이었는데 단체협약에 의해 사원이 1,000원을 부담하고 회사가 그 차액인 약 6억 원을 식당운영보조비로 추가로 부담하고 있었다. 빌링업무나 식당업무 같은 지원업무는 자유롭게 위탁할 수 있어야 하는데, 우리 회사의 경우 노조와의 합의사항이어서 그들과 합의를 도출하느라고 많은 시간과 정력을 낭비했다. 노조는 사원들의 전직으로 노조원 숫자가 줄고, 급여가 삭감된다는 이유로 단 1명도 내보낼 수 없다고 주장했다. 우리는 이들을 설득해 1인당 부담액 1,000원을 2,000원으로 인상하고, 외부업체와 공개경쟁입찰을 통해 위탁계약을 체결해 그 해 7월 1일부터 실시해 년 8억 원 이상을 절약했다. 그 뒤 노조로부터 음식품질이 떨어진다느니 서비스가 형편없다느니 갖은 불평을 들어왔고, 노사협의회 때마다 의제로 선정되어 논란을 벌였다.

그 다음으로 네트워크 분야에서 망구축의 기획, 설계, 운영 등 핵심

업무는 남겨두고, 단순반복적인 업무나 저부가가치 업무인 설치, 구축, 개통, 장애처리 등 비핵심업무를 아웃소싱하려고 시도했지만 노동조합의 적극적 반대와 소속 임직원들의 소극적 태도로 무산되고 말았다. 당시 네트워크 분야에 정규직 734명, 계약직 124명이 종사했는데, 연간 인건비만 432억 원이 지출되고 있었다. 당시 아웃소싱 비율이 14% 수준으로 계획대로 70%까지만 제고한다면, 인건비만으로도 회사 인건비 총액의 10% 이상 절감할 수 있었고, CICK와 마찬가지로 타사의 외부 매출을 확보할 수 있었는데도 합의에 도달하지 못했다. 당시 나는 그들에게 "고속도로나 국도를 건설할 때 계획하고, 설계하고, 공사 입찰하는 업무는 회사가 직접 담당하지만, 공사시공과 유지보수는 외주로 실행되는 것과 다를 것이 무엇이 있느냐?"고 강변했지만 결국 추진하지 못하고 보류했다. 더구나 전국에 산재해 있는 통신국사의 전력시설을 운용인력 75명으로 회사가 직접 유지보수, 운용을 맡고 있었는데 이런 지원업무는 반드시 아웃소싱하거나 분사해야 비용도 줄이고 타사 전력시설의 운용을 대행할 수 있다고 설득했으나 성공하지 못했다. 이 부문은 파워콤과 네트워크를 통합하고, 직영과 외주를 합리적으로 구분하여 네트워크 운영을 통합하는 등 제조업의 생산공장과 같은 네트워크의 경쟁력을 높일 필요가 있었다. 그래야만 시장에서 각종 서비스의 경쟁력을 확보할 수 있고 또한 타통신회사에 네트워크의 제공, 유지보수, 운용을 대행해 가동률을 제고할 수 있으므로 반드시 실천되어야 할 과제다.

세번째는 나를 가장 골치 아프게 했던 것으로 "천리안 사업을 어떻게 정리해야 할 것인가?"였다. 데이콤은 한국시장에서 가장 먼저 1985년 10월부터 준비작업에 들어가 1988년 10월에 전화선을 연결해 각종 데이터를 제공하는 PC통신 서비스를 독점적으로 제공해 재미를 보고 있었다. 1991년에 국제전화사업의 경쟁체제 도입과 더불어 OSP(On-line Service Provider) 시장에도 경쟁체제를 도입하는 제한적인 통신시장개방으로 한국통신이 하이텔로, 삼보컴퓨터가 나우콤으로, 삼성물산이 유니텔로, LG가 채널아이를 통해 각각 후발사업자로 진출했다. 그럼에도 데이콤의 천리안은 1998년 유료가입자 145만 명으로 시장점유율 38%를 차지해 하이텔 22%와 유니텔 19%를 앞지르고 1위 자리를 고수하고 있었고, 1999년 1,450억 원의 매출을 기록했다. 이는 데이콤 총 매출액 7,516억 원의 19.3%로 전화매출의 비중 51.6%보다는 작았지만, 기업 인터넷의 매출 비중 16.5%보다는 많아 회사의 제2위 매출상품이었다. 또한 영업이익도 1999년 287억 원을 실현해 전용회선 영업이익 377억 원 다음으로 컸다. 또 회사 전체의 영업이익 224억 원보다도 60억 원이 더 많아 당시 회사의 캐시카우 역할을 했다. 이로써 회사의 주가가 올라 시장가치가 커지고, 대학졸업자가 삼성전자보다 취업을 더 희망하는 회사로 언론에 보도되기도 했다. 그러나 시장점유율 1위 자리가 유지되면서 자만과 나태에 빠졌고, 또한 이미 미국에서 1995년에 AOL이 브로드밴드의 Web-based Portal이란 신기술로 초고속인터넷서비스를 출시했음에도 외부시장과 기술환경의 변화를 외면했다. 이미 쇄락의 징후가 1999년 이후에 나타났는데, 월 1만 원 이상의 우수고객이 1998년 말 30만 명에서 1999년 말 24만 명, 2000년 말에 9만 명으로 급속히 줄어들고 있었는데도 감지하지 못했다. 빌링가입자 수가 2000년 9월 135만 명을 정점으로 그해 말에 128만 명으로 3개월 동안 7만 명이 줄었고, 2000년부터 영업이익도 적자가 나기 시작했다. 기업의 위기는 가장 잘되고 있을 때 찾아오므로 조심해야 한다는 철칙도 망각하고, 다이얼업(Dial-up)방식에 의한 네로밴드인 PC통신시장의 선두자리 유지를 위해

1997~2000년 간 '국민천리안 1,000만 가입자확보'를 목표로 1,283억 원을 쏟아 부었고, 2000년에 신입사원을 400명이나 채용했다. 국내에 서도 두루넷이 1998년 7월부터, 하나로통신이 1999년 4월부터 초고속 인터넷서비스 사업을 시작했고, 다음, 야후, 옥션 등이 1990년대 후반 에 브로드밴드의 웹베이스 포털 사업에 뛰어들어 2000년에 가입자가 400만 명에 이르렀으며 2001년에는 600만 명으로 증가할 전망이었는 데도 천리안은 밑 빠진 독에 물 붓듯이 계속 헛발질로 돈과 인력을 쏟아 붓고 있었다. 2000년 12월 주요 포털의 방문자 수가 다음 1,203만, 야 후 1,160만, 라이코스 1,116만, 네이버 1,053만, 네티앙 994만 명의 순 이었는데 천리안은 803만 명으로 10위로 추락했다. 그러나 상황을 파 악했을 때는 버스는 이미 출발한 뒤였다. 내가 취임했을 때는 빌링가입 자가 2000년 말에 128만 명에서 2001년 3월 125만 명으로 월 1만 명씩 썰물처럼 빠져나가고 있었다. 여기에다 채널아이를 인수해 자회사로 편 입했고, 검색포털인 심마니도 고전하고 있었다.

우리는 이 사업이 곧 수명이 다할 것이라고 판단하고 매각이나 철수 쪽으로 가닥을 잡고 여러 곳과 접촉했으나 시장에서 사겠다는 사람은 한 명도 없었다. 철수를 고려했지만 당시 고정자산 1,143억 원과 직접 인력 394명, 콜센터 등 간접인력 244명을 포함해 총 638명의 인원을 회 사가 해고하거나 부담할 능력이 없었다. 어느 누구라도 반값에 인력을 승계한다면 매각하겠다고 은밀히 의사를 표현했으나 돈을 얹어주어도 망해가는 천리안을 살 사람이 없었다. 우리는 하는 수 없이 골치 아픈 문제를 해결하는 방법으로 '1단계로 2001년 9월까지 천리안사업부를 슬림화하고, 2002년 3월까지 다이얼업 포털에서 웹포털로 전환, 2단계 로 2002년 9월까지 분사해 채널아이와 심마니 통합, 3단계로 2003년에 다른 웹포털과 합병해 새로운 기회 탐색, 4단계로 예상대로 성공하면 콘텐츠 프로바이더로 전문화하고, 앞으로 MBC 같은 방송사가 민영화될 때 인수해 콘텐츠 전문회사로 성장 발전한다'는 원대한 기본방향을 잡고 1단계 계획의 실천에 들어갔다.

그해 5월 1일 조직개편 당시 천리안사업 부문의 5본부 19개팀 394명을 1사업부 7개팀 198명으로 축소하고 사무실을 강남에서 용산으로 이전했다. 그해 9월에는 다시 115명으로 감축하고 강도 높은 비용절감을 추진했다. 한편 시스코에서 구매한 라우터장비 560대가 현장에 설치도 해보지 못하고 창고에 보관되고 있어서 이를 버마, 라오스 등 후진국에 재매각을 서둘렀다. 당시에 대당 1만 8,000달러로 구매해 약 1,000만 달러어치가 포장을 뜯지도 않은 채 창고에 쌓여 있었는데, 이를 본 나는 아연실색했다. 그 뒤 1년 이상 매각을 독려해, 처음에는 대당 1만 2,000달러로 팔려나갔으나 나중엔 2,000달러에도 팔리지 않았다. 우리는 결국에 약 30%만 회수하고 나머지는 손실로 회계처리했다. 그러나 이미 초고속인터넷서비스와 무료포털서비스가 급증하면서 2001년 말 천리안 빌링가입자는 74만 명으로 줄었고 그해 매출이 730억 원으로 전년도 1,460억 원에서 반으로 줄었으며, 영업이익의 적자가 14억 원에서 417억 원으로 급증했다. 한국 최초의 검색포털인 심마니도 38억 원 매출에 영업이익 40억 원 적자, 채널아이도 29억 원 매출에 55억 원의 적자를 기록해 엎친데 덮친 격이었다. 그리하여 3사 통합작업을 준비하고 있는 태스크포스팀의 작업을 서둘렀다. 2002년 5월에 통합안을 확정하고 9월에 통합회사를 출범키로 했으나, 두 달이 늦어진 11월 1일에 출범했다. 자본금 47억 원에 데이콤지분 90%와 우리사주 10%로, 인력 규모는 천리안, 심마니, 채널아이 합계 222명을 120명으로 다시 축소했다. 원래 3사의 인력 규모가 730명에서 6분의 1로 줄었다. 회사명은 데이콤멀티미디어인터넷(주)로 해, 유료 및 무료포털의 통합 서비스를 제공하는 회사로 다시 탄생했다.

분사를 위해서는 노동조합의 동의가 필요했기에 직접 대화의 장을 마련했다. 이미 CICK와 식당이 분사와 아웃소싱이 결정된 후 2001년 6월 14일, 천리안사업부에 근무하는 200여 명 중 100여 명 이상이 본사 사옥 20층 식당에 모여 천리안 발전방안에 대한 열띤 토론을 벌였다. 당일에는 당시 분위기상 주제보다는 임금반납, 고용안정 등 노사간의 현안문제에 대한 의견개진이 강하게 제기되어 주제토론으로 유도하는 데 상당히 어려움을 겪었다. 첫번째 토론에서는 회사의 입장이 강하게 전달되었고, 천리안 직원 대부분이 분사를 원하고 있다는 사실을 확인하는 것으로 만족해야 했다.

그 후 7월 초 천리안과 직간접으로 연관된 부서원들과 2차 토론을 거쳐 천리안 독자생존방안을 마련하고 노사협의에 들어갔다. 주요 내용은 지금까지의 폐쇄형 통신에서 개인별 맞춤 포털로, 유료 온라인서비스를 유지하되 프리미엄포털로 바꾸고 2002년 3월부터 웹포털인 CHOL도 별도로 구축해 서비스를 출시, PDA 등 무선단말기에서도 이용할 수 있는 유무선 통합형 개인화 포털서비스 사업자로 변신, 현재의 인력 200명을 100명으로 축소하고 잔여인력은 희망부서를 원칙으로 타부서에 전환배치 한다는 것이었다. 2단계로 자회사인 채널아이와 심마니를 1차로 합병하고, 2차로 천리안을 분사해 이와 합병한다는 것이었다. 분사된 통합회사의 인력 규모는 100여 명 내외로 하고 별도 사무실을 마련해 급여 수준은 현재의 75%로 하고 2년 간 차액을 현금 또는 주식으로 보상하기로 했다. 이는 이미 분사된 CICK와 동등한 조건이었다.

그해 8월 초부터 노조와의 지루한 협상이 집중적으로 진행되어 8월 26일 드디어 노조와 합의점에 도달했다. 급여 수준은 데이콤의 80%수준으로 축소하고 능력성과급의 연봉제 실시, 개인별 연봉감소분 2년치를 6개월 단위로 현금지급, 각종 복리후생비 축소, 월 3주 토요일 휴무를 격주 토요휴무제 실시 등으로 합의하고 그해 11월 1일 강남 서초전자센터에서 통합 자회사의 개소식을 가졌다.

그러나 이러한 분사와 합병조치는 이미 시기를 놓쳤다. 시장에서 웹 포털과 초고속인터넷서비스가 출시되기 전에 데이콤은 통합시기를 1998년으로, 늦어도 1999년으로 앞당겼어야 했다. 당시에 국민천리안 계획을 즉시 포기하고 파워콤 가입자망을 활용한 초고속인터넷서비스 시장에 진입해, CHOL 포털사업을 번들로 패키지상품으로 시장을 공략했어야 옳았다. 나도 1년 뒤에는, 당시 2001년 상반기 중에 용기를 가지고 과감히 철수를 결정했어야 하는 것이 마땅했다고 후회했다. 2002년 말에는 빌링가입자가 56만 명으로 줄어들어 매출 455억 원에 영업이익 적자가 199억 원이었고, 2003년에도 분사의 기대효과를 나타내지 못하고, 빌링가입자 35만 명으로 매출 242억원, 영업이익 6,200만 원의 흑자에 그쳤다. 분사로 4년 만에 겨우 흑자를 시현한 것에 만족해야만 했다. 지난 3년 간 누적 적자금액 616억 원과 유휴자산 손실액 2002년 112억 원, 2003년 486억 원 합계 1,214억 원의 손실을 회계처리한 것을 감안하면 당시에 철수를 결정하는 것이 좀더 현명했다고 판단되었다. 물론 노조의 반대에 부딪혀 관철하기 쉬운 일이 아니었지만, 기술과 시장의 변화로 고객이 썰물처럼 빠져나갈 것으로 예측했으면 당연히 행동으로 옮기는 것이 최고경영자의 몫이었는데, 결단을 내리지 못한 것이 후회스럽기만 했다.

네번째로 비핵심사업이고 지원성격의 사업 중에 매각 내지 철수 대상으로, 통신장비 수입판매사업인 데이콤인터네셔널(DiN), 전산시스템과 인트라넷 사업자였던 DST, 위성을 이용해 음성전화서비스를 하는 글로벌스타(Global Star)와 가정용 초고속인터넷사업인 보라홈넷사업, 그리고 광대역 무선인터넷사업인 B-WLL(Broadband Wireless Local Loop)과 국제전화를 중계하던 아산 지구국사업을 검토했다. 나는 이런 사업들의 투자경위와 사업성을 보고받으면서 전임 경영진들이 왜 이런 사업에 뛰어들었는지 도무지 이해가 되지 않았다. 또한 투자에 관여했던 임직원을 찾았으나 대부분 퇴직했고 남은 몇 사람도 윗사람이 시켜 그대로 따라했다는 대답이었다. 나는 경영 부조리에 따른 회사손실 규모를 파악했을 때와 여기저기 벌려놓은 부실사업을 보고받았을 때 분을 못 참아 고함을 질러댔다. "야! 이 죽일 놈들아! 여기저기 똥 싸듯이 저질러놓을 때 무얼 했느냐? 반대를 왜 못했느냐? 이런 실패 때문에 동료가 직장을 잃는다는 것, 아니 당신 직장이 날아간다는 사실을 몰랐느냐? 이렇듯 마구잡이로 싸놓은 똥 무더기 때문에 회사가 망해가고 있지 않느냐?" 그때는 데이콤을 재벌그룹처럼 발전시키려고 했다는 것이다. 참으로 황당했다.

　DIN은 1993년 12월에 통신장비 수입판매 사업을 목적으로 설립했다는데 IT산업의 버블이 꺼지면서 대규모 대손이 발생하고, 또 NI(Network Integration)업체 간 경쟁격화 등으로 매출과 수익성이 급감하고 있었다. 통신사업자라면, 통신장비를 종합상사나 전문 무역상을 통해 구입하거나 구매하면 될 것인데 왜 설립했는지 납득이 되지 않았다. 사내의 소문은 전임 경영진이 리베이트를 챙겨 정치자금으로 사용했다는 것이다. 당장 매각을 추진하려 했으나 내부 반발로 일단은 네트워크 부문의 아웃소싱 회사로 변신을 검토했다. 그러나 위에서 지적한 대로 임직원들이 네트워크 부문의 아웃소싱을 반대해 추진이 중단되었고, 그 대안으로 내부에서 데이콤 영업 부문과 통합해 장비와 서비스를 번들로 팔아 매출을 증대하고 장래의 NI사업에 대한 기회를 유지하자는 주장 때문에 1년 이상을 허송세월로 보냈다. 따라서 2001년 매출액은 651억 원으로 전년 대비 33% 감소했고, 경상이익은 47억 원의 적자를 보았다. 2002년에 들어와서는 LG전자의 통신장비 부문과 매각협상을 전개했으나 실패하고, 2002년 3월에 LG CNS와 다시 협상을 시작했다. 나는 손실만 나지 않는 가격으로 무조건 매각하라고 지시했으나, 매각조건 때문에 지지부진해 또 1년이 지나갔다. 2002년에는 매출이 722억 원으로 다소 늘었으나 영업이익마저 36억 원의 적자를 보았고, 경상이익은 69억 원이 적자였다. 2003년 3월에 매각협상이 합의점에 도달했고, 그해 11월에 완전 청산했는데 투자자산 처분이익으로 34억 원이 들어왔다.

DST는 1996년 12월, 데이콤의 전산시스템 개발과 운영을 위해 미국의 Price Water & Cooper(PWC)와 50 : 50으로 SI(System Integration)사업을 분리해 독자경영회사로 분사했던 것이다. 이 자회사도 국내에서 삼성 SDS, LG CNS 등 대기업의 SI업체들과 경쟁이 치열해 국내 수주전에서 실패해 2000년에는 매출 1,024억 원에 영업이익 66억 원을 기록했으나 2001년 매출이 584억 원으로 전년 대비 43%가 격감했고, 영업이익 34억 원 적자, 경상이익은 46억 원이 적자였다. 2002년에는 매출액이 453억 원으로 다시 22%가 감소했고 경상이익은 내부 비용절감 노력으로 15억 원의 흑자를 기록했다. 그러나 우리의 본업도 아니고 노조도 강성이었으며, LG CNS가 경쟁사였기 때문에 2001년 말에 PWC와 매각협상을 전개했다. 그러나 미국본사에서 PWC의 전세계 서비스 부문 매각을 위해 IBM과 협상을 시작해 우리는 하는 수 없이 1년 이상을 기다렸다. 2002년 9월에야 지분 50% 중 30.1%를 46억 원에 IBM Korea에 매각했다.

이상과 같이 콜센터와 천리안사업은 분사로, 빌링과 식당은 아웃소싱으로, DiN과 DST는 매각으로 정리되었으나 네트워크통합과 천리안사업의 정상화 문제는 앞으로 해결해야 할 과제로 남았다. 데이콤이 1990년대 초반 이후 저질러놓은 '데이콤 그룹화'의 허황된 꿈은 한 가지도 이룩되지 못했고, 이런 헛된 꿈은 도둑맞은 초라한 초가집으로 전락하고 말았다.

주력사업의 정상화

1980년대 후반 최대의 경영위기를 맞았으나 선택과 집중에 의한 과감한 구조조정을 통해 지금은 생산의 95% 이상을 해외로 수출해 세계 휴대폰시장의 35%를 차지하는 업계 1위 자리에 군림했다. 노키아는 삼림자원이 풍부한 핀란드에서 1865년 조그만 목재펄프공장으로 창업해, 산업혁명 때에 늘어나는 종이 수요 덕분에 제지업으로 크게 성공했다. 이 여세를 몰아 1898년에 고무장화공장을 시작으로 신발, 타이어 등 고무 관련 사업으로 뛰어들었고, 1912년에는 전선사업에 진출해 북구라파에서 최대 기업으로 승승장구했다. 1967년에 정식으로 노키아 그룹으로 출발했는데 이때에 제지, 고무, 케이블 등 20여 개 회사를 거느린 다국적기업으로 발돋움했다. 그러나 그 후에 화학, 기계, 전구, 충전기, 알루미늄, 플라스틱, TV 및 컴퓨터, 발전소 등 잡다한 분야로 진출해 파멸의 씨앗을 심었던 것이다. 1988년에 노키아는 유럽에서 가장 큰 TV 제조 업체였고, 스칸디나비아 반도에서 가장 큰 컴퓨터회사였다. 그러나 1980년대 후반 몰아닥친 세계경제의 침체와 구 소련의 붕괴로 핀란드 경제는 3년 연속 마이너스 성장으로 금융위기에 직면했고, 사업다각화에 따른 부채누적과 연속적 적자시현에 시달렸다. 당시 CEO였던 까리 까이라모(Kari Kairamo) 사장이 경영실패의 죄책감으로 자살했다.

이런 위기에서 노키아를 구출해 낸 것은 북유럽의 잭 웰치로 불리는 요르마 오릴라(Jorma Ollila) 회장과 그의 경영진이다. 오릴라 회장은 당시 북유럽 시티은행의 재정담당으로 있다가 1986년 CFO로 노키아에 참여했는데, 1992년 5월 노키아의 CEO로 취임하면서 비핵심사업을 처분하고, 통신 분야만 집중하기로 전략적 결정을 내리고 과감한 구조조정을 진두지휘했다. 그들은 당시 노키아 그룹 매출의 10%에 불과했던 통신장비 및 단말기 사업에 사활을 걸고 펄프, 제지, 고무, 타이어, 전선, TV, 컴퓨터 및 가전제품 등을 모두 정리했다. 특히 노키아의 본업이었던 펄프 및 제지공장을 1994년에 팔아치워 노키아의 정체성까지도 스스로 부인했다. 1990년에 고무장화 및 신발공장을, 1995년에 타이어공장을 매각했다. 또한 1996년에 당시 노키아 매출의 31%를 차지했던 가전제품공장을, 1995년에는 매출의 10%를 차지했던 전선공장을 매각하고, 나머지 사업들은 모두 철수했다.

통신 부문은 1960년 전선공장의 전자부로 출발해 1962년 라디오 송신기를 첫 제품으로 출시하면서 1970년대에 유선통신과 마이크로웨이브 송신장비시장에 진출해 성장을 거듭했다. 1970년대 후반 라디오폰을 개발해 큰 인기를 끌었다. 1984년에 개발해 출시한 모비라 토크맨(Mobira Talkman)은 세계 최초 휴대 가능한 전화기였는데, 미국과 영국으로 엄청나게 팔려나갔으며 1987년에 최초로 한 손으로 들 수 있는 핸드폰인 모비라 시티맨(Mobira Cityman)을 개발해 출시했다. 1989년에 모비라 사업부는 노키아 휴대폰회사(Nokia Mobile Phones)로 개명하고 본격적으로 무선휴대폰사업을 전개했다. 이들은 구조조정 과정의 매각대금으로 기술개발에 엄청난 투자를 지속했다. 예를 들면 모비라 토크맨의 무게가 5kg이었는데, 시티맨은 배터리를 포함해 800g으로 줄어들었다.

1970년대 초 여러 나라의 교환기 대부분이 아날로그식 교환기와 전자기계식 교환기였을 때, 노키아는 디지털교환기 개발에 가닥을 잡고, 노키아 최초의 교환기 'Nokia DX200'을 개발해 교환기사업 분야에서 크게 성공을 거두었다. 1981년 스웨덴, 노르웨이, 핀란드 등 스칸디나비아반도 국가들이 통신시스템과 통신기술을 표준화해 노르딕 이동전화방식(Nordic Mobile Telephony)이란 세계 최초 다국적 휴대폰 통신기술을 선보이게 되었다. 이러한 표준이 노키아의 휴대폰 통신장비와 모비라 토크맨의 수요를 엄청나게 창출하는 데 큰 도움을 주었다. 1990년대 초에 노키아는 유선케이블사업을 포기하고 무선용 통신기기 제조에 주력해 GSM디지털 기술표준에 승부를 걸었다. 노키아는 통신의 중심축이 유선에서 무선으로 옮겨가고 있다는 것을 미리 파악했다. 당시 수익성이 높은 유선을 포기하고 무선에 뛰어든 것은 어찌보면 무모한 일이었으나, 노키아는 경쟁사보다 10년 먼저 디지털 조류를 읽었기 때문에 세계 최고의 무선통신 제조업자로 발돋움할 수 있었다.

노키아는 1999년 12월 첫 주에 그때까지 유럽에서 최고회사였던 BP-Amoco를 앞서 기업가치가 유럽에서 가장 큰 회사가 되었다. 당시 노키아 주가는 1992년 가격을 기준으로 291배나 뛰어 기업가치가 2,030억 달러에 이르렀다. 1999년에 휴대폰 판매량이 모토롤라를 앞질러 세계 최대 생산자가 되었고, 2001년에 세계 휴대폰시장의 35%를 차지해 지금까지 1위 자리를 유지해 오고 있다. 1990년에 전체 노키아 매출액 67억 달러 중에 통신 분야 매출은 10%인 약 7억 달러에 불과했으나 10년 뒤인 1999년에는 매출이 217억 달러로 30배 이상 커졌고 휴대폰 매출 비중이 62%, 통신장비 매출 비중이 33%였다. 당시 1991년~93

년까지 연속으로 4년 간 순이익이 적자였으나, 지금은 매출액 300억 달러에 30억 달러 이상의 흑자를 시현하고 있다. 전세계 약 5만 명의 종업원이 12개국에 생산시설과 R&D 연구센터를 운영하고 있고, R&D 인력이 1만 3,000명으로 매출의 9% 정도를 연구개발자금으로 투입하고 있다. 보스톤 컨설팅그룹이 1993년부터 1998년까지 전세계 5,316개 기업을 대상으로 연평균 총 주주수익률(TSR)을 기준으로 우수기업 100개를 선정했는데 노키아는 4위에 올랐다.

기업은 돈을 버는 곳이고 또 반드시 돈을 벌어야 한다. 일본 마쓰시타 그룹의 창업주 마쓰시타 고노스케 회장은 "기업이 적자를 내는 것은 사회에 대해 죄악을 저지르는 것이다"라고 말했다. 전적으로 맞는 말이다. 기업은 인력과 자본을 투입해 부가가치를 창출해야만 존재가치를 인정받을 수 있고, 계속기업으로 존재할 당위성을 인정받을 수 있는 것이다. 삼성그룹 이병철 회장은 자주 "기업이 부도를 내는 것은 역적이다!"라고 말했다. 우리 회사는 1996년에 경상이익 207억 원 흑자 기록 이후 5년 연속으로 적자를 시현했으므로 그 동안 사회와 국가에 대해 범죄자였다.

앞에서 언급했지만 우리 회사의 12가지 사업 중 영업이익을 실현한 것은 전용회선사업과 국제전화사업 두 개뿐이었고, 경상이익 면에서는 전용회선사업 하나만 흑자를 기록했다. 시급한 과제는 적자에서 탈출해 흑자구조를 실현하는 것이었다. 그 중에서도 당시 2000년 매출액 중 46%를 차지하는 전화사업이 3년 연속 적자를 기록해 3년 간 1,505억 원의 적자가 누적되어 3년 평균 경상이익률이 마이너스 12%나 되었으므로 주력사업인 전화사업의 정상화가 시급했다. 특히 1995년 서비스를 시작한 이래 6년 간 한 번도 흑자를 기록하지 못하고 있는 시외전화사업의 조속한 정상화가 가장 촉박한 과제였다.

노키아의 성공사례처럼 선택과 집중으로 돌파하기에는 기존 사업 모두가 쓰레기 같아 매각은커녕 귀찮은 존재가 되어버렸다. 노키아 모델을 따른다면 전용회선부터 솔루션까지 수직적 인터넷통합서비스사업만을 선택해 기업시장에 전문화하고 나머지 사업은 매각 또는 철수해야 하는데 가능할 것인가? 이때는 전화, 천리안, 보라홈넷 등 가정시장을 포기하는 것이 되는데 과연 매각이 가능할까? 또한 여기에 따른 구조조정비용을 감당할 수 있을까? 아니면 IBM 모델을 따라서 기존 사업 중 수익성이 없는 사업을 포기하고 수익성이 있는 사업만을 골라 경쟁력 제고를 통해 도전해 볼 수 있을까? 이럴 경우 전용회선사업 하나만 수익성이 있으므로 네트워크사업자로 남아야 하는데, 가입자망 없이 경쟁사업자의 설비를 임대해 네트워크 재판매사업자로서 경쟁력을 확보할 수 있을 것인가? 또한 우리는 IBM처럼 사업방식을 리모델링하기에는 기술력과 자원면에서 너무도 역부족이었다.

참으로 답답하고 속이 타 들어가고 있었다. MBC방송의 〈일요일 일요일 밤에〉 프로그램의 '러브 하우스' 코너에서나 볼 수 있는 낡은 초가집이 연상되었다. 기둥은 썩고 벽과 천장은 다 헐어 무너지기 직전이었으며, 방이고 화장실은 쥐들의 놀이터였고 쓸모없는 물건들로 가득찬 가운데 누울 자리도 없는 상태에다 구성원의 일부는 장애를 앓고 있는 참으로 비참한 현실이 직면해 있었다. 또 앞으로 먹고 살아갈 벌이도 마땅히 없어 앞길이 막막한 현실이었다. 그러나 지성이면 감천이라고 했다. 하늘은 스스로 돕는 자를 돕는다고 했다. 우리는 정상화의 의지를 불태웠고 오기를 발동해 보기로 했다.

데이콤은 1991년에 국제전화, 1995년에 시외전화사업을 시작했는데, 시외전화사업은 사업개시 이후 한 번도 흑자를 시현하지 못했고, 그 동안 캐시카우였던 국제전화는 경쟁격화로 2000년부터 경상이익이 적 자로 반전되었다. 적자의 가장 큰 원인은 정부의 통신정책에 기인한 것 으로 파악되었다. 첫째로 100년 간의 한국통신 독점시장에 경쟁도입이 란 미명 하에 후발사업자의 진입을 허가했으나 공정한 경쟁제도가 마련 되지 못해 한국통신의 사실적 독점을 초래했기 때문이었다. 1991년에 데이콤을 국제전화사업시장에 진입시켜 2개사 경쟁체제를 구축하겠다 는 명분이었으나, 실제로는 정부가 한국통신시장의 30%를 강제로 데이 콤으로 이전케 했고, 데이콤의 국제전화요금을 5% 더 싸게 허용함으로 써 진정한 경쟁이기보다는 정부와 한국통신의 배려와 관용으로 2000년 까지 시장점유율 28%를 유지할 수가 있었다. 그러다가 1997년 WTO 통신협정에 따라 개방화 · 자유화 정책의 일환으로 시내전화시장에 하 나로통신을, 국제전화시장에 온세통신과 별정통신사업자의 진입을 허 용해 경쟁토록 했으나 이때의 정책실패가 어려움을 맞게된 단초가 되었 다. 당시에 무선통화서비스가 급속히 성장함에 따라 유선통화시장이 수 축될 것이란 예측은 누구나 예견할 수 있었는데 소아마비의 플레이어들 을 시장에 여럿 등장시켰던 것이다. 하나로통신은 시내전화사업만, 데 이콤과 온세통신은 시외전화와 국제전화사업만 하도록 사업권을 주었 기 때문에 종합통신사업자인 한국통신과의 경쟁은 처음부터 불가능한 상태였다. 2000년에 통신시장 규모는 25조 9,000억 원이었는데, 시내 전화 6조 1,000억 원, 시외전화 1조 2,000억 원, 국제전화 1조 1,000억 원으로 한통, 데이콤, 온세, 별정사업자 150여 개가 통신시장 규모의 10%도 안 되는 2조 3,000억 원의 작은 시장을 놓고 마치 호랑이 한 마 리와 여러 마리의 개가 싸움을 전개하는 형국이 되어 비참하고 곤혹스 러운 현실을 가져왔다.

둘째로 후발사업자에게 사업권을 주어 경쟁토록 허용했으나 통신의 필수설비인 기간망, 가입자망, 관로권 등을 한국통신이 독점적으로 보유하고 있어 후발사업자는 최소한의 독자 네트워크 구축을 위한 과대한 투자부담과 네트워크 임대사용료의 과다지급 등으로 한국통신의 비용우위, 접속우위, 고객우위에 대항해 경쟁할 수 없는 지위로 전락하게 되었다. 미국, 유럽 등 다른 나라에서는 통신필수설비의 자유로운 이용권과 시장점유율 50% 이상에 대한 규제로 유효경쟁체제를 보장해 주고 있으나 우리는 그렇지 못해 경쟁체제 도입 후 5년이 지난 뒤인 2000년 통신시장은 여전히 한국통신이 시내전화 99.4%, 시외전화 81.9%, 국제전화 47.5% 점유로 사실상 독점구도가 유지되고 있어 경쟁도입정책이 실패했다는 것을 증명해 주고 있는 것이다. 하나로통신의 시내전화시장 점유율은 0.6%, 데이콤과 온세통신은 시외전화시장에서 각각 15.5%와 2.6%, 국제전화시장에서 24.6%와 10.9%를 차지했는데, 별정통신사업자가 국제전화시장에서 17.0%를 차지하며 크게 성장했으나 이는 덤핑의 결과로 공정한 경쟁시장이 형성되었다고 보기는 어렵다.

셋째로 시내전화사업자와 이동전화사업자에게 접속하는 접속료가 너무나 비쌌다. 앞에서 언급한 것과 같이 시외전화의 경우, 당시에 매출액의 53%를 부담했고, 접속료가 1990~2000년 사이 연평균 27.8%씩 인상되어 수익성을 확보할 수 없었다.

넷째로 전화요금이 국제 가격에 비해 저렴했을 뿐만 아니라 시외통화권역이었던 수도권이 정치적 선심대책의 일환으로 시내통화권역인 서울시내통화권역으로 편입되면서 수도권통화 비중이 50%였던 데이콤과 온세통신은 자사 가입자에게 통화시마다 보조금을 지급해야 하는 꼴이 되었다.

전화사업의 만성적 적자의 다른 큰 원인은 데이콤 자체에 있었다. 첫째는 정부의 제도개선을 유도하는 노력을 소홀히 했던 것이다. 어떤 수단과 방법을 동원해서라도 정부와 한국통신을 설득했어야 했다. 더구나 체신부 관료 출신들이 최고경영자였고, 한국통신 출신의 임원도 있었다는데 이들이 최소한의 애사심이 있었다면 관철할 수 있었을 것이다. 둘째는 과도한 투자였다. 5년 동안 시외전화사업을 위해 3,800억 원을 투자해 누적손실액이 3,150억 원이나 되었는데, 이 중 상당액이 통신국사 건설에 투입되었다. 우리 회사는 당시에 자가 통신국사가 92개, 임대 통신국사 100여 개가 전국에 산재해 있었는데, 자가 통신국사 대부분이 1990년대 전반에 건설되었다. 물론 통신사업자는 자가 통신국사를 보유해야 설치된 장비를 이전하지 않고 영구히 사용할 수 있지만, 너무 과다한 투자를 해 대부분의 자가 통신국사가 건축한 지 10년 이상이 지났는데 내가 순시할 때는 건축 면적의 반 이상을 텅텅 비워두고 있었다. 이런 투자를 질책했더니 엉뚱하게 통신국사 건설과 관련한 경영진의 비리소문을 들었다고 변명했다. 그리하여 비용절감 차원에서 전사적인 임대촉진을 서둘렀고, 지방출장 때마다 점검해 상당한 성과를 거두었지만 사업의 수익성을 악화시키는 요인이 되었던 것이다. 셋째는 유통망수수료가 과도하게 지급되었고 사업자 간 유치경쟁이 너무 심했다. 당시 시외전화에는 소비자가 사업자를 선택하는 사전선택제가 시행되고 있었는데, 데이콤 가입자는 195만 명, 온세는 30만 명, 한통은 1,900만 명으로 이들 간에 뺏고 뺏기는 싸움을 하면서 사업자 간에 출혈경쟁을 하고 있었다. 심지어 유통망에서는 이를 악용해 유치한 고객을 다시 3개월 후에는 다른 경쟁사업자에 유치해 준 뒤 유치수수료를 챙기고, 또다시 3개월 후에는 원래 사업자에게 유치해 주는 돌려막기를 하고 있었다.

어떻게 해야 할 것인가? 사업매각의 방법이 가장 바람직하지만 한국통신은 속으로 독점적 지위를 강화할 것이므로 헐값에 매수할 가능성이 있었지만, 정부가 10여 년 간 추진해 온 경쟁도입정책이 일거에 실패했다는 사실을 자인해야 할 것이므로 절대로 허가하지 않을 것은 자명하고, 온세통신은 데이콤 전화사업을 매수하고는 싶겠지만 돈이 없었다. 다른 대안은 유선전화시장은 차차 무선전화사업자에게 넘어갈 것이 분명하기에 제2의 천리안사업 신세가 되는 것은 시간문제인데, 사업권을 반납하고 철수하는 방법이다. 이는 수익성이 없는 사업에서 일찍이 발을 빼는 것이 현명하나 정부가 허가해 주지 않을 것이고, 또한 철수에 따른 매몰비용이 당시 계산으로 1,470억 원으로 집계되었는데, 이미 쌓여 있는 경영부실 금액이 3,500억 원이나 되어 이 문제의 해결 길도 막막한데, 엎친 데 덮치면 회사는 망하는 것이다. 또 다른 방법은 시내전화사업권을 획득하면 접속료부담을 줄이고 LM시장에 자동 진출하는 효과는 있겠지만, 하나로통신이 5년 간 0.6%시장점유율 확보에 그친 선례를 가입자망과 최종 구내인입선이 없는 데이콤이 되풀이할 것은 명백하고, 그렇다고 정부가 50% 이상 시장점유 회사에 대한 비대칭적 규제를 도입한다는 것은 해가 서쪽에서 뜰 일이다. 우리는 이 문제를 놓고 수없는 토론을 전개했다. 그러나 묘수가 없었다. 우리들의 결론은 전화사업의 고정자산에 대한 감가상각이 끝나는 2007년까지 독자생존 기반을 마련한 후에 분사를 하던가, VOIP(Voice over Internet protocol)시장에 선발주자로 진출해 보자는 것이었다.

그리하여 정부에 대해서는 요금인상, 접속료인하, 수도권통화대역 조정 또는 2, 3대역의 통합, 사업허가권료 면제, 비대칭적규제 도입 등을, 한국통신에 대해서는 유통망수수료 조정, 전화요금의 빌링대행, 가입자유치경쟁 자제, 접속료 인하, 요금인상 공동노력 등을, 자체적으로는 가입자회선 중 적자회선 정리, 유통망수수료 조정, 정산요율 인하교섭, Direct Dacom회선 정비 및 별정사업자 임차료 인상 및 정리, 광고

비등 모든 비용의 10% 삭감 등 독자생존방안을 마련한 뒤에 All-Court Pressing 작전을 하위직부터 최고경영자까지 사생결단하고 실천해 나갔다. 우리는 사업권반납을 배수진으로 치고 정부와 한국통신을 레벨 투 레벨 접촉으로 설득해 나갔다. 우리는 우리의 요구가 관철될 때까지 진도개정신을 발휘하자고 다짐했었다.

정부는 드디어 그해 10월 30일 '시외전화시장의 경쟁 활성화 방안'을 발표해 비대칭적 규제와 LM시장개방, 수도권 통화대역 조정을 제외하고 우리들의 요구를 대부분 수용하면서 6년 만에 시외전화사업의 흑자기반을 마련할 수 있었다. 또한 한국통신과도 원만히 대화와 타협이 진행되어 과당경쟁에 따른 출혈을 막을 수 있었고, 내부의 Cut-10 프로그램도 차질 없이 실천되어 나갔다. 이러한 노력의 결과로 전화사업은 2000년에 영업이익 323억 원 적자, 경상이익 764억 원 적자에서 2001년에 영업이익 676억 원의 흑자로 전환하는 데 성공했고, 경상이익은 80억 원이 적자였으나 전년보다 680억 원이 줄었다. 2002년에는 콜렉트 콜, 다자간 통화, 평생전화 등 신규 부가전화서비스상품의 개발출시로 시외전화 매출이 전년보다 16.5%나 늘어나는 데 힘입어 전화매출액이 4,987억 원으로 전년 대비 7.3%가 늘어났고, 영업이익 651억 원을 실현해 영업이익률이 13.1%, 경상이익은 467억 원에 이익률 9.4%로 5년 만에 흑자로 전환했다. 3년 간 경상이익이 적자였던 국제전화사업도 흑자를 시현했다.

2003년에 전화사업은 경기침체와 미수채권 증가로 전년보다 2.5% 감소한 매출이 4,868억 원, 영업이익 545억 원, 영업이익률 11.6%였고, 경상이익은 파워콤 인수비용 배부에 따라 59억 원의 적자를 시현했다. 특히 시외전화사업은 2000년 영업이익 357억 원 적자에서 6년 만에 2001년 453억 원의 흑자로, 경상이익 539억 원 적자에서 75억 원의 흑자로 반전된 뒤, 2002년 이후에도 흑자구조를 유지해 회사의 캐시카우 역할을 수행했다. 그러나 전화사업의 매출이 지난 1996~2000년 4년 간 3.2%성장에 이어 2000년 4,595억 원에서 2003년 4,868억 원으로 기간 중 5.9% 성장에 그친 것은 유선통화시장의 수명이 끝나가고 있다는 신호였다. 특히 국제전화가 2000년 2,688억 원 매출에서 2,024억 원으로 25%나 줄었는데 이는 과당경쟁에 따른 요금인하와 이동전화로의 이전 때문이었으나 우리 회사의 시장점유율이 24.6%에서 17%로 떨어진 것은 우리가 시장실패자였다고 자인해야 했다. 기간 중 시외전화매출은 1,903억 원에서 2,770억 원으로 45.5%가 늘어났는데, 이는 시내사업권이 없는 한계를 극복하기 위해 부가전화서비스 상품개발에 역량을 집중했기 때문이다. 2000년 당시에는 부가상품의 매출이 시외전화매출의 10% 정도였으나 2003년에는 약 6배가 늘어난 1,138억 원의 매출로 그 비중이 41%로 높아졌다. 우리가 방향을 잘 잡았던 것이다. 시장점유율 면에서 시외전화 기본상품은 기간 중 13%에서 11%로 떨어졌으나, 부가상품은 20%에서 33%로 시장점유율이 상승했던 것이다.

이로써 회사매출의 약 50%를 차지하는 전화사업이 천신만고 끝에 흑자기반을 마련했으나, 이제는 캐시카우 역할을 수행할 수 있도록 영업이익률 20% 이상을 달성해야 하고, 부가상품 개발에 더욱 힘을 써서 2007년 감가상각이 끝나기 전에 제2의 천리안사업으로 전락하는 것을 막기 위해 새로운 성장사업으로 대체되도록 준비하는 데 힘써야겠다고 생각했다.

1980년대 후반부터 등장한 인터넷사업이 급속한 성장과 더불어 새로운 성장사업으로 주목을 받았다. 데이콤도 1995년에 보라넷이란 브랜드로 기업인터넷접속사업을 시작했고, 2000년에 보라홈넷이란 브랜드로 가정인터넷시장에 후발사업자로 뛰어들었다. PC통신도 광의의 인터넷사업으로 본다면 1988년에 천리안사업을, 1991년에 전용회선사업을, 2000년에 e-Biz사업을 시작했고, 같은 해 업계 최초로 KIDC란 자회사를 통해 인터넷데이터센터사업을 시작했다. 취임 당시에 모든 사업이 문제사업이었지만 그런 가운데 주력사업, 성장사업, 문제 또는 퇴출사업으로 분류해 정책의 우선순위를 두고, 영업이익과 경상이익에서 흑자를 기록했던 1996년을 기준으로 2000년까지 4년 간 사업별 실적을 분석, 구조조정 방안을 마련했다.

인터넷사업은 천리안 매출을 포함해 기간 중(1996~2000년) 매출 비중이 27%에서 52%로 전화사업매출 비중을 앞질렀고, 매출이 연평균 52.4%씩 증가했으며, 2000년에 경상이익은 적자였으나 영업이익이 350억 원의 흑자를 시현, 영업이익률 6.8%를 기록했다. 또한 전화와 천리안 중심의 가정시장은 기간 중 24% 증가에 그쳤으나 기업인터넷과 전용회선 중심의 기업시장은 214%가 즉 연평균 54%가 늘어나고 있었으므로 우리는 당분간 기업인터넷시장 확대에 집중하기로 했다. 가정시장의 매출 비중이 62%였으나 이 중에 천리안사업은 퇴출 대상이고 가정인터넷사업은 후발사업자로 성장성에 한계가 있었으며 유선전화사업은 이동통신으로 전이하고 있었다. 기업시장은 매출 비중이 36%에 불과하고 수익성에 문제가 있었으나 연평균 성장률이 높아 수익성을 개선해 주력사업으로 육성할 만하다고 판단했다. 그리하여 주력사업을 국제전화, 시외전화, 기업인터넷, 전용회선사업 등 네 가지로 정하고, 먼저 적자구조를 흑자구조로 바꾸기 위해 수익성개선에 초점을 두고 조속한 정상화로 회사의 캐시카우 역할을 담당토록 했다. 한편 성장사업으로는 시내사업권이 없는 한계를 극복하기 위해 부가전화서비스사업, 매출규모는 작지만 연평균 57%씩 성장하는 e-Biz사업, 1997년에 시작해 매출액이 94억 원에서 266억 원으로 크게 증가한 공공기관 인터넷사업인 초고속국가망사업, KIDC의 인터넷데이터사업 등 네 가지로 정하고 역량을 집중해 성장사업으로 키워나가기로 했다. 또한 천리안, 가정인터넷사업인 보라홈넷, 위성전화사업인 글로벌스타, 기술이 낙후된 교환회선사업과 위성중계 및 B-WLL사업은 퇴출사업으로 분류한 뒤 매각, 분사, 철수 또는 정상화를 위해 노력해 보기로 했다.

앞에서 설명한 것처럼 전화사업은 제도개선과 비용절감을 통한 수익성개선으로 주력사업으로의 면모를 갖추었고, 천리안사업은 분사와 합병을 통해 재도약의 발판을 마련토록 했다. 그 다음 주력사업으로 키워야 할 기업인터넷사업과 전용회선사업은 조속히 흑자사업으로 전환해야 하고, 기술의 낙후로 수요가 감퇴하는 교환회선사업은 신기술로 대체하면서 적자가 나지 않도록 해야 했다. e-Biz사업과 공공기관 인터넷사업, 그리고 KIDC사업은 신상품 · 신기술개발로 매출을 확대해 주력사업으로 성장시키기로 결론을 내었다(초고속국가망사업은 ATM기술의 성공에 힘입어 2002년부터 성장사업에서 주력사업으로 지위를 변경했다).

기업인터넷사업 중 일반기업과 PC방을 대상으로 하는 보라넷사업은 성장성이 높았으나 6년 동안 만성적인 적자사업이었다. 또한 공공기관을 대상으로 하는 인터넷사업은 투자비를 정부가 부담하기 때문에 매력적이었지만 공공기관들은 당연히 공기업인 한국통신을 선택하므로 마케팅에 어려움이 많았다. 그리하여 우리는 새로운 기술과 차별화된 비즈니스모델로 도전하고, 가격과 품질의 차별화와 고장장애 처리의 신속함 등으로 고객만족에 최선을 다하기로 했다. 특히 2001년 7월 '고장장애와의 전쟁'을 선포하고 고장장애 감소에 전직원이 동원되었다.

우리 회사는 보라넷사업을 1994년부터 준비해 1995년에 출시, 그해 매출액 5억 원, 1996년 46억 원, 2000년에는 매출 1,378억 원으로 급성장했으나, 6년 간 연속으로 영업이익은 적자를 시현했다. 초고속국가망 사업도 1997년 매출액 94억 원으로 시작해 2000년에 266억 원으로 증가했으나, 역시 4년 연속 적자를 기록하고 있었다. 적자를 흑자로 바꾸기 위해서는 원재료인 전용회선 사용료를 줄이고 고장장애를 최소화해야 했으며, 설치비를 절감해 고객에게 부담을 줄여주어야만 가능할 것으로 판단했다.

2001년 여름 어느 날, 전주 지역을 순시하다가 PC방을 대상으로 시험운영 중인 메트로 이더넷(Metro Ethernet)방식을 발견하고 장단점을 세밀히 분석했다. 종전의 방식인 Point to Point를 연결하는 TDM(Time Division Multiplexing)방식보다 구성장비가 간소해 투자비가 30%저렴하고, 고객측에서도 속도가 2메가에서 10메가로 빨라지며 라우터장비가 필요없어 개통원가가 25% 정도 저렴했다. 또한 네트워크장비 간의 연결이 줄어 고장장애율을 반 이하로 줄일 수 있다는 장점을 발견하고 메트로 이더넷방식을 전사적으로 채택하기로 결정했다. 메트로 이더넷 방식이란 우리국사와 고객 간 1대 1개통방식이 아니라, 같은 구역 내에 있는 여러 고객을 근방에 있는 Switching Hub Node에서 각각 연결한 뒤 회사국사에서 Hub Node까지는 100메가 또는 200메가급, 더 나아가 1기가급까지도 광케이블로 연결해 고객에 10메가씩 분산해 주는 새로운 개통방식이었다. 당시 대학주변에 밀집되어 있는 PC방이나 산업공단 또는 농공지구에 밀집한 중소기업들에게 인터넷에 연결해 주는 방식으로는 경제적이었다. 우리는 이 방식에 대해 조속히 BM(Business Model)특허를 신청하고 각 지사별로 상품설명에 들어갔다. 1997년 데이콤에서 국내 최초로 PC방을 출시했으나 후발사업자인 한국통신의 물량작전에 밀려 2위로 추락한 쓰라린 경험 때문에 BM특허를 출원토록 했던 것이다. 그해 10월 10일~23일 간 대덕연구소, 수원, 용인 등에서 이더넷장비와 서비스 시연회를 가진 다음 전국적인 영업에 들어갔고, 본사에 인터넷기술지원팀을 만들어 전직원이 1인당 5개 고객을 전담해 애로사항 해결에 나섰다. 나도 도곡동, 대치동 지역에 위치한 5개 PC방을 맡아 한 달에 한 번씩 방문했다. 한편으로 전용회선사용료가 15% 저렴한 파워콤 회선을 사용하는 협상을 시작해 그해 12월 양사 간 전략적 제휴협정을 체결했으며, '보라파워넷'이란 브랜드로 본격적인 영업을 전개했다.

2000년 말 보라넷 가입자는 기업이 4,135개, PC방 6,869개, 해외기업 81개로 월평균 115억 원의 매출을 일으키고 있었다. 당시 우리 회사의 시장점유율은 기업시장 22%, PC방시장 30%로 한국통신의 각각 46% 다음으로 2위였으나, 해외기업에 제공하는 NSP(Network Service Provider)는 우리가 46%로 한국통신의 16%보다 우위에 있었다. 고객당 평균 매출액이 기업은 월 163만 원, PC방은 월 72만 원으로 기업시장에 대한 마케팅을 강화하기로 하고, 기업인터넷시장 목표를 3년 후 50%로 정했다. 물론 흑자를 달성하겠다는 의지가 더 우선이었다. 나는 경쟁우위의 새로운 원천은 꿈과 야망이라고 강조하면서 전국 지사별 우리 고객을 방문하면서 직원들을 독려해 나갔다. 문제는 적기개통과 고장장애였다. 특히 고장장애는 새로운 이더넷 방식을 한국최초로 채택한 것이어서 안정화되지 못한데다가 전용회선을 한국통신이나 파워콤으로부터 임대해야 했는데, 한국통신은 우수고객에 대한 개통은 의도적으로 임대를 기피했고, 파워콤은 건물인입망이 취약해 적기 개통에 어려움이 있었다. 또한 개통보다 시급한 것이 고장장애 처리였으므로 요원을 우선적으로 투입하다 보니 개통인력의 부족을 호소했다. 우리는 먼저 고장장애와의 전쟁을 선포하고 고장장애율을 줄이는 데 혼신의 힘을 기울였다. 전쟁선포 당시인 2000년 7월 고장장애율이 9.5%에서 그해 연말에 6.7%로 줄었고, 가장 신고율이 많았던 보라넷서비스는 37.3%에서 22.6%까지 낮추었다. 2002년 말에는 1.7%, 2003년 말에는 0.92%로 크게 낮아졌고, 보라넷서비스도 같은 시점에 11% 및 2%로 각각 떨어졌다. 그리하여 시스코가 전세계 상위 16개사 ISP업체를 대상으로 매년 실시하는 네트워크 안정성 평가에서 99.999%로 우리의 보라넷네트워크가 3년 연속으로 세계 1위의 가장 안정된 서비스망으로 선정되었다.

우리는 고장장애율을 줄여가면서 여유가 생긴 인력을 적기 개통에 투입하고 최종 인입선 투자를 확대하여 적기 개통률을 70%대에서 90%까지 높일 수 있었고, 특히 파워콤의 경영권을 확보한 2003년 1월 이후에는 시너지효과가 나타나 비용 및 투자비절감과 적기 개통 및 고장장애 처리가 빨라지고 고객의 불만은 크게 줄었다. 그러나 2002년 하반기부터 경기침체가 본격화되고 더욱이 내수경기가 극도로 침체되어 많은 중소기업과 PC방의 폐업사태가 속출했다. 게다가 2002년 7월부터 경쟁업체인 한국통신과 하나로통신이 우리보다 1년 늦게 메트로 이더넷 기술방식을 채택, 동일한 상품을 출시하면서 가격덤핑을 자행함에 따라 시장이 교란되어 목표달성에 차질을 빚기 시작했다. 보라넷사업이 만성적 적자에서 6년 만에 2001년부터 흑자로 전환하고, 매출은 2001년에 1,416억 원으로 2.8%, 2002년에 1.3% 증가했으나, 2003년은 1,403억 원으로 2.2%가 감소했다. 또한 영업이익이 다행히 6년 간 적자시현 끝에 2001년에 145억 원 및 2002년 13억 원의 흑자를 기록했으나 2003년에는 PC방 등 중소고객의 폐업이 속출해 미수채권에 대한 과다한 대손이 발생되어 139억 원의 적자를 시현하면서 새로운 탈출구를 모색해야 하는 어려움에 직면했다. 시장점유율은 2000년 25%에서 2003년 30%까지 올라갔으나 당초 목표 50%는 달성하지 못했다. 다만 PC방 고객의

90%와 기업 고객의 48%가 메트로 이더넷 방식을 수용했고 데이콤이 이 방식의 보급에 선도 역할을 담당한 것으로 자위를 삼았다.

한편으로 정부 및 공공기관에 대한 인터넷서비스는 한국통신의 독점 시장이었는데, 우리는 이 시장을 공략하기로 하고 작전을 준비했다. 서비스방식을 종래의 DSL(Digital Subscriber Liner) 방식에서 초고속서비스가 가능한 ATM(Asynchronous Transfer Mode) 방식으로 차별화하고, 한국통신의 장기독점에 따른 고객불만에 대응하여 고객만족을 최우선 지침으로 정했다. 또한 잠재고객의 전산예산 확보를 위해 예산처 등 각 부처를 접촉해 고객 친화적 분위기를 조성하는 등 면밀한 계획을 세웠다. 드디어 우리는 2001년 6월에 공격적인 마케팅에 들어갔다.

우리가 결정적으로 기선을 제압한 것은 충청지사 영업팀이 주축이 되어 한국통신의 온갖 방해와 물량작전에 맞서서 수주경쟁을 벌였던 관세청의 초고속국가망 전환을 위한 사업자선정 과정에 2002년 1월 8일 교수평가위원회의 최종 평가에서 7 : 0으로 완승해 최종 사업자로 선정되는 개가를 올리면서부터였다. 이로써 우리 기술의 우수성이 입증되었고 자신감을 얻었다. 이 프로젝트로 관세청 및 49개세관의 99개 회선을 유치해 연간 27억 원의 매출을 올릴 수 있었고, 이후부터 한국통신의 독무대였던 시장에서 노동부, 특허청, 국세청, 기상청, 법원행정처, 재경부등 여러 공공기관을 우리의 고객으로 만들 수 있었다.

ATM고객을 2001년 6월에 97회선에서 그해 말에는 664회선을, 2002년 12월 말에는 1,396회선을 유치해 시장점유율 45.3%를 차지해 한국통신과 1 : 1경쟁구도로 만들었다. 2003년 말에는 1,831회선을 확보해 시장점유율 46%를 차지했다. 공공기관을 상대로 한 초고속국가망사업은 앞에서 지적한 바와 같이 4년 연속 적자였으나, 정통부가 투자예산을 지원해 주고 ATM방식을 신규로 채택한 결과 흑자전환이란 결실을 거두었다. 초고속국가망사업의 2000년 매출액이 266억 원이었는데, ATM기술의 우수성과 마케팅 차별화로 2001년 316억 원, 2002년 437억 원, 2003년에 547억 원으로 연평균 27.4%의 매출증가를 이룩했고, 사업시작 후 4년 만에 영업이익이 2000년 80억 원의 적자에서 2001년 46억 원, 2002년 81억 원, 2003년 83억 원의 흑자를 시현했다. 이로써 보라넷사업의 고전에도 불구하고 초고속국가망사업의 성공으로 기업인터넷사업의 매출은 2000년 1,644억 원에서 2003년 1,950억 원으로 18.6% 늘어났고, 3년 간 합계 매출액 5,553억 원에 영업이익 229억 원, 영업이익률 4.1%를 실현했다. 그러나 당초 우리가 목표로 했던 시장점유율 50% 달성은 이루지 못했고 기대했던 캐시카우 역할을 수행하지 못해 앞으로의 매출증대와 수익성개선이란 과제로 남았다. 특히 보라넷사업의 수익성에 대한 재검토가 있어야 하고 매출채권관리에 더욱 신경 써야 할 것이며, 전용회선사업은 기존의 빨래줄 영업에서 탈피해 부가상품을 제공하는 토털솔루션 제공을 통해 패키지 상품으로 공략하는 노력이 더욱 요구된다는 결론에 도달했다.

지난 3년 간 회사의 4가지 주력사업의 매출 비중은 전사 매출액 대비 2000년 76.2%에서 2003년 80.8%로 높아졌고 주력사업의 영업이익률이 당시 3.4%에서 2003년 7.7%로 2배 이상이 제고된 것은 비용절감 등 수익성 위주의 경영에서 기인한다. 시외전화 및 국제전화사업의 전체 매출에 대한 비중이 지난 3년 간 46%에 머물었으나, 기업인터넷 및 전용회선사업의 비중이 30%에서 35%대로 높아진 것은 우리가 기업인터넷사업의 정상화에 집중했기 때문이다. 특히 국제전화사업의 매출이 연평균 8.9%씩 감소했음에도 불구하고 전화사업 중 주력사업 매출 비중

이 다소 높아진 것은 전화부가상품의 매출증대에 기인한 시외전화 매출
이 연평균 13.6%씩 증가했기 때문이고, 인터넷사업 중 3개의 주력사업
매출 비중이 2000년 30.3%에서 2003년 34.7%로 높아진 것은 초고속국
가망사업이 높은 성장을 유지한 덕분이었다. 전화사업 중 주력사업의
수익성은 크게 개선되었는데, 이는 접속료 인하 등 비용절감노력과 부
실사업을 과감히 정리했기 때문이다. 그러나 인터넷사업 중 주력사업의
수익성이 2003년에 다시 악화되었는데, 이는 경기침체에 따른 과당경
쟁으로 단가가 인하되고, PC방 등 많은 중소고객들의 부도사태로 미수
채권 대손이 크게 증가했기 때문이었다. 또 우리 회사의 전통적인 캐시
카우사업인 전용회선사업이 회선사업자 간의 과당경쟁과 자가망 구축
이 크게 늘어났으며, 별 도움이 안 되는 보라홈넷사업이 인터넷사업 전
체의 수익성을 짓누르고 있었기 때문이었다.

문제사업의 정리

취임 후 약 9개월 동안 우리들은 팔을 걷고 쓰레기더미처럼 쌓인 문제
들을 하나씩 정리하고 청소하는 데 지쳤다. 아직도 우리 앞에는 청소해
야 할 문제들이 많이 남아 있어 그것들만 생각하면 힘이 빠지고 한숨이
절로 나왔다. 그러나 2001년 3/4분기에 회사가 영업이익 206억 원을 실
현해, 우리의 노력이 작은 성공과 결실로 나타나고 있다는 확신과 자신
감을 얻을 수 있었다.

문제사업의 첫번째는 글로벌스타(Global Star)사업이었다. 이 사업은
인공위성을 통해 음성통화서비스를 제공하는 사업으로 1994년 미국의

Loral사와 Qualcom사의 합작으로 전세계 기업들과 Globalstar Limited Partnership 계약과 함께 시작한 인공위성을 통한 음성전화서비스였다. 데이콤은 1994년 3월 파트너십의 컨소시엄으로 참여하는 계약을 체결하고, 1998년 6월에 국내사업 허가를 획득해 2000년 4월에 상용서비스를 개시했다. 인공위성을 통하기 때문에 기존 서비스보다는 가격이 10배나 비싸고 단말기가 크고 무거웠으며 고가였다. 그러므로 경쟁사업자인 모토롤라의 이리듐사업도 1999년 8월에 파산신청을 하고 그 다음해에 모토롤라가 50억 달러나 투자한 이리듐시스템을 보잉사가 2,500만 달러에 인수해 Iridium Satellite로 2001년 1월 30일에 위성 서비스를 재개했으나 성공하지 못하고 있었다. 한국통신이 여기에 참여했으나 2000년에 큰 손실을 입고 철수했다. 우리 회사는 토지, 건물, 장비 등에 420억 원을 투자해 2000년에 매출 7억 원, 영업이익 40억 원의 적자를 기록했다. 당시 가입자가 136명이었는데, 대당 900달러인 휴대용 단말기 4,800대와 해양 Kit 1,700대의 재고를 보유하고 있었다. 따라서 우선 매각을 검토했다. 투자비 420억 원 중 로랄사와 나스닥시장에 매각해 회수한 금액이 373억 원으로 잔존가격은 262억 원이 남아 있었다. 그 당시 현대전자와 다른 관심업체가 25억~45억 원을 제시했는데, 이는 여주에 있는 16,000여 평의 지구국 땅과 건물값 88억 원도 되지 않았다. 반값 이하인 100억 원 정도라면 거래를 성사하려고 결심했지만 실패하고 말았다. 다음으로 철수를 검토했다. 그러나 문제가 생겼다. 일방적으로 철수할시 파트너십 계약위반으로 3,000만~4,000만 달러의 손해배상을 해야 하고 이 문제로 국제적인 소송이 불가피해 소송비용도 약 40만~50만 달러가 소요되며, 가입자 보상문제도 따른다는 것이었다. 이러지도 저러지도 못하는 처지였다. 하는 수 없이 살리는 방안을 찾아야 했다. 결국에 단말기 가격을 50% 인하하고, 통화요금을 20% 정도 내려 가입자 2,000명만 확보하면 영업이익이 플러스로 될 수 있겠다는 판단이었다. 조직을 코스트센터였던 위성지구국의 한 파트에서 분리해 전화사업부의 글로벌스타사업팀으로 독립해 프로피트센터 기능으로 전환한 다음, 전 지사에 가입자유치 목표를 부여하고 전사적 영업활동에 들어갔다. 마케팅 대상을 어선에 국한하지 않고 상선이나 기상청, 각 시도의 비상연락망, 또한 한국 선박뿐 아니라 대만, 중국, 러시아 선박으로 범위를 넓혀나갔다. 그리하여 2001년 12월 말에는 가입자가 700명으로 늘어났고 2002년에는 태풍 '루사' 이후 전국 기상청의 비상연락망으로 채택되었으며 2003년에는 태풍 '매미'로 인해 내무부와 전국 시도간 비상연락체제로 채택되었다. 그 결과 가입자가 2002년 12월에 1,660명, 2003년 12월 2,860명이 확보되었고 영업이익은 2001년 30억 원 적자, 2002년 24억 원 적자에서 드디어 2003년에는 1억 4,300만 원의 흑자를 시현해 흑자구조를 만들었다. 당시 장부가격 262억 원을 경영부실로 떨어내지 않아도 되었으니 그나마 다행이었다. 그러나 아직도 응급환자를 일반병동에 옮겨놓은 상태와 같아 앞으로 단말기의 경량화, 초고속인터넷 접속, 위성사용료 인하 등 근본적인 해결방안이 마련되어야 했다. 또한 무선데이터통신의 속도를 최소한 128k/bps가 되도록 개발해 모든 선박의 위치와 화물정보를 추적하고, 사고자동차 및 도난차량의 위치추적, 전력선 및 통신인프라의 고장장애점검 등이 가능하도록 사업화해 보기로 했다.

그런데 이 사업에도 지뢰가 묻혀 있었다. 온세통신으로부터 제보가 있어서 실무팀으로 하여금 조사에 착수했다. 온세통신은 1996년 11월 위성지구국용 토지매입 당시 부동산중개소로부터 실제 거래가격은 평당 3만 원으로 하면서 계약서는 평당 10만 원으로 작성해 그 차액 상당 금액을 비자금으로 조성할 수 있도록 해주겠다는 제의를 받았으나 회사로부터 혼쭐나서 도망갔다는 것이다. 우리 회사는 글로벌스타사업을 위해 1996년 9월 여주군 가남면에 소재한 토지 1만 6,000평을 매입했고, 온세통신은 두 달 뒤인 1996년 11월 국제전화용으로 같은 면 내에 위치한 토지 4만 4,000평을 매입했는데, 우리는 평당 평균 11만 원으로, 온세통신은 2만 8,600원으로 매입했다. 동일한 위치와 해당토지의 공시지가 등을 감안했을 때 더 비싼 가격을 지불할 이유가 없는데도 우리는 평당 8만 원 이상 더 지불한 것으로 조사되었다.

두번째 문제사업은 가정용 초고속인터넷사업인 보라홈넷사업이었다. 이 사업은 기술의 변화를 감지 못하고 진입시기를 놓쳐버린 대표적인 사업으로 우리 회사의 계륵같은 존재였다. 파워콤을 인수한 뒤 2003년 1월부터 경영권을 장악한 후 확인한 사항인데, 1997년 가을부터 파워콤(당시 한국전력)은 광동축케이블의 매출확대를 위해 당시 천리안의 가입자 300만 명을 확보, 업계 1위였던 데이콤과 초고속인터넷사업을 위한 전략적 제휴를 추진했다. 한국전력의 담당자들은 이를 위한 MOU를 체결하기 위해 데이콤 사람들에게 술 사주고 골프치면서 설득해 1997년 12월에 실무자 간에 서명까지 마쳤다. 그러나 이 약속은 지켜지지 않았고 그 이유를 아는 사람이 한 사람도 없었다.

앞에서 지적했지만 AOL이 이미 1995년에 광동축케이블을 이용한 초고속인터넷서비스를 시작했고, 국내에서도 두루넷이 파워콤과 계약을 체결하고 1998년 7월에, 하나로통신이 1999년 4월에 초고속인터넷사업을 시작했는데도 우리는 이미 1998년에 천리안의 우수고객이 급격히 빠져나가는 징후가 있었음에도 불구하고 막대한 투자비를 '천만 국민 천리안' 사업에 쏟아 붓고 있었다. 만약 당시에 1997~2000년 사이에 천리안에 투자된 1,283억 원의 반이라도 가정용 초고속인터넷사업에 투자했더라면, 가정용 인터넷서비스의 선두자리를 유지하고 또 CHOL 웹 포털과의 번들상품 제공으로 데이콤의 도약을 이룩할 수 있었을 것이다. 파워콤은 데이콤과의 전략적 제휴가 실패하자 1998년에 두루넷을 끌어들여 초고속인터넷사업을 시작했고, 7개월 후에 하나로가, 2000년에는 KT가 메가패스로 후발사업자로 진입했다. 데이콤은 뒤늦게 후발사업자로 이 시장에 뛰어들었으나 시장은 이미 선점당한 뒤라 가입자를 10만 명도 확보치 못해 시장점유율 2%로 최하위에 머물렀다. 2000년 당시 하나로가 130만 명, 두루넷이 75만 명, 드림라인이 16만 명의 가입자를 확보하고 있었다. 2001년 3월 취임 당시에 회사는 이미 보라홈넷사업에 529억 원을 투자했고, 2000년에 매출 124억 원에 영업이익 82억 원의 적자를 기록하고 있었다.

이러한 상황에서 우리는 사업철수 또는 매각을 검토했다. 매각에는 경쟁사들이 관심이 없었다. 또 데이콤이 이 사업을 매각 또는 철수를 추진하고 있다는 기사가 보도되고 난 뒤에 우리가 가입자망을 이용하기로 계약한 중계유선사업자들이 나를 찾아와 집단행동을 하며 사업정리시에는 손해배상을 위한 소송을 제기하겠다고 떠들었다. 당시에 데이콤과 41개 중계유선사업자가 55 : 45비율로 수입을 배분하게 되어 있었고, 아파트 단지 내 78개 협력업체에 유통수수료 약 30%를 지급하고 나면 감가상각비도 남지 않았다. 따라서 이러한 사업구조로는 당연히 정리해야 마땅했고, 또 당해년도에 투자도 약 100억 원이 추가되어야 하는 것도 부담이었다. 사업의 브레이크 이븐 포인트가 되려면 최소한 30만 가입자가 확보되어야 했는데, 그것도 가입자 유치 후 22개월이 지나야 가능했다. 실무자의 반대를 무릅쓰고 하나로, 두루넷 등과 접촉했으나 가입자당 8만 원 이상의 비용으로는 절대로 매입하지 않겠다는 것이다. 이렇게 되면 투자비 중에 80억 원을 회수할 수 있으나, 손실액 450억 원과 잉여인력이 문제였다. 참으로 난감한 처지였다. 결국에는 수익성 위주로 비용절감 노력에 집중해 영업이익을 흑자구조로 만들어놓은 후에 그때 가서 다시 방향을 정한다는 결론을 내렸다. 그리하여 2001년 말 가입자 12만 5,000명에 매출액 392억 원, 영업이익 적자를 30억 원으로 줄이고, 2002년 말에는 가입자 15만 명으로 매출액 517억 원, 영업이익 34억 원의 흑자사업으로 전환하는 데 성공했다. 2003년에는 디지털방송, 인터넷전화와 초고속인터넷 그리고 CHOL과 화상회의 등 멀티미디어 패키지상품 출시를 준비하면서 보라홈넷 가입자 30만명 확보를 목표로 공격적 영업으로 전환했는데, 그 결과 가입자는 20만 명으로 늘었으나 시장점유율은 1.8%에 머물렀다. 매출은 32.8%가 늘어난 517억 원을 달성했으나 영업이익은 88억 원의 적자를 시현했다. 그나마 파워콤의 HFC망을 이용해 2003년 약 8만 명의 신규 고객을 유치한 덕분으로 가입자 20만 명을 유지할 수 있었다.

세번째 문제사업은 광대역무선가입자망(Broadband Wireless Local Loop)사업이었다. 시내사업권이 없는 데이콤으로서는 시내전용선의 대체 채널로 활용하기 위해 1999년 6월에 정통부에 출연금 190억 원을 납부하고 사업권을 획득해 2000년 5월 강남과 송파에 시범 서비스를 실시했다. 이 서비스는 미국과 같은 광활한 지역에 산재해 있는 지방고객에게 인터넷서비스를 제공하기 위해 개발된 기술이다. 장애건물이 없는 지역에서는 서비스가 가능하지만 우리나라 도시처럼 건물이 밀집된 지역에서는 주파수의 장애 때문에 서비스가 상용화 될 수 없는 현실이었다. 충분한 검토 없이 하나로통신이 주파수를 할당받는다니까 '남이 장에 가면 썩은 거름지고 따라간다!'는 속담처럼 덜렁 사업권을 받아 장비를 구매하고 시범 서비스에 들어갔다. 하지만 처음부터 상용화될 수 없는 것이다. 더구나 곧이어 무선랜 기술이 등장하고, 또 이동전화에서 데이터통신이 상용화되므로 쓸모없는 쓰레기로 전락하고 말았다. 그간 정통부에 출연금 반납을 요청했으나 성과가 없었고, 2001년과 2002년에는 손실로 털어낼 수 있는 여력도 없었기 때문에, 기다렸다가 2003년에 출연금 190억 원과 개발비 23억 원, 장비 15억 원 등 총 투자비 228억 원 중에서 감가상각비를 제외한 잔존가격 181억 원을 투자손실로 떨어버리고 철수했다.

네번째 문제사업은 위성지구국사업이었다. 데이콤은 1991년 국제전화사업을 시작하면서 국제전화용 위성회선을 확보하기 위해 211억 원을 투자해 아산에 대지 2만 평을 확보하고 대형 안테나 등 통신설비를 구축해 1992년 7월 7일에 개국했다. 당시에는 대단한 설비였으므로 정부의 여러 각료들이 개국식에 참석해 개국 테이프를 끊었다고 했다. 당시에는 국제전화통화량의 90%를 위성을 통해 수용했으나, 취임 당시에는 겨우 10% 미만으로 줄었고, 저렴한 해저케이블이 전화용량의 90% 이상을 담당하고 있어 고철이나 다름없었다. 1980년대 후반부터 경쟁력이 있는 해저케이블의 수요가 급속히 확산되고, 1990년대 초반에는 일반화가 되어 위성지구국 수요는 급격한 감소추세에 있었다. 따라서 우리 회사는 대안으로 1995년 7월 이후 국제방송중계사업을 위해 210억 원을 투자해 지구국에 32명이 위성네트워크를 운용하고 있었다. 당시에 손익을 따져보니 매출 156억 원에 영업이익 17억 원으로 방송중계사업에서 수익을 올려 연명하고 있었다. 그러나 기술수명의 종료와 사업성의 한계에 따른 매출감소로 적자시현이 예상되었다. 2000년에 국제전화용 매출은 59억 원이었으나 영업이익이 21억 원 적자였고, 방송중계용은 58억 원 매출에 5억 원 흑자, 미8군 전용회선은 27억 원 매출에 약 2억 원의 흑자를 기록했다. 더구나 오래된 용산사옥 건물의 옥상에 무게 12톤의 안테나가 설치되어 있어 건물의 안전에도 문제가 되었다. 그렇지만 감가상각이 끝나는 2004년까지 버텨야 하므로 네트워크사업부에서 분리해 방송중계, 국제전화전송, 미8군 전용회선 등의 사업을 영위하는 방송중계사업팀을 새로 설치해 프로피트센터로 바꾸었다. 또 앞으로 방송중계사업에 집중키로 하고 네트워크사업부 소속에서 인터넷사업부로 소속을 바꾸고 인원을 절반으로 줄였다. 또 2만 평의 넓은 대지와 1,000여 평의 건물을 활용해 직원연수원으로 개조하고 사택의 대부분을 매각했다. 또한 용산사옥의 안테나를 철거했다. 이로써 방송중계사업의 매출은 2001년 52억 원에서 2002년 76억 원으로 늘었으며, 영업이익도 7억 원 적자에서 16억 원의 흑자로 전환했다. 그러나 2003년에는 국내 경기침체와 뚜렷한 국제행사가 거의 없어 다시 매출이 58억 원으로 줄고 영업이익에서 6억 원의 적자가 발생했다. 국제전화매출액은 위성회선에 대해 전화사업부에서 내부거래 대가로 지급한 것으로 2000년 59억 원에서 2003년 38억 원으로 줄었다. 2004년 이후에는 지구국을 매각 또는 연수원으로 전환하겠다는 당초 계획대로 교육장으로서의 활용도는 높아졌으나, 이 사업은 감가상각이 끝나는 2004년 후에 철수 또는 매각을 추진하기로 했다.

6
체질개선을 위한 경영혁신 활동

고장장애와의 전쟁선포

취임 후 약 20일이 지났을 때, 한 고객으로부터 직접 전화를 받았다. 대단히 화가 난 상태였다. 사장실을 찾아와 도끼로 사무실을 부셔놓겠다고 언성을 높였다. 부천에서 PC방을 운영하는 사장인데 영업을 하다가 고장이 나서 고장장애처리 센터에 전화를 다섯 번이나 걸었지만 받지 않았다고 했다. 여섯번째에 용케 연결되어 고장신고를 했는데, 그 후 감감무소식이었다는 것이다. 하루가 지난 후 다시 전화를 걸었는데, 또 전화를 받지 않는다는 것이다. 고장을 고쳐주지 않으니 또 하루를 공치게 생겼다고 하소연했다. IMF사태로 실직자가된 뒤 퇴직금을 다 털어넣어 PC방을 차렸는데, 하루걸러 한 번씩 고장이 난다는 것이다. 또한 데이콤 직원들은 도대체가 전화를 받지 않는다는 것이다. 한 번 고장이 나면 학생들이 다 빠져나가 그날 영업은 틀렸고, 고장이 자주 난다는 소문 때문에 손님이 끊어지고 이웃 경쟁 가게로 몰려가버렸으니 고장으로 인한 영업 손해를 보상해 달라는 것이었다.

얼마 후 또 한번은 경영위원회를 개최하고 있는데, 직원들의 만류에도 불구하고 성난 고객이 회의실을 박차고 들어와 "사장이 누구냐?"고 고래고래 고함을 질러댔다. 회의를 하다가 중지하고 고객을 내 방으로 모시고 차를 대접하며 차근차근 얘기를 들었다. 그 역시 강북에서 PC방을 경영하는 사장인데, 고장을 신고하기 위해 여러 번 통화를 시도했으나 전화를 받지 않는다고 했다. 이와 비슷한 사건은 수없이 많았는데, 불만의 요지는 우리 회사의 서비스가 고장이 많다는 것과 전화를 받지 않는다는 것, 그리고 고객의 소리를 무시한다는 것이었다. 당시에 모든 직원이 이러한 상황은 자주 경험하고 있었는데도 남의 일로 여기고 그날그날을 보내고 있었다. 사내신문에 나정선 사우와 조은선 사우가 기고한 글은 우리 직원들이 얼마나 고객응대에 소홀했는지를 잘 설명했다.

〈얼굴 없는 전화라고 이렇게 홀대해서야〉

장애처리 센터는 하루종일 전화벨이 울리는 곳이다. 오늘도 출근하자마자 여지없이 전화벨이 울린다. 전용회선 고객이다. 고객의 목소리가 힘이 많이 풀린 듯….이젠 목소리의 톤만 들어도 이 사람이 어떻게 나올지 판단이 선다.

고객은 우리 회사와 사원의 업무태도에 너무 지친 듯하다. 그도 그럴 것이 나에게 전화연결이 되기까지 수없이 전화를 한 모양이다.

고객이 하소연하는 소리를 들으면 틀린 말은 하나도 없다. "어떻게 된 게 데이콤은 고객이 알아서 담당부서를 찾고 쫓아다녀야 하고, 어찌된 게 담당자

와 통화를 하려면 며칠씩이나 걸리느냐?"고객의 맘이 충분히 이해된다. 아
마도 회사측에선 "우리 부서 업무가 아니니 이쪽으로 전화 한번 해보세요!"
그쪽으로 하면 "여기는 그런 업무부서가 아닌데요"라며 엉뚱한 번호를 알
려주고, 이렇게 돌고 돌아온 모양이다. 하지만 얘기를 들어보면 내가 어떻
게 처리해야 할지 알 수 없는 업무였다.

마지막 희망을 걸고 지칠 대로 지친 고객한테 다시 어느 부서로 전화하라는
얘기를 차마 해낼 염치가 없어 "연락처와 성함을 남겨주면 제가 알아서 다
시 연락드리겠다"고 했다. 고객은 많이 속은 듯 "전화 꼭 해주실 거죠?"하
고 다소 의심스러운 듯한 여운을 남기며 재차 확인하고는 끊는다.

고객의 신의를 지키기 위해 관련 부서로 전화를 했는데, 그곳도 아니란다.
이곳저곳 쥐를 잡듯 사내 전화번호를 뒤지기를 수차례… 계속 반복되는 설
명을 다 하고 난 후에야 나 역시 가입자의 심정을 이해할 수 있었다.

사내에서도 이렇게 전화가 돌려지는데, 하물며 고객의 맘은 어떠했을까?
그 동안 나의 업무를 곰곰이 생각해 보면 무심코 전화 돌리는 경우가 많은
데, 다시 한번 확인하고 정확한 전화번호 안내와 업무담당자 이름을 밝혀주
는 것이 좋을 것만 같다. 고객들도 데이콤을 생각하면 "아, 그래! 거기는 신
뢰할 수 있고 믿음직한 회사야!"라고 생각하도록 만드는 길은 우리 임직원
개개인이 한장 한장 벽돌을 쌓아가듯이 실천해 나가야 한다고 생각한다. 나
로 인해 회사의 신뢰를 높일 수도 있고, 떨어뜨릴 수도 있는 것이다. 이것이
우리 회사의 생명력이요 경쟁력이 아닐까? 〈당시 수도권운용본부 서비스지
원팀 나정선 사우〉

〈입으로만 하는 고객만족〉

"따르릉, 따르릉…"

벌써 4통째 거는 전화에 응답이 없다. 혹시나 전화번호를 잘못 돌렸는가!

확인도 해보았지만 분명 우리 회사의 한 부서에서 사용하고 있는 전화번호다. 지금이 오후 2시이니 모두들 퇴근했을 리는 없고, 혹시 회의 중은 아닌가 하는 생각에 10분, 30분 간격으로 계속 다이얼을 돌렸지만 전화는 계속 묵묵부답이다.

전화가 한 번, 두 번 계속되면서 같은 데이콤 직원의 입장에서 화가 나기보다는 안타까운 마음이 먼저 생긴다. 한 부서에 부서원이 한 명은 아닐 진데 아무도 전화를 대신 받아주지 않는다는 것이 있을 수 있는 일인지 이해할 수가 없다.

우리는 항상 입으로는 잘 말한다. "외부고객은 물론 내부고객을 만족시킬 수 있는 서비스를 하자" 하지만 현실은 그렇지 않았다. 물론 여러 가지 일에 어려움이 많겠지만, 내부직원들과의 접촉이 많은 부서에서 일하는 직원들의 전화를 대신 잘 받아주는 것도 일을 처리하는 과정이라고 생각해 주었으면 싶다.

자기 전화가 아니라는 이유로 옆에서 울리는 전화에 무심할 때, 항상 자신의 자리에서 열심히 노력하는 동료들의 얼굴을 한 번쯤 더 생각해 주는 여유를 가졌으면 좋겠다.

이 글을 올리면서 나도 내 옆자리를 다시 한번 돌아보았다. 그리고 저쪽에서 울리기 시작한 전화를 바로 받았다. 〈홍보팀 조은선 사우〉

고객의 불만을 수없이 들으면서 내 속은 분에 못 이겨 부글부글 끓어오르고 있었으나 사원들의 혀를 직접 다스릴 수는 없는 노릇이었다. 임직원들의 기본이 갖추어져 있지 못했고, 고객에 대한 기본소양이 부족했다. 오랫동안 공기업으로 존속하면서 사업권자 위주의 사고와 행동에 굳어 있었다. 목마른 놈이 샘을 판다는 속담처럼 서비스를 이용하는 고객의 답답함은 내 알 바가 아니고, 고객이 떨어져나가도 월급은 나오니

상관없다는 태도였다. 이미 시장에서는 경쟁체제가 도입되어 치열한 전쟁을 치르고 있는데도 직원들의 사고와 행동은 하나도 바뀌지 않았다. 시장의 변화에 무감각한 불감증 환자들이었다. 2000년의 고장장애 신고율이 10%가 넘었었고, 기업인터넷서비스의 경우는 30%, 특히 PC방 서비스는 50%가 넘었다. 고객에 대한 응대체계도 중구난방이었다. 겨우 3,000명 정도가 함께 일하는 작은 회사인데도 고객에 대한 서비스는 제로였다. 이들에게 고객이 직장을 제공하고 월급을 준다고 아침조회 때마다 수없이, 되풀이했지만 전화 한 통도 친절하게 받지 못하고 있었다. 고객의 요구를 외면한 채 얼굴에 철판을 깔아놓고 있었다. 얼마나 한심했으면 한 사원이 전화응대지침을 사내신문을 통해 다음과 같이 제안했을까?

〈작은 것으로부터의 변혁-전화응대〉(2001년 5월 10일)

모든 길은 로마로 통하고, 모든 고객은 전화로 통한다.

현재 인터넷이 많은 부분 생활의 일부가 되었지만, 아직도 전화통화가 더 가까운 게 사실이다. 그만큼 현대 생활에서 전화의 사용은 매우 큰 비중을 차지하고 또 중요한 역할을 수행한다. 그런데 요즘 이러한 전화사용의 중요도나 빈번함에도 불구하고 정작 지켜져야 하고 갖추어야 하는 전화예절에 대해서는 점점 등한시하는 경향이 있어 전화통화가 유쾌하지만은 않은 것 같다. 그리고 데이콤 내의 설문조사결과에서도 알 수 있듯이 전화응대에 관한 불만사항이 가장 많았다(총 958건 중 210건, 22%). 구체적인 내용으로는 주로 "고객상담은 상담실로 전화하라고 한다", "고객의 전화를 무책임하게 돌린다" 등이었다.

그 원인을 분석한 결과 첫째 고객응대의 표준화된 지침의 부재, 둘째 고객상담실 전화번호 무지, 셋째 데이콤 상품에 대한 무관심으로 설명할 수 있다. 위 결과에서 직원들 스스로가 지적한 불만사항을 고쳐나가는 것도 분명히 뜻있는 일일 것이라고 생각된다. 그런 의미에서 데이콤인이 행동해야 할 전화응대 지침을 다음과 같이 제안한다.

1. 전화벨이 3번 울리기 전에 받는다.
2. 자리를 비울시 전화착신을 생활화한다.
3. 전화를 받았을 때에는 먼저 자신의 소속과 성명을 밝힌다.
4. 외부고객의 클레임성 전화는 담당자가 고객에게 직접 연락을 하도록 조치한다. 전화를 절대로 돌리지 않는다.
5. 상품별 상담전화번호는 암기한다.

이상의 내용은 너무 쉬워서(?) 지켜지기 힘든 내용들일까? 이젠 쉬운 것부터 잘 실천하는 데이콤인이 됩시다.〈마케팅전략본부 이수정 대리〉

고객들이 불만 때문에 회사에 전화를 거는 원인을 분석한 결과 첫째로 서비스의 고장장애와 관련된 것이었고, 둘째로 사용요금과 관련된 것이었으며, 셋째로 직원들의 전화나 인터넷 응대에 대한 불만의 순으로 나타났다. 먼저 불만처리 시스템부터 손을 대기 시작했다.

고객 응대율 제고를 위해 일반 고객은 앞에서 설명한 것처럼 본사 조직을 떼어내 콜센터로 분사해 자회사 CICK로, 빌링업무는 SQT로 아웃소싱해 전문화시키고, 전국 각 지사의 콜센터 기능을 폐쇄해 서비스관리팀으로 통합한 후, 고객접속 창구를 전국 동일번호서비스인 1544-0001로 일원화해 ARS기능을 강화했다. 또한 콜센터의 600여 명에게 집중적인 교육을 실시, 1인 다수 상품을 응대할 수 있도록 상품 지식을 폭넓게 인지시켰다. 요금청구 업무와 관련된 문의사항은 아웃소싱을 준 SQT와 CICK 간의 유기적 연결망을 구축했다. 그리고 데이콤 홈페이지에서 고객이 스스로 문제를 해결할 수 있도록 help desk

를 아주 쉽게 만들고 세분화된 Q&A를 구축해 나갔다. 이로써 당시의 고객응대율이 65%전후였는데, 3년 후에는 95% 이상으로 올라갔다. 둘째로 기업고객에 대한 고객응대 창구를 '서비스관리팀'으로 일원화하고, 고장장애 처리는 새로 영업 부문에 설치한 '고객지원팀'에서, PC방 고객의 고장장애 처리는 별도 독립조직으로 설치한 'PC방 지원팀'에서 전담토록 했다. 기업고객에 대해서도 온라인상 홈페이지에서 자발적으로 해결할 수 있도록 보완하고, 특히 PC방 고객을 위해서는 전용 사이트(www.inpl.net)를 별도로 설치 운영했다. 또한 각 사업팀에서는 해당부서에서 제공하는 서비스에 대해 만물박사들을 고객응대 전담요원으로 지정해 전진배치시켰다. 한편으로 CRM(Customer Relation Management) 전담팀을 설치해 고객 특성에 따른 분류, 고객당 수익성, 고객의 개별취향, 충성도 등 다양한 데이터베이스를 구축해 이를 활용하는 등 고객만족을 위한 다각적인 방법을 동원했다. 또한 VIP 고객을 시작으로 정기적인 서비스진단과 자문서비스를 제공하는 Home Doctor제를 도입해 대기업, 중소기업, 금융 및 공공기관에 대한 컨설팅업무를 전담하는 e-Biz컨설팅팀 3개를 설치, 좀더 적극적으로 고객에게 가까이 다가갔다

　문제는 서비스의 고장장애였다. 고장장애 원인의 50% 정도는 장비에 문제가 있었다. 장비를 구매할 때 직접 장비를 설치하고 운영하는 부서에서 테스트하는 것이 아니라 본사 구매팀에서 일방적으로 선정, 구매하기 때문에 현장과 괴리되어 있었다. 또한 고장, 노후장비의 교체투자가 이루어지지 않았다. 그리고 장비를 구매하면 장비 메이커가 제공하는 운용요원 교육을 재대로 받지 못해 운용기술과 정비방법을 잘 알지 못했고, A/S용 부품도 공급받지 못하고 있었다. 그리하여 장비구매 제도를 전면적으로 개편하고 장비구입자가 받는 통상적 서비

스를 모두 받을 수 있도록 하고, 노후장비교체 3개년계획을 세워 고장다발 장비부터 교체해 나갔다. 또한 고객별 전담요원을 배치해 장애발생시 신속하게 처리함과 동시에 발생요인의 사전점검체제를 구축했고, 장애가 특히 많은 보라넷 고객에 대해서는 '장애개선 특공대'를 조직했다. 이러한 노력으로 고장장애율을 3년 만에 10%에서 0.9%로 줄일 수 있었다. 회사 차원에서 고장장애와의 전쟁을 선포하고 전직원의 마인드를 바꾸어나갔고, 고장장애율을 조직평가의 한 항목으로 채택해 다각적으로 공략한 것이 주효했다. 또한 매월 경영혁신 활동 추진보고회의에서 진척사항의 점검과 지원사항의 신속결정으로 탄력이 붙게 되었다.

처음에는 고장장애에 대한 직원들의 불감증, 고객의 이익에 대한 무관심을 가장 큰 문제점으로 파악하고 구성원의 의식개혁에 초점을 맞추었다. 2001년 7월 중순에 직원들이 여름휴가를 시작하기 전 한 음식점에 고장장애와 직간접적으로 관련 있는 임직원들 150여 명을 소집해 '전쟁 출정식'을 열었다. 그리고 각 테이블별로 고장장애와 관련된 스스로의 구호를 큰 목소리로 외치게 했다. 이런 분위기를 몰아 2001년 8월 25일 강남사옥 20층에서 400여 명의 임직원이 참석한 가운데 '모든 서비스에 대한 장애율 0%에 도전한다!'는 의지로 '고장장애와의 전쟁' 선포식을 가졌다. 이날 우리는 '고장장애로부터 해방선언문'을 발표하고 '우리의 결의문'을 낭독했다. 또한 선포식에 참석한 모든 임직원이 '고장 없는 데이콤, 함께하는 고객만족, 무장애로 보답해 고객감동 선봉 되자!'는 구호를 우렁찬 목소리로 외쳤다. 사무실마다 우리의 전쟁 선포를 알리는 현수막을 내걸었다. 우리에게 불만족하는 고객을 열광하는 팬으로 바꾸겠다는 의지를 다짐했다.

우리는 2001년 말에 장애율 5% 이하, 2002년 말 2% 이하, 2003년 말에 0.5% 이하, 그리고 그 이후 2년 내에 무장애에 도달한다는 목표를 정했다. 그러나 사내에서는 우리가 전쟁목표로 선포한 장애율목표 0.5% 달성은 어렵고 힘든 목표라는 부정적인 목소리가 높았다. 또한 일부에서는 일회성 행사로 그칠 것이니 이번 바람만 피하면 된다고 수군거렸고, 장애발생 중 데이콤의 책임영역은 30%가 안 되고 대부분 회선을 제공하는 한국통신, 파워콤 등의 영역에서 발생하는 현실을 감안할 때 무모한 도전이라고 생각했다. 나는 단호했다. 장애율이 10% 이상이라면 누구도 납득할 수 없는 수준이고, 가전제품 등 제조업에서는 물론 부품을 만드는 중소기업에서도 이미 100PPM, 즉 100만 개 중 100개 불량률 0.01% 달성이 거의 일반화되어 있고, LG전자 창원공장에서는 6시그마 달성을 이룩해 100만 개 중 3.4개 불량률 즉 0.00034%를 달성했다는 사실을 강조하면서 독려해 나갔다. 우리가 한국통신을 이겨보겠다는 목표를 달성하려면 차별화를 이루어야 하는데, 손쉽고 가능성이 있는 분야가 고장장애를 줄이는 것이므로 우리는 여기에 승부를 걸어야 한다고 되풀이했다.

2001년 9월 1일, '전쟁추진사무국'을 용산사옥에 설치하고 우수인력을 차출해 본격적으로 전쟁을 수행해 나갔다. 전쟁추진 3개월 만에 그 효과가 나타나기 시작해 무척 안심했다. 2001년 상반기 중 장애율 11%에서 전쟁을 선포한 8월 말 8.3%, 10월 말에는 6.1%로 떨어졌다. 또한 3개월 간 무장애율의 고객비중이 8월 말 92.5%에서 10월에는 93.8%로 매월 기록을 갱신해 가고 있었다. PC방 특공대를 가동한 보라넷의 장애율이 8.2%나 감소해 30% 수준에서 22% 수준으로 개선되어가고 있었다. 2002년 말에는 고장장애율이 3.2%로, 2003년 9월에 드디어 1% 이하인 0.95%로 떨어졌다. 3개월 연속무장애 비중도 2002년 말에는 95% 수준으로, 2003년 말에는 99.1% 수준으로 올라갔다. 특히 고장장애율이 가장 높았던 보라넷서비스는 2002년 말 6% 수준으로, 2003년 말에는 2% 수준으로 낮아졌다.

고장장애의 비용은 너무나 컸기 때문에 이 전쟁은 반드시 성공해야 했다. 나는 미국의 품질경영의 대가인 쥬란(Juran) 교수의 1:10:100의 세 가지 비용법칙을 늘 강조했다. 품질경영의 세 가지 법칙은 첫째 불량품을 만들지 않는다. 둘째 불량품을 고객에 팔지 않는다. 셋째 고객에 전달된 불량품은 신속하게 조치한다는 것이다. 그는 첫째 경우에는 예방비용이 1이라면, 두번째는 불량품자체를 팔지 않았기 때문에 시장에서 테스트하고, 시험해 보는 평가비용이 10이 들어가지만, 세번째는 불량품을 팔아 문제가 생겼으므로 리콜하고 손해를 보상하는 데 100이라는 실패비용이 지출된다는 것이다. 데이콤의 실패비용은 너무나 컸다. 고장이 나면 손해보상을 해야 하고 고치는 데 비용이 투입되지만, 여기서 그치는 것이 아니고 결국 고객을 잃게 된다. 또한 불용회선(dead line)은 제조업처럼 중고품으로 다시 팔수 있는 것이 아니고 버려야 하기 때문에 철거비용이 또 들어간다. 우리 회사의 경우는 1 : 10 : 100의 법칙이 아니라 1 : 100 : 1,000의 법칙이 적용되는 것 같다고 직원들을 일깨웠다. 따라서 서비스 개통시에 만전을 기해 100의 비용이 들어가지 않도록 해야 하고, 개통 후에는 고장이 발생되지 않도록 예방점검을 상시화해 1,000의 실패비용이 들어가지 않아야 한다고 강조했다.

우리는 고장장애와의 전쟁선언 후에 네트워크 부문 운용요원들이 참석하는 운용전략회의를 분기별로 개최했고, 이 전쟁은 네트워크 부문만의 일이 아니고 전사적인 일이므로 매월 경영혁신 활동 보고회의에서 점검해 나갔다. 우리는 3년 만에 고장장애율을 1% 미만으로 줄였으나 당초목표 0.5%는 달성하지 못했다. 이제는 6시그마기법 등으로 반드시

0.1% 미만의 목표를 달성해야 하는 과제를 안고 있다. 연간 평균장애율이 2001년 9.1%에서 2003년 1.2%로 줄었으나, 여기에서 만족할 수 없고 2004년에는 반드시 0.5% 이하로, 2005년에는 0.1% 이하로 낮추어야 한다.

워크아웃 프로젝트

회사별로 부르는 이름은 각기 다르지만 추구하는 목표는 같았다. 도요타자동차는 '자주 연구회'라고 명명했는데, 이는 누구의 지시 없이도 구성원 스스로가 개선해 나간다는 의미를 강조하고 있다. 닛산자동차에서 복합기능팀(Cross Functional Team)이라고 부른 것은 각기 다른 부서로부터 차출된 요원들이 같은 사무실에 상주하면서 동일한 목표달성을 위해 공동으로 과제를 해결해 간다는 점을 강조하고 있다. GE에서는 워크아웃 프로그램이라고 호칭했는데, 이는 부서 간에 장벽을 허물고 고정관념과 전통적 방법에서 벗어나 혁신적인 방법으로 문제를 해결하자는 것으로 일명 Town meeting이라고도 했다. 기업환경이 급변하고 경쟁이 날로 치열해지는 세계화시대에 살아남자는 의지의 표출로 경쟁력 제고를 위한 몸부림이 혁신활동으로 연결되었다. 이들이 추구하는 기본 목적은 수익성 개선과 생산성 향상이었다. 또한 상명하달의 지시경영이 아니라 구성원 스스로 문제해결의 주역으로 자리를 잡고, 이들 모두가 지식근로자로 성장할 수 있도록 육성하자는 운동이었다. 데이콤에서는 처음 시작할 때 주변의 손쉬운 것, 예컨데 비용절감과 업무프로세스 개선에 중점을 두고 추진해 나갔다. 다행히도 구성원들의 자질과 능력이 우수해, 최고경영자의 의지와 방향을 잘 이해하고 따라주어 짧은 기간

안에 혁신활동이 자리잡아갔다.

2001년 7월 19일 대덕연구소에서 경영혁신 활동의 성과를 공유하기 위한 제1회 '상반기 경영혁신추진 성공사례 발표대회'를 개최한 이후 분기별로 전사적인 발표대회를 가졌다. 여기에서 대상을 받은 팀은 푸짐한 시상과 함께 1년에 한 번씩 개최되는 LG그룹 차원의 경영혁신 활동 경진대회인 '스킬 올림픽'에도 참가할 수 있는 자격을 부여했다. 제1회 발표대회에서 대상과 최우수상을 수상한 팀의 활동을 간단히 소개한다.

이날 대상은 네트워크사업부의 서비스관리팀, 전송망담당, 망운용담당, 전국 각 지사로부터 20명이 참여해 약 4개월 간 팀워크를 이루어 노력해 연간 380억 원이란 외부유출경비를 절감한 '발상의 전환' 팀에게 돌아갔다. 처음 발표대회지만 발표팀 모두가 각기 다른 부서에서 참여해 팀워크를 이루었다는 점, 일상의 업무를 새로운 시각으로 접근해 개선점을 찾으려 했다는 점, 각 부서별로 골고루 참여했다는 점 등이 심사위원들에게 긍정적으로 평가를 받았다.

최우수상은 시외전화사업팀의 몫이었다. 당시 시외전화 사전선택제의 유치 경쟁이 가열되면서 신규가입자가 증가했음에도 불구하고 가입자 이탈도 동시에 증가해 밑빠진 독에 물 붓는 양상이 벌어지고 있었다. 사선제가 실시된 2000년 한 해 동안 358만 가입자가 신규로 등록했지만 289만 가입자가 이탈해 가입자순증은 69만 명에 불과했다. 월 평균 30만 가입자를 유치했으나 동시에 24만 가입자가 이탈하는 현상이 벌어지고 있는 셈이었다. 지난 한 해 동안에만 신규가입자 유치를 위해 지급된 수수료가 218억 원에 달했다. 시외전화사업팀은 이러한 문제점의 주요 요인을 별정 등 외부유통망 중심의 무분별한 텔레마케팅영업, 사업자 간 극심한 출혈경쟁으로 유치노력

대비 가입자증대 효과 미미, 짧은 변경제한 기간에 따른 고객의 잦은 사업자변경 등으로 분석했다. 이를 개선하기 위해 텔레마케팅영업 폐지, 변경등록 제한 기간을 현행 3개월에서 9개월로 연장, 유통망수수료 인하 등을 제안해 정통부와 한국통신과의 협상에 기초자료를 제공했고, 이를 토대로 협상을 전개해 소기의 성과를 거두어 연간 지급수수료를 103억 원 절감, 그 후 시외전화손익률을 5% 정도 개선하는 데 기여했다.

금융기관영업팀의 공로도 컸다. 당시 당사의 노사분규로 인한 파업으로 사용서비스에 차질이 생길 것을 우려해 고객들이 내부적으로 사업자 변경을 검토하는 등 영업활동에 최악의 상황을 맞고 있었다. 파업이 장기화되자 금융기관영업팀은 서비스를 생명으로 하는 D증권사의 불안감을 해소하기 위해 영업담당(AM: Account Manager)과 서비스지원담당(SM: Service Manager)이 팀워크를 이루어 파업에 불참하고, 노조의 제명위협에도 불구하고 가장 빠르게 출동하는 지원체제로 고객신뢰도를 쌓았다. 이러한 노력의 결과로 D증권사는 파업에도 상관없이 서비스에 지장이 없는 회사라는 인식을 갖게 되었고, 경쟁사들의 저가공세에도 불구하고 당사가 제안한 재해복구 서비스 도입과 전국 지점의 통합네트워크 구축에 당사 제품을 이용하기로 결정했다. 이로써 우리는 기존 고객을 유지하면서 연간 약 40억 원의 추가 매출증대를 가져왔고, 영업활동에 대표적 사례로 활용되었다.

구매팀은 본연의 업무에도 불구하고 적자경영으로 창사 이래 최대 위기를 맞은 회사를 살리기 위해 거래업체를 대상으로 영업활동에 나섰다. 이들은 거래업체 규모, 전년도 거래실적, 충성도, 종업원 수 등으로 ABCD 네 등급으로 분류해 치밀한 영업전략을 수립했다. 이러한 비영업부서의 영업활동으로 한 달 동안 1억 원의 매출을 달성했고 향후 월 10억 원의 매출을 기대하게 되었다.

강남지사의 운용팀은 보라넷 고객의 사업정리, 이전, 또는 타사업자로 전환 등 변동 상황이 발생했음에도 3개월이 경과한 후에야 직권해지 등의 조치를 취하는 업무절차로 인해 임대장비 분실, 불필요한 회선임차비용 발생, 요금미수, 망시설점유에 의한 효율성저하 등의 문제점을 발견했다. 이를 해결하기 위해 운용팀이 미납고객에 대한 모니터링 프로그램을 개발했다. 이로 인해 고객의 변동상황을 조기에 파악할 수 있게 되어 직권해지 등의 조치가 이루어져 회선임차비용 절약, 요금분쟁방지, 임대장비회수 등의 효과를 가져왔고, 이 프로그램을 전 지사에 전파해 적용함으로써 회사의 손실을 줄일 수 있었다. 또한 미납고객에 대한 신속한 처리로 고객들도 상당한 만족감을 표시했다.

2001년 10월 16일, 대덕연구소에서 3/4분기 경영혁신추진 성공사례 발표대회가 두번째로 개최되었다. 처음 시작할 때는 직원들이 어느 정도 참여할 것인지, 방향을 제대로 잡고 수익성개선과 생산성향상에 기여할 수 있을 것인지에 대해 의문이 많았지만 두번째 발표대회를 치르고 난 후, 기우로 판명되었다. 팀별로 서로 다투어 발표하려고 했고, 과제도 비용절감 중심에서 경쟁력강화, 업무혁신, 매출증대, 신사업, 신기술개발 등으로 다양해졌다. 또한 1회 발표대회 때는 팀장을 중심으로 동일한 팀 내의 활동이 중심이었으나, 다른 팀과 공동으로 문제해결에 도전하는 사례가 많아지기 시작했다.

이날 발표사례 중 영예의 대상은 전화사업부 부가사업팀, 상품개발팀, 종합연구소 부가서비스연구팀의 공동작업으로 완성한 '08217 다자간통화서비스 개발사례'에 돌아갔다. 팀명을 Pioneer로 정한 이들은 시장환경이 어려워지고 경쟁이 치열해지기 때문에 틈새시장을 찾아내고 차별화를 통해 경쟁우위를 확보하는 것이 절실히 요구되는 상황에서, 불모지시장을 개척하고 비용절감과 매출증대라는 두 마리 토끼를 잡겠다고 나섰다. 한국통신(KT)이 수동컬렉트콜 시장에서 철수하면서 데이콤이 발 빠르게 그 틈새시장을 뚫고 들어가 개척한 시장이 바로 자동컬렉트콜 시장이었다. 컬렉트콜이란 전화를 받는 사람이 요금을 내는 서비스로 군인과 초등학생들이 많이 이용하는 전화부가서비스다. 데이콤은 이 시장의 시장점유율 1위를 고수하며 시장의 개척자 역할을 수행했다. 그러나 시장규모가 점점 커지자 KT는 막대한 자금력으로, 하나로통신과 온세통신은 광고 및 저가공세로 시장진입을 호시탐탐 노리고 있었다. 이런 경쟁사들과 이 시장의 개척자였던 데이콤의 대표적 전화부가서비스인 '08217'의 치열한 한판 경쟁은 불가피하게 되었다. 상품의 경쟁력을 강화하기 위해 종합연구소 부가서비스연구팀은 전화사업부 부가사업팀 및 상품개발팀원들과 함께 연일 브레인스토밍과 야근을 마다하지 않고 상품개발회의를 가졌다. 결실의 시작은 08217의 연속통화기능에서 시작되었다. 연속통화기능이란 착신자가 전화를 끊은 후에도 발신자가 계속해서 다른 사람에게 전화를 걸 수 있는 부가기능이다. 이런 기본 아이디어와 번들링상품을 통한 시너지효과 창출이란 고민이 더해져 상품화되었던 것이다. 기존의 1 대 1 통화로부터 벗어나 최대 16명과 동시에 통화가 가능한 구조로 업그레이드되었다. 2003년 4월 유사 모방서비스를 방지하기 위한 특허출원을 신청해 법의 보호를 받게 되었다. 출시 이후 한 달만에 과금호 기준으로 다자간 통화매출이 10일 평균 1,800만 원에 이르렀다.

Tele-Something팀은 전화사업부의 부가사업팀, 상품개발팀, 교환망계획팀, 종합연구소, 전화망팀 소속 요원들이 공조해 인터넷을 통해 다자간 통화를 할 수 있는 텔레미팅이란 신상품을 개발했는데, 국내 최초로 24명 이내의 다수가 동시에 미팅할 수 있는 부가서비스 상품이었다. 또한 One Click OK팀은 금융인프라팀, e-Biz기술팀, 회계팀 등이 하나로 뭉쳐 리얼타임으로 세금계산서를 발행할 수 있는 시스템상의 전자세금계산서를 개발했다.

2002년 1월 16일 전년도 4/4분기 중 경영혁신추진 성공사례 발표대회가 세번째로 열렸다. 갈수록 더 많은 팀이 참가하고 질적으로도 향상되었으며, 방향도 제대로 잡혀가고 있어 이제는 뭔가 될 것 같다는 확신이 들기 시작했다. 1회에는 39건, 2회에는 56건, 3회에는 65건의 혁신활동 과제가 평가를 받았다. 이제는 당일 발표하게 될 과제를 선정하는 일이 무척 어려울 정도로 확산되었다. 지금까지는 비용절감 사례가 약 30% 이상으로 경영위기 탈출에 대한 비중이 높은 것으로 나타났고 매출증대, 고객만족, 신상품개발, 업무프로세스 개선 등의 순으로 경영혁신의 불씨가 번지기 시작했다.

이날 발표대회에서 대상은 거대공룡을 쓰러뜨린 충청영업팀 '천지개벽'에게 돌아갔다. 이들은 지난 7개월 동안 관세청의 초고속국가망 전환유치를 위해 KT와 치열한 경쟁 끝에 일구어낸 성과를 인정받았다. 이들은 KT의 독점무대인 정부기관망 중 하나인 관세청을 유치하기까지 눈물겨운 구슬땀을 흘렸다. 처음에는 정부종합청사에 출입마저 불가능한 상태에서 영업이 시작되었다. 이들은 정기적으로 청사 직원가족들을 초청해 무료로 인터넷교육을 실시하고, 휴일에는 낚시모임을 주선하거나 등산도 함께하면서 우리 회사에 대한 우호적 관계를 돈독히 해나갔다. 한번은 고객인 실무담당자의 부친이 지병으로 돌아가시기 직전에 다급하게 묘지를 구한다는 정보를 입수해 지관을 알선해 명당자리를 소개하고, 상중에는 궂은 일을 말없이 도와주고 장지까지 함께 해 마무리 작업까지 협조해 주어 고객에게 진한 감동을 선사했다. 이를 바탕으로 우리가 개발한 ATM기술의 우수성을 입증할 수 있는 기회를 가질 수 있었다. 이들의 성공은 '하면 된다는 의지, 할 수 있다는 자신감, 그리고 반드시 해야 한다는 책임감이 있으면 못할 것이 없다' 는 자신감을 구성원들에게 보여주었다. 또한 어떤 일이든 사전에 철저히 준비하고 운용, 영업, 사업부서가 하나가 되어 고객감동을 위해 최선을 다하면 이룩해 낼 수 있다는 것을 보여주었다. 이 프로젝트의 승리는 불모지였던 정부와 공공기관의 시장점유율을 2년 만에 46%로 급성장시키는 계기가 되었다.

이날 발표대회의 최우수상은 '삼총사' 팀에게 돌아갔다. 이들은 팀 중심 활동에서 벗어나 개인자격으로 세 사람이 뭉쳤다. 컨설팅 2팀, 그룹협력팀, Add-10팀에 근무하는 세 사람이 KT의 고객이었던 미래신용정보㈜를 우리의 고객으로 유치해 월 4억 원의 매출을 일으켰다. 이들은 우리의 전용회선, 초고속인터넷서비스, 시외전화, 평생전화 등 우리 상품을 번들로 엮어 제공해 개별상품의 취약점을 극복하고 비용 및 투자비절감과 수익성을 개선한 좋은 사례였다. 그 뒤에 우리는 이 고객을 거울 삼아 우리가 목표로 하던 '토털솔루션 프로바이더(Total Solution Provider)' 로서의 제1호 고객을 탄생시키는 성과를 거두었다. 즉 건물임대와 공간 확보, 전용 광회선망 구축, 전산 등 관련 장비 구매대행 및 설치, 시스템의 설계와 통합시스템 구축, 서비스운용대행 및 유지보수 등 수직적 통합서비스를 제공할 수 있는 계기를 마련했다. 이는 GE에서 제공하는 서비스패키지 방식이었고, IBM이 변신에 성공한 컴퓨터 및 관련 서비스의 통합제공과 같은 것이었다. 이미 IBM이 P&G와 인력관리업무를, 시스코와 필립스의 고객지원업무를, 브리티시 피트롤리엄과는 재무회계업무를 IT 기반 위에서 대행해 주는 계약을 체결하고 통합된 일관 서비스를 제공하고 있음을 거울 삼았다. 그리하여 통합시스템 구축은 데이콤이, 운영소프트웨어는 LG CNS가 맡는 연합작전으로 이 분야의 진출을 넓혀나가기로 했다.

　제4회 경영혁신추진 성공사례발표대회가 2002년 4월 16일 대덕연구소에서 열렸다. 이날 15개 과제가 발표되었다. 우리가 워크아웃 프로젝트란 이름으로 경영혁신 활동을 시작한 지 꼭 1년이 지난 시점이었다. 프로젝트 수가 점점 많아지고 참가 인원도 400~500명으로 늘어났다. 내용도 알차고 참신한 아이디어가 많이 나왔고, 쉬운 과제에서 점차 본질적이고 어려운 과제에 도전하고 있었다. 따라서 이번 발표대회를 기점으로 양적 혁신활동에서 질적 혁신활동으로 바꿀 필요가 있었다. 우선 많은 인원의 참석에 따른 과다한 시간낭비를 줄이기 위해 분기별 대회를 반기별 대회로 바꾸었다. 참가자들은 자기가 발표하는 날에만 참석토록 해 본연의 업무에 충실토록 하고 참여 숫자를 줄였다. 6시그마 활동 발표대회와 고장장애 경진대회를 별도로 개최하던 것을 통합해 하루 행사를 1박 2일 행사로 바꾸고, 발표만 계속하던 딱딱한 분위기에 활력을 주기 위해 노력했다. 주제도 구분했다. 비용절감과 업무혁신 과제를 한 묶음으로 하고 고장장애와 6시그마를 다른 한 묶음으로, 신상품·신기술개발, 영업활동 성공사례 등 모든 경영혁신 활동을 통합해 관리하되 묶음별·주제별 특성을 살려 구분하고, 대상은 하나이지만 부분별로 금, 은, 동상을 각각 수여해 발표대회에서 모두 수렴되도록 했다. 또한 경영혁신추진단을 개편해 2002년 1월 그룹과의 시너지 창출을 위한 팀을 '그룹협력팀'으로 정규조직화하고, 사업구조조정을 주관해 왔던 구조조정팀을 경영기획담당 아래 '사업구조조정팀'으로 정식 조직편재에 흡수시켰다. 그리고 비용절감을 추진하던 비용절감팀을 없애고 경영기획팀으로 흡수시켰다. 고장장애를 점검하던 업무를 경쟁력강화팀에서 네트워크의 서비스관리팀으로 옮겨 주관토록 했다. 다시 말하면 경영혁신 활동이 확산되어가면서, 처음에는 특별 추진기구를 설치해 전담시켰으나 이제는 모든 조직이 경영혁신 활동을 통상적 정상업무로 추진하며 생활화하도록 유도했다. 우리는 1년 동안 230개의 혁신과제를 완료했고 이 중 80개 과제가 발표되었다. 이후부터는 전 사적으로 1팀 1개 워크아웃 프로젝트를 수행하면서 동시에 6시그마를 확산하고, 업사이징(Upsizing)에 집중하도록 방향을 잡아나갔다.

6시그마 경영혁신

앞에서도 잠시 언급했지만 6시그마 경영기법의 도입 여부를 놓고 나는 무척 망설였다. 다른 회사의 사례를 보면 6시그마기법 도입 전에 여러 가지 형태의 생산성향상운동 경험을 쌓고 있었으나, 우리 회사는 창사 20여 년 동안 한 번도 시도해 보지도 않았기 때문이었다. 제조업에서는 성공할 확률이 높지만 서비스업에서는 그 확률이 낮은데다 국내 어떤 통신회사도 시도해 보지 않은 6시그마에 우리가 도전하는 것은 무리가 아닐까 하는 생각에 쉽게 결정할 수 없었다. 그러나 단기적인 효과를 낼 수 있는 방법으로 6시그마 기법을 도입해 경영혁신을 이룩해야겠다고 마음먹었다. 왜냐하면 지금까지 위에서 시키는 일만 하던 소극적인 구성원을 이제는 시키지 않아도 스스로 해낼 수 있도록 바꾸어야 했고, 또한 어떤 문제의 해결이나 개선을 위해 스스로 고민하고 생각하는 습성을 길러야 지식근로자로 발전할 수 있으므로 이들을 훈련시킬 툴이 필요했다. 또 우리가 업무를 수행하면서 실패를 할 수 있고, 실수를 저지를 수도 있으나 데이콤은 여러 분야에 문제투성이로 얼룩져 있어 이를 단기적으로 제거하기 위해서 6시그마 도입을 통해 모든 문제를 표면으로 드러내고 모든 구성원이 문제해결에 달려들어야만 했다. 더군다나 고장장애율이 너무 높아 고객의 불신을 사고 있는 마당에 이 문제를 조기에 수습하기 위해서는 6시그마란 처방이 불가피했다.

2001년 9월 4~5일 1박 2일의 일정으로 6시그마 도입을 위한 '챔피언 워크숍(Champion Workshop)'을 대덕연구소에서 가졌다. 챔피언이란 임원과 지사장들로 우리 회사의 실직적인 간부들이다. 이들부터 먼저 무장을 시키기 위해 첫째 날은 전문가 교육과 타회사의 도입사례, 실행 방법과 과정 등 주로 교육 프로그램으로 할애했고, 다음날은 우리에게 시급한 15개 과제 선정과 중견과장급 중에서 15명의 블랙벨트 후보자를 선발하고, 또한 프로젝트를 책임지고 이끌어갈 프로젝트 오너(Project Owner)를 담당팀장으로 선정했다. 나는 이들에게 지금까지 부도위기를 극복하고자 사업 및 인력구조조정, 비용절감 등 켐플 주사를 주는 임시방편의 응급처방에 집중했으나 이제는 근본과 기초를 뜯어고치고, 체질을 개선해 강하고 튼튼한 회사로 만들기 위한 보약처방을 쓸 것이므로, 챔피언과 프로젝트 오너들이 몸을 던져 변화와 개혁의 불씨가 되어달라고 간곡히 부탁했다.

그해 9월 17일 안양국사에서 챔피언, 프로젝트 오너, 블랙벨트 후보자, 그리고 그린벨트 후보자들이 참석한 가운데 우리는 '6시그마 Kick-off 행사'를 가졌다. 1996년 9월 한국중공업에서 가졌던 것과 동일한 Kick-off 행사를 이곳에서 만 5년 만에 다시 갖게 되어 감회가 새로웠다. 나는 "경영혁신에 성공하려면 성취하고자 하는 욕망과 열정을 가진 자를 찾아라!"는 잭 웰치 회장의 권고대로 블랙벨트 후보자 15명을 선정해 경영혁신추진단 소속으로 발령을 냈다.

대덕연구소에서 우리가 계약한 6시그마 전문컨설턴트들과 함께 3박 4일 간의 합숙교육을 실시했고, 안양국사 1층에 마련한 '6시그마 추진실'에서 근무하며 독립적으로 100% 프로젝트 수행에만 전념하도록 했다. 이날 이들은 해병대에 입소하는 심정으로 반드시 성공해 돌아올 것이라고 다짐했다. 잭 웰치 회장이 일반적으로 어느 조직이나 상위 20%의 직원이 회사 실적의 80%를 이끌어내므로 CEO는 자기 시간의 60%를 이들과 함께 보내고, 30%는 70%에 해당하는 B급 직원들과, 나머지 10%시간은 10%에 해당하는 C급 직원들과 보내라고 한 것처럼 나는 수시로 이들 사무실을 방문했고 그들과 많은 대화도 나누면서 관심을 보였다. 역사학의 대가 토인비 교수가 "약 10% 정도의 창조적인 소수(Creative Minority)가 역사를 변경시킨다!"고 주장한 것이 회사경영에도 적용될 수 있다는 사실이 6시그마 추진에서도 여실히 증명되었다.

우리는 6시그마 프로젝트를 본격적으로 추진하기 위해 정규직 전사원을 대상으로 6시그마 교육과정을 다양하게 개설했다. 6시그마에 대한 이해와 공감대를 형성하고, 향후 프로젝트 수행시 필요한 기본스킬과 지식을 확산시키기 위해 1,500여 명의 정규직 사원을 위한 기본과정을 필수 이수과정으로 하고 기본점수 70점 이상을 획득하면 수료토록 했다. 그리고 BB와 GB들의 양성과 심화과정, 변화촉진과정, 월례강좌 등을 개설해 2002년 말까지 지속적으로 실시했다. 또한 프로젝트의 오너로 지칭한 팀장 이상 모든 간부사원에게는 LG전자의 창원공장에서 실시하고 있는 '혁신학교' 교육과정의 수료를 의무화했다.

우리는 6개월 단위로 기존 수행과제의 중간보고와 최종보고 발표회의를 가졌고, 또한 동시에 6개월 단위의 신규과제 선정과 BB 후보 선발을 실시하고, '경영혁신추진 성공사례 발표대회' 때 6시그마 수행과제를 동시에 발표토록 하고 시상을 해나갔다.

6시그마를 도입한 첫해에는 14개 과제를 완료했으나, 2002년에는 60개 과제를, 2003년에는 54개 과제를 완료했다. 완료한 과제에 대한 실제 재무적 성과를 집계하는 체제도 구축했다. 첫해의 재무적 성과는 47억 원이었으나 둘째 해에는 116억 원, 셋째 해에는 118억 원 정도의 재무적 성과를 거둘 수 있었고, 회사의 시그마 수준이 1시그마에서 3시그마 정도로 개선되었다. 그러나 3시그마 수준이란 100만 개 중에 6만 7,000개의 불량이 발생, 즉 불량률 6.7%에 해당하는 것으로 아직도 6시그마 수준과는 거리가 있었다. 6시그마 수준을 달성하기 위한 5개년 장기계획을 세워서 추진하기로 결정하고 세부작업에 들어갔다. 6시그마 도입 3년 만에 회사 내부에 튼튼하게 뿌리내리기 시작했다. 여기에 6시그마 프로젝트에 참여한 BB자격자들의 수기를 전재했다.

경영혁신 그 시작을 돌아보며…

경쟁력강화 팀장 김용경 부장

2000년 가을, 회사에는 어두운 그늘이 드리우고 있었다. 2000년 조직에 몸담고 있는 누구나 2000년 경영실적이 참담한 결과를 가져올 것이라는 예상을 하고 있었다. IMF직후 1998년 인터넷 열풍이 불었으나 1999년에 인터넷 거품이 걷히기 시작하고, 수익성 문제가 심각해지기 시작한 후에도 회사는 낙관론에 젖어 방만한 투자를 계속해 왔으니 너무나도 당연한 결과였다. 게다가 엎친 데 덮친 격으로 노사간 갈등은 심각한 상태가 되어 급기야 노조는 2000년 11월 파업을 시작했고, 회사는 12월에 직장폐쇄까지 하게 되었다.

한 해가 저물고 2001년이 되었다. 2000년도 경영실적은 창사 이래 최대의 적자가 예상되었다. 그러나 아직도 파업은 언제 끝날지 모르는 상황이었고, 회사는 희망이라고는 찾아볼 수 없는 상태로 신년을 맞이했다. 그러는 가운데 새로운 CEO로 박운서 회장(당시 부회장)께서 데이콤에 오시게 되었다. '타이거 박'이라는 별명을 가지신 분, 청와대 비서관, 통상산업부 차관 등 공직에서 업적을 남기신 분, 한국중공업 사장으로서 강력한 카리스마로 구조조정을 추진하신 분, 아마 이 정도가 내가 처음 직접 뵙기 이전에 가졌던 박 회장님에 대해 아는 것의 전부로 기억한다. 새로 오신 CEO에 대해서는 직원들 간에 많은 얘기들이 있게 마련이다. 그 얘기들을 요약해 보면 모두가 현재 데이콤에는 강력한 리더십을 가진 분이 필요하다고 생각하면서도 강력한 카리스마와 강도 높은 구조조정에 대한 두려움을 가지고 있었던 것 같다. 물론 나중에 이러한 선입견은 상당 부분 바뀌었다.

2001년 1월 하순으로 접어들 무렵 파업이 84일 만에 끝났다. 하지만 조직은 파업의 후유증으로 관리자와 사원 간에 어색한 관계가 계속되었고, 모든 일이 뒤숭숭한 상황이라 새로운 출발을 하기에는 아직 준비가 필요한 때였다. 이런 상황 속에 새로 오신 CEO와 함께 경영혁신계획을 수립하게 되었고, 경영혁신추진단이 정식으로 발족했다. 약 2개월 동안 계속되는 분석작업과 여러 번의 검토를 거치면서 경영혁신 기본 계획인 '데이콤 생존방안'은 기본 틀을 갖추어나갔다. 저녁식사를 도시락으로 함께 하면서 일요일 밤 늦게까지 이어진 검토회의는 우리 실무담당자만의 일이 아니었으며, 박회장님께서 직접 주재해 진행하는 방식으로 이루어졌다. 이러한 중에 데이콤을 향한 깊은 애정과 솔선수범하는 CEO의 모습을 보며 회장님에 대한 신뢰감은 쌓여갔으며, 데이콤의 미래에 대해서도 희망과 자신감을 갖게 되었다.

2001년 3월 전직원을 모아 회사를 살리기 위해 회사의 경영상황을 밝히고 비전을 설명하는 자리를 가졌다. 내가 과거에 그랬듯이 입사 후 처음으로 아마 직원들 대다수가 회사의 경영상황을 자세하게 숫자를 통해 알게 되었을 것이다. 그날 설명회는 다소 충격적이었지만 회사의 경영위기 상황에 대한 공감대를 형성하고, 이후의 강도 높은 구조조정 차원의 일들이 차질 없이 진행될 수 있게 만든 원동력이 된 중요한 자리였다.

4월 하순 그간 준비해 왔던 '데이콤 생존방안'을 이사회에 보고하고, 노조와도 협의를 마친 후 대내외에 공표했다. 당시 회사의 위기상황에 대해 대외적으로 숨김없이 알리는 것에 대해 부정적인 의견도 많았으나, 혁신의지를 확고히 다지고 목표를 반드시 달성해 내는 모습을 보여주겠다는 차원에서 회사의 위기상황을 숨김없이 밝히기를 강행하게 되었다. 당시 기자간담회에 참석했던 기자들은 회사의 위기상황을 공개적으로 숨김없이 밝힌 것에 대해 의아해하기도 했으며, 시장에서의 반응은 좋은 평가로 나타나지 않았다. 주된 내용이 구조조정에 관한 것이고 미래성장을 위한 새로운 것은 없다고 간주했다. 그러나 당시 상황은 회사가 부도와 퇴출로 내몰릴 수 있는 급박한 형편이었기 때문에 무엇보다도 구조조정을 통한 회생이 우선이었으므로 외부 평가는 그다지 중요하지 않았다.

2001년 5월 데이콤은 단기적으로 죽지 않고 살아남아야 하는 생존을 위한 처방이 최우선 과제였으며, 이를 위해 이면지 사용, 임직원 급여반납 등 이익을 만들어내기 위해 작은 것부터 큰 것까지 온갖 힘을 다하고 있었다. 이렇게 어려운 상황 속에서 혁신팀들 중 하나인 '경쟁력강화팀'에 비용절감이나 매출증대가 아닌, 회사의 체질개선과 체력강화에 역점을 두는 미션이 주어졌다. 데이콤의 경영혁신을 기획하고 리드한 CEO께서는 생존을 위해서 비용절감이 필요하지만, 또 한편으로는 미래생존을 위해 투자가 필요하다는 점을 잊지 않고 계셨다. 그래야만 혁신이 지속되어 그 결과로 회사의 경쟁력이 강화되며, 궁극적으로 더 큰 발전——즉 초일류기업으로의 성장——을 할 수 있다고 다음과 같이 강조했다.

"위급한 환자의 생명을 살리기 위해서는 지혈하고 수술하고 긴급히 필요한 주사를 맞아야만 한다. 하지만 진정한 건강을 되찾기 위해서는 보약과 적절한 운동이 필요하다. 우리 회사도 마찬가지다. 혁신팀들 중에서 경쟁력강화팀과 기술개발팀은 데이콤에 대한 보약처방을 하는 곳이며, 한 단계 도약할수 있도록 만드는 역할을 하기 위해 만들어진 팀이다. 장기적으로 경쟁력을 갖추고 세계에서 손꼽히는 초일류기업이 되기 위해서는 혁신활동이 일상화되어야만 한다.”

CEO의 얘기처럼 경쟁력강화팀은 보약처방을 위한 준비를 하기 시작했다. 회사의 전반적인 사업과 상품의 경쟁력을 분석하고, 고비용, 저효율의 원인과 대책을 검토하고, 고객의 소리를 수집해 정리함으로써 앞으로 개선해 나가야 할 영역을 광범위하게 진단, 발굴했다. 이를 위해 외부 전문컨설팅기관을 선정해 그들과 함께 회사의 각 조직을 방문, 개선 분야를 찾아내는 데주력했고, 6시그마 방법론을 자체적으로 학습하는 일들을 계속했다. 그리고 3개월 동안의 준비 끝에 2001년 9월 6시그마 워크숍을 실시하게 되었고, 이 자리에서 우선 개선해야 할 15개의 프로젝트가 탄생했으며 우리 회사도드디어 6시그마라는 새로운 방법론을 도입해 경영혁신 활동을 추진하기 시작하게 되었다.

6시그마는 모토롤라가 만들었으나 1990년대 후반에 잭 웰치 회장이 GE에도입해 크게 성공을 거둔 이후 많이 알려지게 되었고, 많은 선진기업들이뒤이어 이를 도입 추진하고 있었으며, 국내에서도 이 방법론이 도입된 지 3년여가 지난 시점에 우리도 CEO의 의지로 도입하게 되었다. 데이콤은 좀늦은 시기에 도입했다고 할 수 있다. 하지만 그때까지 6시그마를 통해 성공을 거둔 기업들도 많이 있었지만, 실패를 경험한 기업도 적지 않았다. 이는단지 6시그마라는 방법론이 성공을 가져다 주지 않는다는 사실을 보여주는것이었고, 이의 도입을 강력히 추진해 온 CEO나 경쟁력강화팀에서도 이 점을 우려하고 있었다.

데이콤이 6시그마로 성공할 수 있을 것인가? 아무도 모르는 일이었지만 CEO는 확신을 가지고 있었다. 6시그마를 단지 혁신방법론 정도로만 받아들이지 않으셨기 때문이라고 할 수 있다. 확고한 경영철학과 리더십을 바탕으로 뚜렷한 목표를 설정하셨으며 이것이 인재를 키우는 일임도 잘 이해하셨기 때문이다.

경쟁력강화팀은 데이콤의 환경과 상황에 가장 적합한 6시그마를 만드는 것을 목표로 삼고 3단계의 5년 간 전략을 수립했다. 제 1단계에서는 6시그마 도입기인 초기 1년 동안은 이를 전담하는 핵심인력을 선발해 블랙벨트로 양성하고 비용절감 중심의 프로젝트를 추진하는 것이었다. 제 2단계는 6시그마 혁신활동을 그 다음 2년 동안 전 부서로 확산하는 단계인데, 현장에서도 일하면서 프로젝트를 수행하는 현업 중심의 6시그마 활동을 할 수 있도록 하고, 이를 위해 그린벨트를 다수 양성하는 것이었다. 마지막 단계는 그 다음 2년 동안 6시그마를 완성하는 단계로서 각 개인별로 프로젝트를 수행할 수 있도록 하며 협력회사도 함께 프로젝트를 수행하도록 하는 것이었다. 2003년 말까지 진행된 6시그마 활동을 살펴보면 다음과 같다.

제1차 과제(The First Wave)시기

2001년 9월부터 시작한 제1차 프로젝트는 15개 과제로서 각 부서에서 선발된 15명의 BB 후보가 전담 수행해 2002년 1월 말에 완료했다. 중간보고회와 최종보고회에는 CEO를 비롯한 전 임원과 관련 부서 직원들이 함께 참석해 이를 공유토록 했다. 이를 통해 프로젝트 수행내용이 발표되었는데 90여 개의 개선실행방안을 도출해 현업에서 실천토록 했다. 약 5개월이 지난 2002년 6월에 개선사항의 실행결과를 검증한 결과 6시그마 추진에 소요된 컨설팅 비용, 수행 인력의 인건비, 교육비, 개선소요 비용 등 모든 경비를 감안하고도 연간 37억 원의 순익이라는 재무적 효과를 거두었다. 품질개선에 있어서도 전화고객 응대율을 65%에서 91%로, 장애접수율을 25%에서 97%로 개선하는 등 가시적인 성과를 보였다. 또한 이 기간 동안 부서장 워크숍 및 팀장급 이상에 대한 6시그마 기본교육 이수를 통해 6시그마에 대한 이해를 넓혀나갔다.

제2차 과제(The 2nd Wave)시기

2002년 2월부터는 제2차 6시그마과제로 40개를 선정했고, 이를 위해 기존 BB 후보 15명에 추가로 23명을 새로 선발해 2002년 7월까지 추진했다. 이 시기에는 6시그마 도입 초기 단계에 필요한 인력을 확대육성하고, 전 부서가 6시그마 활동에 참여해 향후 자체적으로 6시그마 활동을 추진할 수 있는 기반을 마련하고자 양적인 확산에 중점을 두었다. 그러나 이 중 3개의 프로젝트는 개선기회의 미흡, 환경여건상 개선방안 도출의 어려움으로 추진이 중단되었으며, 완료된 37개의 프로젝트에서 200여 개의 개선사항이 도출되었다. 2002년 11월에 제2차 프로젝트에 대한 성과를 검증했는데, 업무프로세스 중심의 개선에 치중한 결과 당초 예상에 못 미치는 연간약 28억 원의 재무적 성과를 내는 데 그쳤다. 그러나 프로세스 중심의 개선을 통해 핵심품질 지표에 있어서는 개선의 성과를 도출했다. 예를 들면 전화정보시스템 호완료율이 71%에서 99.5%로, 청약시스템 에러율이 10%에서 3%로, 대형고객 적기구축률이 17%에서 92%로 크게 개선되었다. 아울러 이 기간 동안 6시그마 교육체계를 수립해 Master Black Belt, Black Belt, Green Belt 등에 대한 체계적 육성을 위한 기초를 마련했고, 전직원이 6시그마 기본교육과정을 이수토록 해 6시그마에 대한 이해가 확산될 수 있었다. 또한 2002년 7월에는 혁신활동을 시작한 후 매분기마다 시행해 왔던 비용절감활동 중심의 경영혁신사례 발표대회에서 제1차 6시그마 프로젝트의 성과를 전 사가 공유할 수 있도록 했고 그에 따른 포상도 실시했다.

제3차 과제(The Third Wave)시기

제3차 프로젝트로 28개의 테마를 선정해 2002년 8월부터 2003년 1월까지 추진했다. 특히 3차에서는 현업부서의 적극적인 참여를 유도하기 위해 각 부서 팀장 중심으로 6시그마 교육을 실시해 팀장 주도의 테마를 발굴, 이렇게 발굴된 테마를 외부 전문가의 검토를 거쳐 전 임원이 참여한 챔피언워크숍에서 최종프로젝트로 선정했다. 다만 전 사적으로 중요한 핵심프로젝트에 한해서 6시그마를 추진해야 한다는 챔피언의 의견을 반영해 프로젝트 전체 규모는 축소했다. 또한 이 시기에는 1차 BB 후보들이 현업과 밀착해 6시그마 활동을 수행하고자 해당 부서에 근무지를 옮겨 프로젝트를 수행토록 했다. 이 기간 중에는 5개의 프로젝트가 중단되고 23개의 프로젝트가 완료되었는데, 연간 88억 원의 커다란 재무적 성과를 이루어냈다. 또한 이 기간 동안에는 중장기적으로 6시그마의 제2단계인 확산 단계로 진입하기 위해 1~3차까지의 활동결과를 토대로 자체적으로 6시그마 활동을 추진할 수 있는 체계를 정비했다. 구체적으로 제1차 BB 인증을 위한 필기시험을 실시해 합격한 BB 후보 4명에게 회사의 공식적인 BB자격 인증서를 수여했고, 여타 BB 후보를 핵심전담 인력으로 인정해 승격심사 기준에 가점을 부여했다.

제4차 과제(The Fourth Wave)시기

2003년 1년 동안에는 55개의 테마를 선정해 추진했는데, 이때부터는 기존 1명의 BB 후보가 한 개 프로젝트를 추진하던 방식에서 여러 명의 전담 BB 후보가 함께 전 사 프로젝트를 수행하는 방식을 가미했고, 6시그마 활동의 확산을 위해 GB가 리더가 되는 GB프로젝트를 최초로 시작하게 되었다. 또한 현장 중심의 경영방침을 실천하기 위해 BB 후보들을 현업부서로 전진 배치해 프로젝트를 수행토록 했고, 자체적인 수행역량을 일부 확보함에 따라 외부 컨설턴트의 지도를 대폭 줄이고 GB 후보들에 대한 교육과 지도를 담당하기 시작했다. 그리하여 회사 내에 양성된 BB 후보들이 6시그마 교육을 위한 교재도 우리 회사의 실정에 맞게 제작하고 교육도 실시할 수 있는 데까지 발전되었다. 2003년에 추진한 프로젝트에 대한 성과검증을 실시한 결과, 연간 118억 원의 재무성과를 가져온 것으로 집계되었다. 특히 이 기간에는 BB 후보 5명이 전담으로 투입되어 추진한 초고속인터넷 백-오피스(Back-Office)체계확립을 위한 전사적 프로젝트는 청약, 개통, 장애, 빌링, 장비관리 등 관련된 모든 프로세스를 체계적으로 구축하는 데 기여했고, 전산시스템을 통합 구성하므로 청약에서 장애처리까지 원활하고 효율적인 프로세스를 정립해 내외부 고객만족도를 높였을 뿐 아니라, 가입자 증대에도 기여했다. 또한 실시간 트래픽 분석을 통한 장애대응으로 장애예방은 물론 네트워크 증설을 억제함으로써 투자비절감에도 기여, 향후 네트워크 경쟁력 확보의 기반을 구축했다. 아울러 6시그마 확산 단계를 성공적으로 진행하기 위해 2003년 말 13명의 제2차 BB자격자에게 인증서를 수여했고, 27명의 현업부서 GB 후보에게 GB자격증도 수여하여 외부 컨설팅기관의 도움 없이 독자적으로 6시그마를 추진할 수 있는 기반을 마련했다.

지난 3년 동안 6시그마프로젝트를 추진하면서 6시그마 활동은 방법론적 측면에서 검증된 좋은 툴임과 동시에 기업이 생존하기 위해 피할 수 없는 변화와 혁신의 기본정신이 그 이면에 내재해 있는데, 후자가 더욱 중요한 점이라는 것을 깨닫게 되었다. 즉 고객 중심의 사고와 고객 요구에 따른 변화추구, 완벽에 가까운 목표설정과 리스크 최소화, 사실과 데이터에 근거한 객관적·과학적인 문제분석과 해결책 도출, 조직 간 벽이 없는 의사소통을 통한 부분최적화가 아닌 전체최적화, 지속적인 점검과 사후관리를 통한 개선실행력 확보 등이 바로 그것이다. 이러한 혁신의 기본정신이 빠진 6시그마 활동은 지속될 수도 성공할 수도 없다고 생각하게 되었다. 최고경영자가 데이콤에 부임하신 이후 줄곧 "주주와 고객에게 이익을 주지 못하고 부가가치를 못 만들어내는 기업은 사회에 죄악을 범하는 것이며 퇴출되어야만 한다"고 하신 말씀이 기억난다. 그러한 가치는 어디로부터 오며 어떻게 만들어낼 수 있을 것인가? 바로 그 가치를 받아야 할 주주와 고객, 협력업체, 기업이 속한 지역사회 그리고 모든 직원과 그 밖에 회사와 관계된 모든 것들에 대해 사랑을 가지고 관심을 기울이는 것으로부터 출발한다는 것을 회장님께서는 보여주셨다. 6시그마를 처음부터 참여하고 지금까지 추진해 온 경험으로부터 나는 데이콤이 추구하는 6시그마는 바로 그러한 사랑과 관심을 토대로 실현되는 실질적인 혁신활동이 되어야만 한다고 믿게 되었다.

6시그마 프로젝트 수기

-네트워크 부문 오주봉 부장 BB-

〈변화에 무관심〉

《누가 내 치즈를 옮겼을까?》라는 책을 접한 것은 CEO께서 조회시에 읽어보라고 권한 것이 계기가 되었는데, 그 동안 우리 데이콤인들이 얼마나 변화라는 것에 무관심했나를 잘 깨우쳐준 책이었다. 기업환경이 나날이 변하고 있는데도 우리 데이콤인들은 항상 제자리만 밟으면서 변화라는 것에 둔감한 일상생활을 영위해 오고 있었다는 사실을 새삼 깨달았다. "어! 언제 저것이 저기에 있었지? 어! 언제 저 건물이 저렇게 완성되었지! 아니! 저런 기술이 언제 등장했지?" 하면서 우리는 이미 모든 것이 끝나는 시점에서야 알아차리고 뒤쫓아가고 있었던 것이다. 참으로 안이했고 무관심했다. "우리 회사가 언제부터 이렇게 엉망이 되었지?" 하는 깨달음도 새로 부임한 CEO께서 갈파하신 뒤에야 알았고 그때는 위기상황에 내몰려 있었다.

내가 6시그마란 프로젝트를 수행하기 전에 막연히 바꾸어야 산다는 생각으로 일관했지만, 6시그마프로젝트를 진행할수록 '아! 이렇게 바꾸어져야 사는 거구나!' 라는 생각이 나를 지배했다. 2001년 파업이 끝나면서 죽으라고 일해서 반드시 우리 회사를 대한민국 최고의 통신회사로 만들어야겠다는 생각을 잊은 적이 없었지만, 현실은 최고는커녕 파산을 막아야하는 다급한 상황에 있었다. "그래! 내가 이 회사의 사장이야! 나만 최선을 다하면 되겠지!"라는 생각으로 열심히 일해 왔으나, 우리의 참담한 현실 앞에서 깨지고 말았다.

파업이라는 거센 파도가 한 번 지나간 후, 불안과 걱정이 더욱 앞섰다. '어떻게 해야 어려운 우리 회사를 살려낼 수 있을까?' 라는 생각이 항상 나 자신을 괴롭혀왔다. 그러던 중 제2차 BB 후보 모집이 2002년 초에 시작되었고, 과감하게 나 자신도 모르게 지원하게 되었다. '도대체 6시그마가 뭐길래 많은 사람들을 모아서 과제를 수행하는 것인가?' 라는 의구심과 함께 '전과 같이 열심히 하면 되겠지!' 라는 자신감으로 프로젝트팀에 가담하게 되었다. 과제를 선정하고 외부 컨설턴트의 지도를 받으면서, 나 자신이 초라하고, 너무나도 우리 자신이 방만하게 그리고 안이하게 살아왔다는 생각이 들었다. '어쩌면 이럴 수가 있을까? 어쩌면 이렇게 둔감하게 살았을까' 라는 생각이 나를 엄습했다.

〈예비품 관리개선 프로젝트〉

프로젝트 수행을 시작하면서 부딪힌 어려움이 한두 가지가 아니었다. 서비스에 대한 데이터를 하나하나 모으면서 서비스별로 데이터가 천차만별인 것을 확인했다. 그나마 어느 정도 시스템화된 서비스는 비교적 정확한 데이터를 관리하고 있었고, 그렇지 못한 서비스에 대한 데이터는 여전히 페이퍼로 관리되면서 실제 데이터와 맞지도 않은 상황이었다. 6시그마 프로젝트가 정확한 데이터에 기반이 되어 현상을 파악하는 기법이므로, 여러 개의 서비스 중 신뢰성이 높은 특정 서비스만을 선택해 프로젝트 범위를 정했다.

기존 예비품에 대한 관리개념은 통신모듈의 장애발생시 신속하게 모듈을 교체할 수 있도록 적정의 예비품을 국사별로 관리하는 것이었다. 이 개념은 정확하지는 않지만 어느 정도 수긍되었다. 그러나 문제는 예비품에 대한 수량이었다. 기존 산출식으로는 도저히 경쟁력이 없어 보이는, 운용수량에 따른 임의적 비율과 실측치가 아닌 제작사에서 제공하는 기준과 자체적으로 관리하는 기준에 의한 산출을 하고 있었는데, 예비품을 관리하는 사원으로 하여금 이해가 난이하게 적용되어 관리되고 있었다. 또 예비품에 대한 물량이 많다는 생각 때문에 신규 서비스를 공용으로 사용하고 있어서, 실제 장애발생시에는 마구잡이로 사용되는 등 혼란스럽게 관리되고 있었다. 프로젝트 진행 중 가장 큰 난제가 과연 예비품의 적정 수량을 어떻게 정해야 가장 합리적일까에 초점이 모아졌다. 이 난제에 대한 해결방법은 슈퍼마켓의 재고량을 최소화하는 방법과 유사하게 접근했다. 즉 잘 팔리는 라면과 잘 안 팔리는 라면의 재고량을 동일하게 슈퍼마켓을 이용하는 전체 고객의 비율로 가져가서는 안 된다는 컨설턴트의 말을 참조해 지금까지 잘 관리되고 있는 장애데이터를 예비품 보유수량에 반영하기로 했다. 이것은 문제가 많은 통신모듈에 대해서는 예비품을 많이 보유하고, 장애가 적은 통신모듈에 대해서는 기존에 10%의 비율을 과감하게 1%로 줄여 전국적으로 공유하자는 것이었다. 그렇게 산출해 본 결과 기존 예비품의 절반 이하만 보유해도 문제없이 예비품수량을 적절하게 활용할 수 있었다. 따라서 예비품 보유수량에 대한 최적화 CTQ 달성을 위해서 최근 2년 간 모듈별 장애데이터를 차등적으로 적용하기로 했으며, 이런 CTQ 만족을 위해서 예비품 회전율(총 예비품 보유금액 대비 장애발생으로 사용된 금액비율)과 예비품 결품종수(모듈별 보유수량 대비 필요시 예비품을 사용할 수 없는 모듈종류의 수)를 성과지표로 선정하게 되었다.

그 다음의 문제는 최소화된 물량을 어떻게 배치해 공용화할 것인가의 해결책을 모색했는데, 장애발생이 많은 지역에 대해 우선적으로 높은 비율의 예비품을 배치하고 장애발생이 저조한 지역에는 낮은 비율의 예비품을 배치하도록 배치기준을 수립해 문제점을 해소할 수 있었다.

예비품에 대한 보유기준과 배치기준은 수립되었으나, 기존의 방식대로 수작업으로 업무수행시 관리하는 사원의 처리시간이 과다하게 소요되어 개선효과가 미미하므로, 이를 시스템으로 자동화처리하기로 결정했다. 따라서 관리시스템에서 관리하는 모듈별 수량, 2년 간의 장애데이터를 바탕으로 하는 보유기준 수식을 시스템에 구현해 모듈별 보유기준 수량을 자동적으로 산출하고, 배치기준 또한 산출된 수량에 따라 자동적으로 지사별로 배치되도록 구현해 두 가지 관리상의 문제점을 동시에 해결할 수 있었다. 또한 시스템 관리화면을 통해 지사별 배치현황 정보를 공유함으로써 관할지사 내 예비품 부재시 예비품보유지사로부터 공수해 활용할 수 있는 프로세스를 마련했다. 또한 기존 예비품과 신규 서비스 개통품의 공동사용에 대해서는 예비부품에 예비품을 표시하는 태그를 붙여 관리하도록 했으며, 긴급개통시에만 활용되는 긴급개통품은 반드시 추후 구매입고 후 예비품으로 재관리되도록 관련 프로세스를 정립했다.

〈사후관리가 더 어렵다〉

예비품에 대한 최종 보고를 무사히 마치고 현업으로 업무를 이관 실행토록 했는데, 이것이 프로젝트 수행보다 더 어려웠다. 아이를 길러 처음 학교에 보내는 심정이었다. 과연 현업에서 Follow-up하는 직원들이 무사히 개선안을 실행해 목표에 차질없이 도달할 수 있을 것인지 걱정되었다. 혹시 개선안에 문제가 있는 것인지, 아니면 실행하는 데 이변이 생기지 않을까 걱정이 되었다.

이관 1개월이 경과한 뒤 나온 성과지표에 대한 결과는 아주 미미했다. '과연 뭐가 문제이기에 이렇단 말인가? 지금까지 고생해 만들어온 개선사항들이 그렇게 형편없었단 말인가? 아니면 실행하는 것이 그렇게 어렵단 말인가?' 등 온갖 생각이 교차되어 떠올랐다. 그리하여 실행을 담당한 두 개 부서의 사원들과 프로젝트 실행 마인드를 공유해야겠다는 생각을 하고, 무엇이 문제가 되어 프로젝트로 선정되었고, 또한 개선하고 보니 우리가 얼마만큼 방만하게 자산을 운영했는지, 또 이런 개선사항을 실천할 경우 얼마만큼의 투자회피비용이 발생하는지, 그리고 프로젝트 추진 중에 고민했던 모든 사항을 하나하나 설명하고 전파했다. 의외로 실행담당 사원들이 그런 개념을 빨리 이해하여 3개월 후부터는 조금씩 성과가 창출되기 시작했다. 물론 회사 안에 있는 예비품이었지만 기존 다량의 예비품이 신규 구축용으로 전환되기 시작했으며, 이에 따른 예비품 관리수량은 현저히 줄어 관리가 용이해지기 시작했다. 시스템적 관리는 기존 수작업에 의한 관리에서 탈피해 모든 것이 시스템상에 등재되어 관리됨으로써 처리시간이 대폭 축소되었다.

실행 1년 후, 예비품 회전율은 목표했던 42개월에서 25개월로 단축되어 투자비가 14억 원 절감되었고, 결품종수의 경우 목표를 100% 달성하게 되었다.

2003년 6월 사내 경영혁신 성공사례 발표대회에서 금상을 수상하여 프로젝트 수행기간 중 밤을 새며 힘들었던 기억은 물거품처럼 사라지고, 회사에 조금이나마 보탬이 되었다는 생각과, 하면 된다는 자신감을 가지는 계기가 되었다. 또한 예비품관리개선 프로젝트를 수행함으로써 후속적으로 개선되어야 할 과제가 자체적으로 진행될 수 있는 계기가 되어 현업에서 예비품의 회전율에 대해서 추가적인 개선의 기회가 있음을 확인하고 스스로 수행하고 있어 다행스럽다.

현재는 PC방의 네트워크 원가개선에 대한 6시그마 프로젝트를 추진 중에 있다. 초기에 프로젝트를 시작할 때는 데이터 수집이 뭔지, 또 어떤 데이터를 어떻게 수집할 것인지, 그 데이터를 어떻게 활용할 것인지 몰라 막막했던 기억이 난다. 어렵게 시작했다는 생각이 들고 지금 처음 시작하는 BB 후보들 또한 그러리라 생각된다. 그러나 그것이 과정이었다. 항상 과정은 존재하게 마련이다. 그 과정을 얼마만큼 착실히 넘어가느냐에 따라 그것이 좋은 결과로 나타나게 된다는 사실을 깨달았다.

2003년 12월 BB인증을 받던 날 누구보다도 마음이 기뻤다. BB라는 위치가 컨설턴트의 지원도 못 받고 홀로서기를 해야 된다는 걸 알면서도 왜 그렇게 좋아했을까? 아마도 그만큼 어깨가 무거워 진다는 것이, 그만큼 책임감이 많아진다는 것이 마음에 들어서일 것이다. 아니면 수없이 많은 밤을 지새우면서 '지금 깨어 있는 사람은 아마도 나 밖에 없을 것이다. 그래! 한번 해보는 거다! 성과창출이 얼마가 나는지 내 눈으로 확인하고 싶다! 이렇게 하면 분명히 회사는 발전할 것이다!' 하고 자신을 위로하는 마음이 내 속에 자리 잡고 있었기 때문일 것이다.

혁신이란 말은 단어 자체에 의미가 있는 것이 아니고, 실행을 해야 의미가 있는 것이라는 것도 몸소 체험하는 계기가 되었다. 무슨 일이든 하면 된다는 생각에서 6시그마 기법을 배우지 못한 직원들에게 모범이 되어 '나도 BB가 되고 싶다!'고 생각할 수 있도록 동기를 부여하고 싶다. 처음 프로젝트를 수행할 당시에는 획기적인 개선방안을 찾기에 급급했지만, 지금은 효과적인 개선방안과 이에 대한 향후 실행시 문제점이 최소화될 수 있도록 최선을 다하고 싶다.

7

이제는 업사이징이다

허리띠를 더욱 동여매고

변화와 혁신에 성공하려면 구성원들이 변해야 하고, 무엇보다 구성원들의 동참이 필수적이다. 우리는 2001년을 마무리하면서 구성원들이 1년 동안 얼마나 변화했고, 생존방안에 대해 어떻게 생각하는지 알아보기 위해 직원만족도 조사를 실시했다. 약 20개 문항을 제시하고 전직원의 의식을 조사했는데, 임직원 1,641명 중 1,047명(64%)이 응답했다. '현재 우리 회사의 경영상황을 이해하고 있느냐' 는 물음에는 70%정도 이해한다고 응답했고, '현재 우리 회사가 위기에 처해 있다고 생각하느냐' 란 질문에는 80%가 위기를 공유하고 있었다. '현재의 구조조정 및 경영혁신 활동이 필요하다고 보느냐' 란 질문에는 직원들의 84%가 동의를 표시했다. 또한 '경영혁신 활동에 참여하고 있는가' 라는 질문에는 직원들 대부분이 참여하고 있지만, 혁신활동의 성공에 대한 확신과 트리플쓰리운동의 성공 가능성은 68%로 비교적 낮게 나타났다. 이는 많은 직원들이 생존방안이 성공으로 이어질지에 대한 자신감 부족과, 우리가 살아날 수 있다는 확신에 회의적인 직원들이 30% 이상 있음을 의미했다.

또한 '고객만족을 위해 고장장애를 개선해야 한다고 생각하는가' 라는 질문에는 78%가 "그렇다"고 대답했고, '고장장애 활동에 참여하고 있는가' 라는 항목에는 61%가 그렇다고 대답했다. 필요성은 인정하면서도 직접 참여하는 데에는 아직 미흡하다는 결과였다. 또한 6시그마의 필요성에 대해 41%만이 그렇다고 대답했으나, 필요 없다는 답변이 15%, 보통이란 답변이 43%로 50% 이상의 직원이 6시그마에 대해 이해를 못했으나 개념은 이해하고 있다는 응답이 77%, 앞으로 참여하겠다고 대답한 비율이 51%나 되어 그나마 다행이었다. 경영혁신 활동의 우선 분야를 적어보라는 항목에서는 신사업, 신기술개발, 사업구조조정, 매출증대, 비용절감의 순으로 조사되었다. 이는 현재사업의 포트폴리오로는 생존이 불가능하고, 사업구조조정을 조속히 마무리하고, 새로운 승부사업에 도전해 보자는 뜻으로 해석되었다.

회사가 가장 역량을 집중해야 할 사업으로 인터넷(58%), e-Biz(33%)사업을 꼽았고, 구조조정이 가장 필요한 사업으로는 천리안사업(52%)을 지적했다. 직장생활에 만족하느냐는 설문에 55%가 긍정적으로 대답했으나, 4급 이하 하위직은 만족도가 낮았다. 회사경영에 관해 가장 낮은 점수를 받은 항목은 인사제도 및 운영으로 나타나 앞으로 이 분야에 대한 개선의 필요성이 제기되었다. 바람직한 급여제도를 묻는 항목에서 연공서열형은 31%가 선호한 반면, 의외로 69%가 성과주의형 급여제도를 선호한다고 대답해 개인 및 조직연계 차별평가를 가장 선호하며 직원의 다수가 성과차별 급여제도를 선호하고 있다는 사실을 알게 되었다. 또 '회사의 경영방침과 현황을 어떤 매체를 통해 파악하고 있는가?'란 질문에 사내 인트라넷인 Win-K를 통해 얻는다와 사내신문을 통해서 파악한다가 같은 36%로 나타났다.

이번 조사에서 대체적으로 전직원이 회사가 처한 위기에 대해 인식을 같이 하고 있었고, 우리가 선택한 생존방안도 올바른 방향이라고 생각하고 있었지만, 성공에 대한 확신은 미흡했다. 또 각종 경영혁신 활동의 필요성은 인정하면서도 직접 참여도는 낮게 나타나 더욱 확산시킬 필요가 있었다. 또한 포트폴리오에 대해서 획기적인 신기술·신상품으로 구조조정을 해야 하고, 혹독한 구조조정 과정에서도 직장에 대한 기대와 정책방향에 대한 신뢰도는 높았으며, 회사회생에 동참하겠다는 의지가 높아 크게 안심했다. 특히 노조집행부는 반대하지만 대다수 임직원이 성과차별형 급여제도를 바라고 있다는 것은 다행스런 사실이었다.

참으로 다사다난 했던 한 해가 저물어가고 있었다. 지난 10개월 동안은 나의 60평생 중 가장 고통스럽고 바쁜 시간이었던 것으로 기억된다. 내가 가지고 있던 열정과 지식, 경험을 다 쏟아 부었다. 데이콤호를 구출해 내기 위해 혼신의 노력을 기울인 결과 가시적인 성과가 조금씩 나타났다. 2001년 12월 31일 저녁, 나는 사무실에 남아 전직원에게 다음과 같은 이메일을 작성해 보냈다.

금년 한 해도 다 저물어가는군요. 지난 열 달 동안을 돌아보니 참으로 다사다난했고, 너무나 여러분들에게 많은 것을 요구하고 고통을 과중하게 드린 것 같아 미안한 마음이 먼저 앞서는군요. 그러나 여러분들의 헌신과 노력이 있었기에 우리 회사는 생존의 위기에서 벗어나, 경영정상화의 가능성을 눈

앞에 두고 있습니다.

금년 한 해의 경영실적을 평가해 보면, 먼저 긍정적인 측면으로 첫째, 25억 원에 불과했던 영업이익을 2001년에 무려 872억 원을 창출했습니다. 물론 우리가 목표로 했던 1,000억 원과 이자보상배율 1을 달성하지는 못했지만 거의 근접했고, 이제는 할 수 있다는 자신감을 갖게 되었습니다. 이 정도의 영업이익을 실현할 수 있었던 것은 우리가 살아남아야 한다는 의지로 유동성위기 극복과 다운사이징을 강도 높게 추진한 결과라고 생각합니다. 우리가 세웠던 비용절감 목표 1,100억 원을 달성하기 위해 우리 모두가 Cut-10 활동을 실천해 회사 총비용의 11%를 절약했습니다. 또한 분사, 매각, 희망퇴직 등으로 3,000명의 식구가 2,000명 미만으로 줄었고, 엄격한 경제성 검토에 의한 투자심사로 무려 2,900억 원을 줄였습니다. 영업이익률과 이자보상배율이 개선되었는데, 특히 하반기의 영업이익률이 15%로 상반기 2%보다 7배 높았고, 이자보상배율도 2.0배를 넘어 우리가 추진한 구조조정의 효과가 하반기부터 본격적으로 나타나고 있습니다.

둘째, 우리가 영위하는 12가지 사업 중에서 경상이익 흑자사업이 전용회선 한 개에서 국내전화사업과 초고속국가망사업이 추가되었고, 영업이익 흑자사업은 전용회선 및 국제전화사업 2가지에서 국내전화, 보라넷사업, 교환회선사업, 초고속국망사업, 에플리케이션사업 등 7개 사업으로 늘어났습니다. 따라서 전화사업의 영업이익이 679억 원의 흑자를 실현해 영업이익률이 14.6%가 되었고, 인터넷사업은 작년도 영업이익 477억 원과 비슷한 461억 원을 실현, 영업이익률 11.2%를 기록하고 매출이 15% 정도 늘어났으며, e-Biz사업은 작년도 108억 원의 적자를 19억 원의 적자로 크게 줄였고 매출증가율도 20%나 되어, 우리가 지향한 인터넷사업자로 변신하는 데 한 걸음 나아갔습니다. 특히 3년 연속 경상이익에서 적자를 내던 전화사업이 흑자로 돌아서 2000년 764억 원의 적자가 2001년 77억 원의 흑자를 실현했고, 6년 연속 적자를 기록하고 있는 인터넷사업의 경상이익이 2000년 136억 원의 적자에서 2001년 21억 원의 적자로 줄었습니다. 이는 우리가 주력사업은 정상화하고, 비 핵심적인 사업은 분사, 매각, 철수 등 사업의 구조조정을 실시했기 때문이고, 경쟁력제고를 위한 원가절감노력과 경영혁신 활동을 전개했기 때문입니다. 특히 6년 간 적자상태에 허덕이던 시외전화사업의 수익구조를 확보하기 위해 전화접속료 인하 및 2, 3대역요금의 통합 등 정부와 끈질긴 협의 끝에 우리의 요구를 관철해 주력사업인 전화사업이 흑자를 시현하고 회사의 캐시카우 역할을 수행할 수 있는 기반을 마련했습니다. 또한 파워콤과 전략적 제휴로 전용회선사용료를 절감해 만성 적자사업이던 인터넷사업의 수익기반을 마련했습니다.

셋째, 아직은 큰 성과를 내고 있지 못하지만 워크아웃 프로젝트, 6시그마, 고장장애와의 전쟁 등 여러 가지 경영혁신 프로그램을 시작해 그 불씨가 퍼지고 있다는 것입니다. 낭비와 비효율을 제거하고 필요 없는 업무나 프로세스를 제거하자는 워크아웃 프로젝트는 두 차례에 걸친 발표대회에서 우리의 성공가능성을 확인했고, 6시그마 활동도 많은 비판과 우려 속에 출정식을 가졌습니다만, 15명의 BB 후보들과 팀원들이 지금 밤을 새면서 열심히 매진하고 있어 그 불씨가 살아나고 있습니다. 또한 고장장애와의 전쟁도 정상궤도에 진입해 6개월 동안 고장장애율을 11%에서 7%대까지 낮추었습니다.

넷째, 부도직전까지 내 몰렸던 회사가 이제는 비용 및 투자비절감으로 유동성위기로부터 벗어나고 있습니다. 지난 5월 말에는 회사의 현금보유액이 바닥을 드러내 보너스 지급도 중단하는 사태가 벌어졌으나, 여러분들의 Cut-10 활동으로 매출액의 11%에 해당하는 1,119억 원을 절약했고, 당초 투자계획 3,000억 원에서 1,725억 원만을 집행함으로써 1년 동안 약 2,500억 원의 자금수요를 줄여 유동성위기를 넘기고, 지난 11월에 회사채

2,000억 원을 갚고도 연말에 1,400억 원의 현금을 보유하게 되었습니다.

다섯째, 지난 7월에 노사간 휴전을 선언하고 단결해 회사를 살리는 데 공동으로 노력하자는 '노사 대 평화선언'에 합의하여 84일 간의 파업과 직장폐쇄의 아픔을 극복하고 이제 노사화합과 협력의 장을 열어가고 있습니다.

그러나 이러한 긍정적인 측면과 더불어 우리 앞에는 극복해야 할 과제가 더 많이 남아 있습니다. 이들 과제를 해결하기 위해 우리에게는 더 많은 고통분담과 혼신의 노력이 필요하고, 더 많은 인내와 열정이 필요합니다.

첫째로 당기 순손실액이 688억 원으로 5년 연속으로 적자를 시현했고, 그 규모도 2000년 923억 원의 적자에 이어 감당하기에 너무나 큰 적자 규모입니다. 과거 경영부실 처리액 405억 원과 자회사들의 적자에 따른 지분법 평가손 208억 원으로 합계 613억 원은 우리가 어떻게 해볼 수 없는 적자이지만, 피할 수 없는 이 무거운 짐을 어떻게든 벗어 던져야 하는 책무를 가지고 있습니다. 영업이익 872억 원을 실현했습니다만, 지급이자 1,010억 원을 지불하기에는 역부족이기에 우리는 허리띠를 계속 졸라매고 사업의 수익성을 확보해야 합니다. 내년에는 기필코 만성적 적자에서 탈출하고 당기순익을 흑자로 바꾸어나갑시다. 특히 영업이익에서 적자를 내고 있는 전화사업의 글로벌스타, 인터넷사업의 보라홈넷, e-Biz의 정보보호와 Enabler 두 가지 사업, 그리고 천리안사업 등 5가지 사업의 흑자전환을 반드시 이룩해야 하고, 경상이익 면에서 적자를 내고 있는 전화사업의 국제전화, 인터넷사업의 보라넷과 교환회선사업을 반드시 흑자로 전환해야 합니다.

둘째로 매출이 뜨지 않고 있습니다. 한국통신의 매출은 15%가 늘어났고 하나로통신은 150%, 온세통신도 55%, 엘지텔레콤도 26%가 늘어났다는데, 우리는 0.2% 감소해 시장에서 패배자가 되었습니다. 더구나 우리가 한국통신 다음으로 제2위의 통신사업자였는데, 이제 하나로통신에 따라

잡혀 제3위 사업자로 전락하는 수모를 당하고 있습니다. 우리가 그렇게도 염원하던 '매출 1조 원의 마의 장벽'을 돌파하려던 꿈은 금년에도 29억 원이 모자라 그 장벽을 넘지 못했습니다. 물론 파업의 여파와 수익 위주의 경영에 집착했기 때문이라고 변명할 수 있지만 이제부터는 매출을 늘리기 위한 영업에 매진해야 합니다. 지난 1년 동안은 다운사이징에 매달려왔지만 이제는 업사이징에 드라이브를 걸어봅시다. 이제는 전사원이 영업사원이라는 인식으로 '1인당 200고객 유치작전'에 동참하고, 영업사원은 한 가지 상품에만 집중하지 말고 회사의 모든 상품을 번들로 팔아야 합니다. 특히 기업고객의 경우에는 유통망에 의존하지 말고 직접영업을 수행해서 유치수수료와 관리수수료를 절약해야 합니다. 앞으로 영업사원은 직접영업과 간접영업비율은 기업영업은 7 : 3, 일반고객영업 5 : 5로 지켜야 합니다.

또한 매출 부문은 작년보다 18억 원이 줄었는데, 이 중에 천리안 매출이 1,460억 원에서 730억 원이나 즉 100%나 감소한 것이 주원인이 되어 회사 매출의 27%를 감소시키는 효과를 가져왔으므로 내년에는 반드시 천리안사업의 구조조정을 이룩해야 합니다. 영업이익도 천리안에서 19억 원 적자가 406억 원으로 크게 늘어나 우리 회사의 가장 큰 애물단지가 되고 있는데, 노동조합을 비롯한 임직원들은 회사의 천리안 분사 및 통합 안을 반드시 수용해야 합니다.

셋째로 회사가 강도 높은 구조조정으로 부도위기에서 탈출하고 있는데도, 투자가나 주주, 그리고 증권금융가에서는 우리 회사에 대한 시각이 여전히 부정적입니다. 작년 1년 동안 종합주가지수는 23.8%가 상승했지만 우리 회사는 주당 3만 450원에서 2만 5,300원으로 16.9%가 하락했습니다. 이는 적자규모가 크고 미래성장에 대한 확신이 없기 때문입니다. 우리는 하루속히 적자사업을 수익사업으로 전환하고, 과감한 상품구조조정을 통해 상품의 수익기반을 다지는 한편, 신상품을 출시해 시장에서 승자가 되어야 주가도 오르고 신뢰받는 기업으로 변신할 수 있습니다. 회사가 적자를 시현하므로 금융차입금이 작년 말 1조 381억 원에서 금년 말 1조 1,657억 원으로 876억 원이 늘어나 부채비율이 230%에서 236%로 늘어났고, 이자비용이 846억 원에서 1,010억 원으로 늘어났습니다. 우리가 경영정상화를 이룩하려면 반드시 당기순익의 흑자를 시현해 금융차입금을 줄여 이자비용을 줄여야 합니다. 따라서 내년에는 이자보상배율 1.6배, 영업이익률 15% 이상, 차입금 10% 감축, 금년에 한 등급 떨어진 회사채 신용등급을 BBBo에서 BBB+로 올려야 합니다.

넷째로 우리가 금년 7월에 노사 대 평화선언이란 휴전협정을 이룩해 냈지만 노사 갈등과 대결의 불씨는 꺼지지 않았습니다. 우리 노조는 지난 1년 내내 경영진을 비방하는 플래카드와 피켓, 선언문 등을 회사의 곳곳에 붙여 놓고, 심지어 조회시간 30분 당긴 것 가지고 실력으로 연단을 점거해 조회를 열지 못하게 방해하는 등 노사간의 싸움이 그치질 않았습니다. 우리는 반드시 업적평가 연봉제를 도입하고 퇴직금을 단수제로 바꾸고, 악명 높은 단체협약을 바꾸는 등 정비해야 할 일이 많이 남아 있습니다. 노사간 평화 기간이 끝나는 2003년 1월 말까지 화합과 단결을 이룩해 내지 못하면 강도 높은 구조조정의 효과도 오래 지속되지 못할 것이고, 우리의 꿈인 경영정상화도 이룩하기 어려울 것입니다. LG필립스 공장의 사원이 그것도 노조대의원의 신분임에도 자회사이지만 남의 회사인 데이콤의 상품을 팔기 위해 매주 토요일 오후에 구미역 광장에서 노래를 부르고 테크노 댄스를 추면서 판촉활동을 한다는 보고를 듣고 낯이 뜨거웠고 부끄럽기 그지없었습니다. 우리 사원도 아닌 사람이 나서는데 우리 회사의 경영정상화를 위해 노조집행부를 포함해 전사원이 열정을 가지고 자발적으로 달라붙어야 합니다.

마지막으로 지난 1년 동안 여러 가지 경영혁신 프로그램을 도입해 확산시켜나가고 있습니다. 그러나 고장장애율은 아직도 7% 수준으로 높고, 20년 간 쌓여온 낭비와 비효율은 곳곳에 나타나고 있으며, 아직도 경영혁신은 일부 직원만이 하는 것으로 인식하고 대부분 직원은 남의 일인 것처럼 방관자의 입장을 취하고 있습니다. 과거의 경영부실을 털어내고, 누적된 적자구조에서 탈출하기 위해서는 전직원이 1인 1과제의 경영혁신 활동을 실천해 생활화해야 합니다. 특히 내년에는 기필코 고장장애율을 2% 미만으로 낮추어야 하고, 워크아웃 프로젝트는 1팀 1과제를 완수해야 하며, 6시그마 100개 과제를 반드시 완료해야 합니다.

우리는 지난 1년 동안 참으로 많은 일을 해내었습니다. 과감한 인력감축과 사업의 구조조정, 피나는 비용절감과 투자비 축소, 주력사업의 흑자전환, 노사 대 평화선언 등으로 우리의 목표였던 부도위기에서 탈출하는 데 성공했습니다. 이러한 노력이 결실을 맺어 영업이익률 8.7%를 실현했고, 지난 9월부터 경상이익도 흑자를 연속으로 시현해, 4/4분기에는 경상이익이 5년 만에 흑자를 실현했습니다. 2002년에는 반드시 흑자실현을 이루어 만성적자에서 탈출해야겠습니다. 2002년은 우리가 경영정상화의 기로에 서 있는 해로, ‘적자회사’라는 불명예에서 탈출하느냐 마느냐, 또 노사간 갈등의 구조에서 신뢰와 협력의 관계를 구축하느냐 마느냐의 기로에 서 있습니다. 지난해는 다운사이징이 회사의 방침이었습니다만, 내년은 업사이징이 회사의 방침입니다. 새로운 해에는 반드시 흑자실현으로 경영정상화의 기틀을 마련하도록 합시다. 우리 앞에는 여러 가지 어려운 대내외 환경이 엄습할 것입니다. 이런 환경을 극복하기에는 우리의 체력이 너무나 허약합니다. 우리 회사는 이제 막 응급환자실에서 대수술을 마치고 일반병동으로 옮겨진 상태입니다. 아직 건강을 되찾기에는 많은 시간과 노력이 요구됩니다. 우리의 회생확률은 10개월 간 노력한 결과 30%에서 50%로 높아졌지만 아직 부족합니다. 그러나 우리가 똘똘 뭉쳐 일관되게 항해하

면 겁날 것이 없습니다. 10개월 전 우리 앞에 놓인 앞길은 정말 캄캄했습
니다. 그러나 모든 직원이 하나가 되어 노력한 결과 부도위기를 극복해 내
었고, 경영정상화의 희망이 보이고 있습니다. 우리가 성취하고자 하는 욕
망과 열정을 가지고 도전한다면 내년에는 반드시 흑자를 기록하는 원년이
될 것입니다. 구성원 개개인이 창의력과 잠재력을 극대화 한다면 초우량
기업으로 발돋움할 수 있으며, 전사원이 자발적으로 또 열정적으로 경영
혁신 활동에 참여한다면 우리는 강하고 튼튼한 회사를 만들 수 있다고 확
신합니다. 우리 함께 또 뛰어봅시다. 2001년 경영정상화의 기틀을 마련했
고, 여기저기에서 가시적인 성과가 나타나고 있으므로 우리가 이 기회를
잡아야 합니다. 이번이 회사의 경영정상화를 위한 마지막 기회라고 생각
해야 합니다. 모든 임직원이 '성취하겠다!' 는 욕망과 열정을 가지고 창의
력과 잠재력을 극대화해 경영정상화 노력을 기울인다면 실현이 가능하다
고 확신합니다.

새해에 좋은 일만 있기를 바라며 온 가족의 건강을 빕니다.

2001년 12월 31일 20:00시 박운서 드림

우리는 2001년 11월 30일부터 1박 2일 간 팀장 이상 전원이 참석한
워크숍에서 2002년도 사업계획을 확정했다. 주요내용으로는 첫째로 내
년도 매출은 20% 증가한 1조 1,900억 원으로 1조 원대를 돌파한다. 영
업이익은 1,560억 원을 달성해 영업이익률 13%, 이자보상배율 1.6배,
경상이익 300억 원 이상을 목표로 한다. 또한 금융차입금의 10%를 축
소한다. 둘째로 인터넷사업 중 영업이익이 적자인 보라홈넷사업을 흑자
로 전환해 인터넷사업 5개를 모두 흑자로 전환한다. 또한 보라넷과 보
라홈넷사업을 흑자로 전환해 교환회선 하나만 적자를 감수하고, 전화사
업에서는 Global Star사업의 적자감축과 국제전화의 경상이익 흑자실

현, e-Biz사업의 영업이익 실현과 천리안사업의 분사를 목표로 한다. 셋째로 신기술의 메트로 이더넷 방식으로 인터넷사업의 시장확대, 새로운 전화부가상품의 출시로 수익성개선, LM시장 진출로 전화사업 매출증대, 정보보호사업의 역량강화로 새로운 매출확보 등 업사이징에 주력한다. 넷째로 매출액의 5% 비용절감, 6시그마 100개 과제 추진, 워크아웃 프로젝트 1팀당 1개 과제를 수행한다. 다섯째로 업적평가형 연봉제를 도입한다는 것이었다.

이러한 의욕적 사업계획을 반드시 달성하기 위해 우리는 2002년 연초에 몇 가지 조치를 취했다.

첫째로 사업별, 조직별 평가지표를 확정 공표했다. 팀장 이상 워크숍에서 격렬한 논쟁을 전개했지만 우리는 합의점에 도달했다. 위에서 확정한 사업계획을 사업별·조직별로 손익목표를 부여하고 수익성, 성장성, 생산성의 정량항목과 경영혁신과제의 정성항목, 그리고 부서별 고유전략과제로 구성하고, 사업 및 영업부서는 정량항목 60%, 경영혁신과제 30%, 전략과제 10%로 가중치를 부여했고, 지원부서는 전략과제 70%와 경영혁신과제 30%로 평가하기로 했다. 인센티브로는 이미 노사 간에 합의한 대로 당기순익이 흑자가 발생할시 개인임금 반납분의 50%를 특별상여금으로 지급하고, 경상이익의 목표를 달성할 경우 전사원에게 기본급 100%의 추가 보너스를 지급하되 조직별 평가 점수에 따라 0%~200%로 차등지급하기로 했다. 이는 전직원의 동참과 조직별 결속을 유도하기 위해서였고, 업적평가에 의한 차등지급방법을 실험해보기 위해서였다. 동시에 팀원의 목표나 팀별 조직별 전략과제는 마이크로소프트사에서 시행하고 있는 'smart 법칙'에 따라 작성토록 지침을 공유하기로 했다. 즉 목표나 사업계획은 ① 구체적이어야 한다(specific). ② 측정이 가능해야 한다(measurable). ③ 달성이 가능해야 한다(attainable).

④ 결과 위주여야 한다(results-based). ⑤ 시간계획이 분명해야 한다(time-bound). 또한 실패시에는 ① 이런 일이 어떻게 발생했는가? ② 어떻게 해결할 것인가? ③ 재발을 방지하려면 어떤 조치를 내려야 하는가에 대해 소명하도록 의무화했다.

둘째로 지난 1년 동안 연구하고 9차례의 공청회를 거쳐 확정한 능력과 성과에 따른 급여제도(안)을 노사간의 협상 이전에 전직원이 알 수 있도록 2002년 1월에 공식적으로 공표했다. 지금까지의 직급과 호봉의 차이에 따른 연공서열형 급여제도를 폐지하고, 모든 사원은 능력과 업적에 따라 차등적으로 지급받는 능력 및 성과에 의한 연봉급여제도로 바꾸자는 것이었다. 물론 노사간에 지루한 협상이 진행되어야 하지만 구성원 개개인이 본인에게 어떻게 영향을 받을 것인가를 계산해 볼 수 있도록 미리 알려주었다.

셋째로 우리 회사의 경영이념과 경영방침, 행동규범 등을 새롭게 정리해 혼란이 없도록 확실히 했다. '고객을 위한 가치창조와 인간존중의 경영'으로 그룹의 이념을 통일하고, 비전으로는 '국내 최고의 인터넷네트워킹 및 솔루션 사업자로 재도약' 한다는 것으로 전화사업자에서 인터넷사업자로 변신하겠다는 의지를 표시했다. 경영방침으로는 취임 이후에 제시했던 '이익중심, 고객우선, 열린경영' 세 가지로, 경영혁신 목표로는 '2003년까지 3년 간 생존을 위해 전력투구한다. 2003년까지 매년 10%씩 비용을 절감한다. 2003년에는 순이익률 3%를 달성한다' 는 것으로 지금까지 부르짖어온 트리플쓰리운동을 제시했고, 다음과 같은 다섯 가지의 행동규범을 정했다.

1. 고객이 원하는 것을 귀담아 듣고 실천으로 응답하자.
2. 도전 없이 성공 없다. 실패를 두려워 말고 시련을 극복하자.

3. 안 되는 이유보다 될 수 있는 방안을 찾자.

4. 칭찬을 자주하자. 칭찬이 신바람나게 하는 것이다.

5. 협조는 내가 먼저, 성과는 그에게 먼저 주자.

넷째로 노사간의 대화의 장을 더 많이 마련키로 했다. 나를 포함한 임원진은 작년 7월 25일 노사 대 평화선언 후 그 동안 중단했던 노조사무실 방문을 반드시 한 달에 한 번씩 실천키로 하고, 노사간의 협의회를 수시로 개최하기로 했다. 특히 팀장 이상 워크숍에서 팀장들이 노사화합의 직접적인 책임자라는 인식을 가지도록 특별교육을 실시하여 그들에게 Awakening, Leading change, Visioning의 책무를 다시 한번 강조했다.

다섯째로 전직원의 의식교육과 전문성 배양교육 등 직원교육을 대폭 강화했다. 우선 능력 있고 우수한 사원을 대폭 승진시켜 팀장과 지사장의 30% 이상을 교체하고, 2002년 1월부터 '신임팀장 리더십과정'을 개설 3박 4일간의 교육을 실시했으며 3급 과장 진급자를 대상으로 '신임과장 리더십과정', 4급 이하 중견사원 760명을 대상으로는 '중견사원 역량강화과정'을 3월부터 6월까지 30회에 걸쳐 실시했다. 한편 영업사원을 대상으로 영업력을 강화하기 위한 '고객만족 스킬향상 교육'과 기술·운용 사원을 대상으로 한 '고객만족능력 향상교육'을 각각 12차례에 걸쳐 4월부터 6월까지 실시했다. 또한 정규직 전사원 1,300여 명을 대상으로 한 '6시그마 교육과정'을 1월 중순경부터 시작하여 95%가 본 교육과정을 수료했고, BB 후보 및 팀장이상 관리자 100여 명은 같은해 4월 중순부터 5차례에 걸쳐 혁신리더로 거듭나기 위한 혹독한 교육을 받았다. 한편으로는 세종대학교와 협력해 '정보통신분야 대학원 교육'인 맞춤교육 과정을 사내에 개설해 2003년 새학기에 25명을 입교시켰다. 아울러 국제적으로 인정받는 자격시험에 합격시키기 위한 전문기술 교육과정도 개설해 2년 간 약 20명이 합격해 세계적인 기술자를 확보하는 성과를 얻었다. 이러한 사내 교육을 실시하기 위해 아산에 있는 위성 지구국의 유휴시설을 첨단교육장으로 변경해 면모를 갖추고 2001년 12월부터 사내 교육장으로 개방해 교육비 절감과 애사심을 고취했다. 이와 같이 전직원의 교육이 강화되어 팀원의 약 10% 정도는 상시적으로 교육에 참가하고 있어 인원 부족을 호소하기도 했지만, 우리는 전직원이 변화와 혁신의 주역이 되는 강하고 튼튼한 체질을 가진 지식근로자로 양성하고자 했다.

여섯째로 우리 회사의 제품을 소비자에게 대리해서 판매하는 유통망을 대대적으로 정비했다. 먼저 생계형 영세대리점을 기업형 및 전업형 평생동지로 육성하기 위해 연간 수수료 수입액 2,000만 원 미만 대리점을 정비했다. 우리 회사의 대리점 중에 연 1,000만 원 미만 매출 대리점이 518개로 84%였고 비전업형 대리점이 591개로 96%에 해당되었으며, 전업형은 대리점당 1억 1,800만 원 매출인데 비해 비전업형은 1,800만 원 매출에 그쳤다. 또한 전화대리점은 연평균 4,400만 원을, 인터넷대리점은 1,400만 원의 매출을 올리고 있어 전화사업매출에 치중하고 있었다. 따라서 2001년 12월에 당시 622개 유통망을 266개로 축소했다. 반면에 우수유통망을 광역시 지역 37개, 기타 지역 35개를 지정해 집중적으로 육성해 나가기로 하고, 연매출 20억 원 이상의 유통망 5개를 'N-터'로 명명해 여러 가지 지원을 약속했다. 특히 앞으로 3년 간 전업형 대리점 300개를 육성하기 위해 대리점당 무이자 지원금 1억 원을 제공하기로 했다. 유통수수료 체계도 전면 개편해 다량유치와 초과매출에 파격적인 인센티브를 제공하고 전화수수료는 인하, 인터넷 수수료는 인상했다. 한편 2002년 1월 10~11일, 1박 2일 간 평택에서 제1차 유통망사장단 연찬회를 열어 회사의 경영상황과 유통망 육성정책을 발표하고, '2002년 매출증대 방안'과 '제2의 영업조직으로서의 유통망의 역할'이란 주제로 분임토의를 가졌다. 우리는 그들을 가족이자 평생동지로 육성하기로 약속하고 1년에 한 번씩 연찬회를 갖기로 했다.

미국 소비자연맹에서 1999~2000년에 미국 소비자 10만 명의 소비자 태도를 조사했는데, 무례하거나 불친절함을 경험한 고객의 96%가 거래를 중단했다고 대답했고, 서비스가 타사보다 좋지 않다고 느낀 고객의 90%는 회사를 떠났다고 조사되었다. 특히 불만고객의 9%에 해당하는 고객이 주변사람들에게 자신의 나쁜 경험을 얘기한다는 것이고, 1명이 불만을 얘기할 때 24명의 다른 고객이 떠난다는 치명적인 손실을 경고했다. 그러나 거래를 중단한 고객의 70%는 불만사항이 해결되었을 때 거래를 재개해 다시 돌아오며 다시 돌아온 후에는 90%가 충성스런 고객이 된다는 사실을 주지시켰다.

데이콤의 고객들이 장기파업과 고장장애 증가, 직원들의 불친절 등으로 지난 1년 동안 시외전화고객 204만 명에서 195만 명으로, 보라넷 고객이 1만 2,300개에서 9,440개로, 전용회선고객은 6,190개에서 6,090개로, 천리안은 110만 명에서 84만 명으로, e-Biz고객은 2만 5,000명에서 2만 명으로 각각 줄었는데, 떠난 고객들을 다시 모셔와야 한다고 강조했다.

다음으로 미국에서 마케팅의 천재, 마케팅의 신이라 불리는 제이 에이브라함(Jay Abraham)은 자신의 저서 《돈버는 마케팅》에서 "고객과 사랑에 빠져라! 고객을 애인으로 삼아라! 고객을 영웅으로 만들어라! 고객을 소중하고 가장 친한 친구로 생각해라!"라고 강조하면서 고객에게 즐거움을 선사하고, 봉사와 혜택을 주어 고객의 행복을 책임져야 한다고 주장했다. 고객의 성공을 위해 전력투구하라(Focus on Driving Customer Success!)!는 그의 말을 우리 모두가 실천할 것을 주문했다.

마케팅도구로 4P 즉, 상품(Product), 가격(Price), 판촉(Promotion), 대상 (Place)은 늘 염두에 두어야 한다. 마케팅의 대가인 하버드대학 필립 코틀러 교수는 《마케팅 리더십》에서 고객의 입장에 서서 고객의 맥박을 느껴야 한다고 주장하면서 4C 마케팅을 강조했다. 그리고 첫째, 고객이 가치가 있다고 생각하는가?(Customer Value) 둘째, 좀더 싸게는 할 수 없는가?(Costless) 셋째, 좀더 편리한 것은 없을까?(Convenience) 넷째, 어떤 대화가 필요할 것인가?(Communication)를 실천하면 잃어버린 고객을 다시 찾아올 수 있다고 말했다. 그는 만들고 파는 개념에서 감지하고 반응하는 (sense and respond) 개념으로 바꾸어야 하고, one to many marketing 에서 one to one marketing으로 변경해야 한다면서 "영업을 잘 하는 사람은 팔지 않는다. 다만 고객취미에 대한 정보를 제공하고, 상대방 관심사에 대해 얘기하면서 고객이 속한 회사와 사람들을 칭찬하는 말을 한다"는 점을 강조했다.

2002년에는 기필코 경상이익에 흑자를 내겠다고 모든 직원이 비장한 각오를 했다. 또한 우리 회사를 떠난 고객을 반드시 다시 모셔오겠다는 결의를 다졌다. 구체적으로 2002년도 가입자유치 목표를 정했는데, PC방은 5,000개에서 1만 개로, 기업고객 3,000개를 5,000개로, 시외전화가입자 190만 명을 300만 명으로, 평생전화인 0505가입자는 7만 명에서 200만 명으로, 웹하드는 4만 명에서 40만 명으로, 글로벌스타 700명에서 2,000명으로, 그룹자매사 매출 650억 원에서 1,000억 원으로, 정보보호는 안철수연구소 다음의 제2위 사업자로, 컬렉트콜과 코로케이숀사업인 인터넷데이터사업에서 1위 수성 등 의욕적인 스트

204

레치 골(Stretch Goal)을 발표하고, 사원 1인당 200명을 유치한다는 목표를 정했다. 또한 1월부터 영업사원별, 영업팀별, 월별 유치실적과 매출실적을 집계해 공표하고, 매월 상위 10개팀과 하위 10개팀, 그리고 상위 10명 사원과 하위 10명 사원에 칭찬과 격려를 동시에 이메일로 보내면서 독려해 나갔다.

다운사이징에서 업사이징으로

지난 2001년 열 달 동안 우리는 허물어져가는 기둥과 벽을 뜯어 고치고, 쌓여 있던 쓰레기를 치웠으며 여기저기 나뒹굴던 살림살이를 정리하는 등 대청소작업을 실시했다. 아직 청소작업이 끝나지 않았고 리모델링이 완료되지 않았지만, 이제부터 구성원 모두가 개미처럼 먹이를 찾아오고 꿀벌처럼 꿀을 따와야 우리 모두가 연명할 수 있는 처지였다. 다시 말하면 시장에서 경쟁에 승리해 매출을 늘리고, 수익을 창출하기 위해 업사이징으로 드라이브를 걸 때가 되었다고 판단했다. 10개월 전에는 어떻게 헤쳐나갈지 정말로 암담했으나, 이제는 목적지를 향해 일관되게 전진해 가고 있었다. 그러나 우리는 강도 높은 비용절감과 구조조정에 지쳐 있었고 각종 경영혁신 활동에 피로감이 쌓이기 시작했다. 그렇지만 우리의 노력이 하나 둘씩 결실을 거두고 있으므로 자신감을 가지고 계속 전진하자고 강조하기 위해 2002년 1월 정기조회를 가졌다. 이미 연말에, 앞에서 기술한 이메일의 내용대로 지난 1년 간의 성과와 부족한 점을 자세히 설명하고, 더욱 분발해 주기를 당부했다.

부도의 벼랑 끝까지 몰렸던 우리는 지난 1년 동안 오직 살아남기 위해 전력투구하느라 주변을 돌아볼 겨를이 없었다. 그러나 2001년 9월 이후 4개월 연속 경상이익의 흑자를 시현하고 있는 자신감을 바탕으로 시장과 기술환경을 돌아보고 우리의 핵심역량과 능력에 맞는 새로운 기술, 새로운 상품으로 시장에서 승자가 되기 위한 전략이 필요했다. 그러나 우리의 체질과 건강은 아직 대규모 신규투자를 감당할 수 있는 처지가 못 되었고, 또한 신규투자가 기존의 투자를 갉아먹는 카니발리제이션(Cannibalization)효과가 발생될까 걱정되었다. 그렇다고 현재의 포트폴리오로는 미래가 없었다. 구리유선에 의한 음성전화는 무선음성시장으로 급속히 전이되고 있어 제2의 천리안 신세로 전락할 위험이 있고, 장차 광케이블에 의한 인터넷 음성통신으로 옮겨갈 것은 불을 보듯 뻔했다. 인터넷사업도 기존의 방식으로 접속하는 초고속인터넷시장은 이미 성숙해 더 이상 시장이 확대될 전망은 보이지 않았다. 또한 현재의 PC에 의한 인터넷통신은 휴대성과 이동성을 만족시켜주는 유무선 통합의 휴대인터넷시장으로 진화할 것이 눈에 보였다. 그러나 우리에게는 시내전화사업권이 없었고, 광케이블망도 취약했으며 최종 소비자에게 접근할 수 있는 건물인입선도 취약했다. 또한 휴대인터넷사업은 정부의 주파수허가사업으로 언제 사업권을 부여할지, 또 부여한다고 해도 우리에게 사업 기회가 생길지 확신할 수 없었다.

데이콤의 미래 성장산업은 어디에 초점을 맞추어야 할 것인가? 우리는 이 질문에 답을 찾기 위해 시스코, 노텔 등 통신장비 업체와 정기적인 기술 워크숍을 가지기로 했다. 그 첫번째 회의를 2001년 6월 13~14일에 시스코팀과 갖고 신규사업의 시장성과 기술접근성 등에 관한 토론을 전개했다. 그 후 매 반 년마다 워크숍을 개최해 우리에게 적합한 신규 서비스상품을 찾았다. 또한 사내에는 신규상품개발팀과 멀티미디어 사업 준비팀을 설치해 미래성장산업 발굴을 전담시키고, 이탈리아, 영국, 스웨덴, 핀란드, 일본, 미국 등 여러 나라에 출장을 보내 그들의 동향을 파악토록 했다. 그리고 Accenture Consulting사에 미래 데이콤의 포트폴리오에 관한 연구용역도 실시했다. 우리는 후발사업자로서 혁신적인 신상품 없이는 시장에서 성공은커녕 살아남기도 힘들다는 인식아래 ① 우리 회사가 경쟁사보다 가장 취약한 부분은 어디인가? ② 어떤 제품이 시장의 경쟁환경을 뒤바꾸어 놓을 수 있을까? ③ 어떤 제품이 우리 회사의 핵심역량을 최대로 발휘할 수 있을까? 우리의 강점은 무엇인가? 등에 대해 고민하기 시작했다. 이러한 과정을 거쳐 우리가 도달한 결론은 다음과 같았다.

첫째, 디지털시대에 어떠한 서비스든지 그 인프라는 광케이블에 기초한 ALL-IP(Internet Protocol) 네트워크에서 이루어질 것이다. 따라서 전국적인 광케이블 네트워크를 구축하기 위해 KT와 버금가는 11만 킬로미터의 광케이블 전국망을 보유한 파워콤을 인수해 데이콤과 합병하고, 데이콤망과 통합하자는 것이었다. 더구나 파워콤은 값이 싸고 전력선과 광케이블을 동시에 내장하고 있는 광동축 혼합케이블을 유일하게 약 5만 미터나 보유하고 있어 과도기적인 네트워크로는 가장 유용한 수단으로 인식되었고, 대규모 투자비를 줄여가면서 시간을 두고 자연스럽게 광케이블 네트워크인 ALL-IP망으로 진화할 수 있는 이점이 있었다. 이는 기술의 통합 내지 융합에도 유용하며, 앞으로 10년 후에는 일반화될 30~50 M/bps의 속도 제공도 가능할 것이라고 판단했다.

둘째, 아날로그방송이 디지털방송으로 대체될 것은 틀림없고, 동일한 인프라 위에서 방송과 통신서비스를 제공할 수 있는, 즉 인터넷 위에 방송 또는 방송 위의 인터넷서비스, 인터넷 위의 음성서비스가 가능한 시대가 도래할 것이다. 따라서 이러한 광케이블에 기초한 IP망을 바탕으로 디지털방송서비스를 시작하고, 이를 포함한 번들서비스를 제공하기 위해 반드시 방송사업권과 시내전화사업권을 확보해야 한다.

셋째, 전국적인 한국전력의 지상 전주를 이용해 가공 설치된 광케이블 네트워크를 활용해, 전국 어디에서도 서비스가 가능한 무선이동통신과 인터넷서비스를 통합해 휴대성과 이동성이 보장되는 휴대인터넷사업에 진출해야 한다. 현재의 이동통신사업자의 네트워크는 언젠가 광케이블에 기초한 인터넷네트워크로 전이될 것이므로 음성, 데이터, 동영상서비스가 가능한 단말기를 이용한 통합서비스의 프로바이더가 되는 것이다.

넷째, 우리는 대규모 투자를 부담할 여력이 없고, 기존 서비스매출을 잠식해서는 안 되며, 기존 투자의 감가상각이 끝날 때까지 기존설비를 최대로 활용하면서 수익성을 제고할 수 있는 새로운 상품을 개발 출시해야 한다. 앞으로 인프라로부터 애플리케이션까지 수직적으로 통합하는 토털솔루션 프로바이더로서 성장한다는 방향을 잡았다. 또한 기존 시장에서 KT와 직접경쟁을 피해 대체 미니시장을 개척해야 한다. 즉 니치마켓에서 승부를 걸 수 있는 신상품과 부가상품을 개발 출시하는 데 역점을 두어야 한다고 의견일치를 보았다. 따라서 첫번째, 네번째 방향은 2002년 내에 실행에 옮기고, 두번째, 세번째 방향은 철저하게 준비한다는 목표를 세웠다.

이러한 방향의 상품개발과 출시를 준비하기 위해 2002년 초 몇 개의 신규 조직을 창설하고 과제를 맡겼다. 먼저 경영혁신단의 구조조정팀을 사업조정팀의 정규조직으로 편입해 첫번째 과제인 파워콤, 두루넷 등의 인수합병추진업무를 맡겼다. 또한 두번째 과제인 통합서비스 제공을 준비하기 위한 멀티미디어 사업준비팀을 경영혁신추진단 아래 새로이 창설했다. 그리고 세번째 과제인 휴대인터넷사업과 정보보호사업의 준비를 위해 사업부 내에 무선사업팀과 정보보호사업팀을, 연구소에는 무선 기술개발과 정보보호 솔루션 개발을 전담하는 팀을 신설하고 전화부가 상품 개발을 위한 연구조직을 확충했다.

그러나 과거의 투자실패에 따른 쓰라린 경험과 '우리도 과거 사람들처럼 실패하면 어떻게 하나?' 하는 두려움 때문에 앞으로 나아가기를 주저했다. 그리하여 나는 종종 마이크소프트의 운명을 바꾸어놓은 'Windows95'를 개발 출시할 때에 빌 게이츠가 한 말을 강조했다.

"시장에서의 선점이 매우 중요하다. 먼저 시장에 내놓고 사용자가 시급히 해결하고자 하는 문제들을 해결해 주는 동시에 추가로 해결해야 할 문제가 무엇인지, 어떤 기능을 필요로 하는지 등의 의견을 사용자로부터 수집해 나가자! 실패를 이유로 해고하는 일은 결단코 없다. 단순한 실패를 이유로 해고한다면 그 사람이 가진 소중한 경험을 내다버리는 것과 같다."

더욱이 우리가 먼저 출시하고도 후발사업자가 공격적인 마케팅으로 우리 제품을 모방할 때에 속수무책이었거나, 고객청약이 몰릴 때와 고장장애가 다발할 때를 대비하지 못했던 실패를 되풀이하지 말자고 격려해 나갔다. 그리고 《Blockbuster》란 책에서 지적하듯이, 신규 상품을 출시하고 난 다음에는, '귀하가 하고 싶은데 할 수 없는 기능은 무엇입니까?' '사용제품 중에 기능 하나를 바꾼다면 무엇을 바꾸겠습니까?' '현재 제품으로 처리할 수 없는 것은 무엇입니까?' '사용제품 중에 불필요한 기능은 무엇이고, 이 제품에 없는 기능은 무엇입니까?' 등의 질문으로 반드시 고객의 의견이 피드백되어야 함을 강조했다.

이상과 같은 결론에 따라 우선 네번째 분야에 해당하는 것으로 2002년 이후에 우리가 본격적으로 개발 출시한 상품은 기업인터넷시장에서 메트로 이더넷기술로 구성방법을 바꾸었다. 기업 및 PC방 고객에게는 '보라파워넷' 이란 브랜드로, 기존의 교환망사업의 고객에게는 '보라MVP' 라는 신상품을, 정부 및 공공기관은 'ATM 국가망' 이란 브랜드로 출시했다. 한편 정보보호를 위해 데이터재생 시스템과 보라시큐어넷을, 기업고객 유치를 위한 화상회의와 텔레미팅서비스, 그리고 데이터 창고임대업인 '웹하드(Webhard)' 란 브랜드를 출시했다. 그리고 전화사업에서는 시내사업권이 없는 한계를 극복하고 전국 동일통화 대역으로 하는 평생전화번호로 쓸 수 있는 0505 상품과 다자간 콜렉트콜 상품을 출시했다. 이 중에 '신상품 개발을 통한 보라넷 PC방 경쟁력 확보' 방안은 2002년 6월 LG그룹 전 소속사의 스킬올림픽에서 받은 20여 개의 대상 중 하나로, '초고속국가망서비스 차별화를 통한 ATM 시장점유율 제고' 와 'MVP(Multiple Virtual Private Network) 서비스 출시를 통한 매출증대' 방안은 2003년 6월 스킬올림픽대회에서 대상을 수상하기도 했다.

우리는 그 동안의 성공을 바탕으로 2001년 8월 이후 일부 지역 PC방에만 제공하던 광 이더넷 서비스를 2002년 3월부터 전국 2만 개의 PC방을 대상으로 서비스를 개시했고, 4월부터는 기업고객을 대상으로 서비스를 시작했다.

그리하여 파업으로 인해 해지했던 고객을 신규 서비스로 다시 돌아오게 해, 2004년 3월 말 광 이더넷 고객 6,847개, 기존 TDM 고객 60개 합계 6,907개를 고객으로 확보했다. 목표로 했던 1만 개 유치는 달성하지 못했지만 경기침체에 따른 시장의 20% 축소에도 불구하고 2003년 550억 원의 매출을 유지했고, 기업고객도 2000년 12월 4,135개 중에 2004년 3월 기준으로 광 이더넷 전환 1,520개, TDM유지 1,386개 도합 2,906개로, 그간 내수경기 침체의 장기화와 KT의 ADSL에 의한 저가공세로 인한 고객감소에도 불구하고 매출은 당시 778억 원에서 2003년 814억 원으로 다소 늘어날 수 있었다. 보라넷서비스의 시장점유율이 당시 25%에서 2004년 초에 33%로 늘게 된 것은 바로 메트로 이더넷 방식으로 신상품을 출시했기 때문이었다. 그러나 우리가 의욕적으로 내걸었던 목표는 2002년 하반기부터 시작된 내수경기의 급랭으로 8,000개까지 유치했던 PC방은 7,000개로 줄었고, 기업고객은 중소기업의 타격으로 3,000개 고객 확보에 그쳐 달성하지 못했지만, 메트로 이더넷이란 새로운 기술을 국내에 전파하는 선도적인 역할을 했다. 특히 이를 기반으로 우리가 감히 넘보지 못했던 전국 대학망을 경쟁을 통해 승리할 수 있었고, 전국 초중고 네트워크시장에서도 기술의 우수성이 입증되어 속속 승전보를 접하게 되었다.

다음으로 우리가 업사이징 상품으로 주력한 부문은 투자비가 적게 들고, 우리의 높은 기술력을 활용할 수 있는 부가가치가 높은 분야였다. 인터넷사업을 특성에 따라 나누어본다면, 인프라사업으로 전용회선을 제공하는 일명 '빨랫줄' 사업, 인터넷접속을 가능케 하는 기업·가정·공공기관을 대상으로 하는 초고속인터넷 접속사업, 백화점의 상점을 임대하는 것과 같이 각종 서버를 설치·운영하도록 일정한 장소를 제공하는 인터넷데이터센터사업, 보안창고업과 같이 데이터를 안전하게 저장할 수 있는 공간을 제공해 비밀과 보안을 보장해 주는 웹하드사업 등이다. 이들 서비스는 투자가 많이 필요하고 부가가치가 낮다는 단점을 갖고 있다. 다른 한 종류는 인터넷을 이용해 여러 가지 부가서비스를 제공하는 것으로 전자상거래(e-Commerce), 인력관리, 고객관리(Customer Relation Management), 전자세금계산서 등 다양한 소프트웨어로 활용되는 애플리케이션 분야이며, 또 다른 한 종류는 이들의 부가서비스를 제공할 수 있도록 도와주는 보조적인 서비스로 결재, 빌링, 인증, 보안 등 이른바 Enabler Business 영역이다. 우리는 첫번째 분야를 제외한 사업들을 통틀어 e-Biz사업으로 정하고, 3개년 중기계획을 세워 2001년 매출액 200억 원에서 2004년 매출액 2,500억 원을 달성하겠다는 의욕적인 목표를 제시했다. 이 계획을 실제로 추진한 결과 실적이 2001~03년 기간 동안 연평균 54.7%가 증가했고, 영업이익률도 2001년 마이너스 9.2%에서 2002년에는 플러스 2.2%, 2003년에는 7.4%로 개선되었다. 이들 사업 중에 우리가 특히 주목한 것은 웹하드와 정보보호사업, 그리고 인터넷데이터사업이었다.

우선 인터넷상의 저장 공간을 임대해 주는 웹하드는 2001년 미국의 9·11테러, 바이러스와 해킹 등으로 정보보호에 대한 사람들의 관심이 높아지면서 2001년 하반기부터 유료화 서비스를 제공한 이후 가입자가 빠르게 늘어갔다. 2002년 한햇동안 11만 명이 가입해 15억 원의 신규매출을 일으켰고, 2003년에는 가입자가 약 20만 명에 이르러 64억 원의 매출을 올리는 등 높은 영업이익률을 유지했다. 비록 우리의 목표인 40만 명의 가입자는 이룩하지 못했지만 경쟁사가 따라오지 못하는 시장점유율 44.5%를 차지해 마켓리더가 될 수 있었다.

인터넷을 이용한 서비스가 늘어나고 이용자가 증가할수록 정보보호에 대한 요구가 증가해 정보보호사업이 향후 5년 간 연평균 30%씩 성장, 국내시장 규모가 5,000억 원에 이를 것으로 예상하고 이 분야에서 마켓리더가 되기 위한 준비를 시작했다. 먼저 2001년 10월에 정보보호사업팀과 정보보호기술팀을 본사 조직으로 신설한 뒤 분야별 정보보호 전문업체 16개를 참여시켜, 그해 12월에 '데이콤 ISG(Information Security Group)'가 출범했다. 이는 우리가 통합보안사업자로서 지위를 확보하기 위해 필요한 분야별 정보보호 솔루션 업체를 모아 정보보호를 위한 컨설팅, 침입차단, 침입탐지, 가상사설망, 서버 및 메일보안, 통합보안관리, 인증 등 정보보호에 관한 모든 솔루션을 원스톱 서비스로 제공하기 위함이었다. 그리고 우리 회사부터 스스로 정보보안 강화를 위해 2002~03년 사이에 약 50억 원을 투자해 ISG에 사업권을 제공하고 통합보안사업자로서의 경험과 능력을 쌓도록 했다. 이로써 우리는 정보보호서비스의 매출을 2002년에 69억 원, 2003년에는 157억 원을 달성 업계 2위로 부상했다. 비록 첫해에는 영업이익률이 마이너스 43%를 기록했지만 둘째 해에는 마이너스 14.4%로 줄었고 2004년에는 흑자시현이 기대되었다. 특히 우리의 보안솔루션 능력을 배양해 은행, 증권 등 금융업계의 Data Recovery System 시장을 개척해 24개 대형 금융기관에 제공함으로써 2002년 32억, 2003년 57억 원의 신규 매출을 일으켰고, 시장점유율 40%로 1위 자리를 굳혔다. 2001년 12월에 서비스를 시작할 당시 2개 가입자, 매출 7,900만 원에서 2003년 12월 24개 가입자 5억 7,000만 원으로 월평균 매출액이 7.2배로 성장했다. 이러한 노력이 인정되어 2003년 12월, 정보통신부장관이 수여하는 '정보보호 대상'을 수상하는 영광을 안았다.

이상에서 설명한 바와 같이 우리는 투자비가 적게 들면서 부가가치가 높고 우리의 기술인력을 활용할 수 있는 사업을 인터넷 분야의 미래 성장산업으로 선정하고 2001년 하반기부터 메트로 이더넷, ATM, MPLS-VPN, Webhard와 DRS 및 정보보호 관련 상품 등 인터넷사업과 관련된 5가지 신규서비스를 출시해 신규매출로 2002년에 942억 원을, 2003년에 1,727억 원을 달성해 전년 대비 83.3%가 증가했고 회사매출의 17%를 차지했다. 이로써 우리는 상품의 사양화와 기술의 낙후를 극복하고 신기술로 대체상품을 제공해 회사의 매출감소를 상쇄할 수 있었다. 여기에서 힘을 얻은 우리는 앞으로 신규상품의 매출이 전사매출의 30% 이상 차지할 수 있도록 인터넷화상회의, 전력선을 이용한 인터넷 접속 등 신상품, 신기술개발에 더 많은 투자를 하기로 결정했다.

그 다음으로 우리가 업사이징 상품으로 역점을 둔 것은 다자간 컬렉트콜서비스 1위 수성, 기업 구내 사설전화교환망인 PBX(Private Branch Exchange)시장진출, 평생전화번호 200만 유치, 음성인식기술을 이용한 1544의 시장개척 등 전화부가상품의 시장확대였다.

컬렉트콜은 수신자가 전화요금을 부담하는 서비스로 1998년 KT가 수동교환 컬렉트콜사업을 철수한 이후, 데이콤에서 '08217'이란 접속 번호로 지능망을 이용한 자동컬렉트콜 서비스를 처음으로 출시했고 고객층은 주로 군인과 학생이었다. 우리가 이 시장에서 독점사업자로 크게 성공하는 것을 경쟁사업자가 그냥 놔두지 않았다. KT가 2001년에, 하나로통신과 온세통신이 2002년에 같은 서비스를 출시해 시장은 치열한 경쟁 속에 들어갔다. 데이콤으로서는 당시 시장에서 부동의 1위 자리를 유지하던 유일한 상품이었기에 애착을 가지고 마켓을 수성하기 위한 대책 마련에 나섰다.

우리는 첫째로 군인시장의 매출감소를 방지하기 위해 컬렉트콜 전용전화를 설치하기로 했다. 그때까지 군인들이 주로 KT의 공중전화를 이용해 가족이나 친구들에게 컬렉트콜을 사용했으나 '컬렉트콜 전용전화'를 설치한 뒤로 매출감소를 다소 방지할 수 있었다.

그러나 KT가 여러 가지 핑계로 전용회선의 개통을 거부해 2002년에는 전용전화 약 1,500대를 개통하는 데에 머물렀다. 그리하여 파워콤망을 활용하기로 하고 접촉했으나 파워콤망은 고속회선으로 다회선 청약을 요구해 왔다. 우리는 다회선 청약이 필요한 규모의 군부대를 직접 공략하기로 결정하고 파워콤 광단국이 이미 설치된 군 밀집 지역을 대상으로 전용전화 설치를 추진해 나갔다. 그 결과 KT회선에 의존했던 전용전화 개통률을 두 배 이상 증대하고, 개통 기간도 3분의 1 이상 단축할 수 있었다. 한편 파워콤은 자체 광단국이 설치되지 않은 부대에 대한 신규개통을 투자비과다 핑계로 거절했다. 결국 이 문제는 파워콤을 인수, 경영권을 확보한 다음에야 해결할 수 있었다. 그리하여 2003년에는 컬렉트콜 전용전화 3,000대를 추가로 설치했고 이를 이용한 다자간 컬렉트콜 등의 부가서비스를 제공했다.

처음에 파워콤 사람들은 전용회선의 신규개통을 강하게 반발했다. 투자비를 회수할 수 없고 사용요금이 저렴해 손해를 본다는 것이다. 나는 그들에게 "데이콤이 물고기를 몰아오면 여러분들이 개통해 주지 않아 다 잡은 물고기 60% 이상을 놓치고 있다"면서 고객이 있으면 서비스를 제공해야 하는 것이 의무이고, 또 선투자해 광단국을 미리 설치해 놓으면 앞으로 인터넷 수요도 일어날 것이라고 설득해서 반 강제적으로 개통시켰다. 이것이 단초가 되어 파워콤 노조원들은 데이콤에 "퍼주기식으로 도와준다"고 반발하고 나섰다. 나중에 다회선 개통과 군부대의 인터넷 수요가 늘어나자 조용해졌고, 매출이 늘자 오히려 회선개통에 앞장 서게 되었다.

둘째로 학생시장 공략에 나섰다. 학생시장은 타깃이 산재해 있어 마케팅 효과가 낮은 시장이면서 KT가 공중전화를 독점해 왔기 때문에 우리의 시장 진입에 사실상 불가능한 상황이었다. 그러나 팀원들은 좌절하지 않고 도전에 나섰다. 연필 등 각종 문구류와 부채에 08217을 소개하는 것으로부터 방학을 이용한 여름캠프 등 각종 학생수련장에 직접 찾아다니면서 홍보에 나섰다. 심지어 각 교회를 찾아 여름성경학교에 참여하는 학생들에게까지 정성을 들였다. 또한 학생을 둔 우리 직원을 활용해 자녀들까지 동원하는 극성을 보였다. 그리고 2002년 하반기에는 케이블 TV와 인터넷 광고활동을 통해 학생시장을 효과적으로 공략할 수 있었다. 이와 같이 우리가 단기간 내에 브랜드 인지도를 쌓는 데 총력을 기울인 결과, 우리의 브랜드 선호도와 매출은 크게 증가했다.

셋째로 자체기술개발을 통해 경쟁사와 차별화전략을 선택했다. 경쟁사들은 컬렉트콜을 출시한 후에 줄곧 1위인 우리의 서비스기능을 모방하고 가격 덤핑과 광고비 지출로 승부를 걸어왔으나, 우리는 시장의 수요 패턴을 신속하게 반영할 수 있는 기술개발에 온 힘을 기울였다. 예를 들면 외부에 의존하던 기존의 서비스 플랫폼을 자체개발을 통해 서비스에 즉시 반영할 수 있도록 각종 서비스를 개발, 상용화할 수 있도록 조치했다. 그 결과 고객의 니즈가 서비스에 반영되는 시간이 절반으로 단축되고, 장애처리시간도 10분의 1 미만으로 최소화됐다. 또한 다자간 컬렉트콜을 상용화했다. 또한 유선시장의 한계를 극복하기 위해 2003년 3월부터 휴대 전화기에서도 이용할 수 있는 다자간 컬렉트콜을 개발해 '1633'이란 접속번호로 출시했는데, 이것이 성공을 거두어 대박을 터뜨렸다고 즐거워했다. 출시 첫 달에 월 매출 1억 원으로 시작해 그해 12월에는 월 20억, 2004년 3월에는 월 40억 원의 매출을 올렸다. 컬렉트콜 매출이 2000년에 221억 원에서 2001년 319억 원으로 44.3%가 증가했고, 2002년에 376억 원, 2003년에는 606억 원으로 3년 간 연평균 41.1%씩 증가하는 실적을 올렸고, 영업이익률도 25% 이상을 유지할 수 있었다.

두번째 전화부가상품은 기업고객을 대상으로 한 것으로, 각 기업의 대표번호제도인 1544 접속과 구내전화 연결창구인 PBX 설치 영업이었다. 이는 신상품이라기보다는 새로운 진입가능 시장을 파악해 KT의 독점시장을 양자 경쟁체제로 이끌면서 기업고객에 좀더 나은 서비스를 권장해 비교적 성공을 거두었다. 전국대표번호 1544 상품은 2000년에 48억 원, 2001년에 143억 원의 매출에 그쳤으나 2003년에는 325억 원으로 3년 간 연평균 100%씩 증가했고, PBX 영업은 2002년부터 시작해 그해 5억 원의 매출을 일으켰으나 2003년에는 81억 원의 매출을 일으키는 개가를 올렸다.

2001년 하반기에는 세번째 전화부가상품으로 0505-×××-×××× 평생전화 서비스를 출시했다. 시내사업권이 없는 한계를 극복할 수 있고, 지역번호를 사용하지 않고 전국 동일번호를 사용하기 때문에 한 번 선택하면 평생 동안 사용할 수 있을 뿐 아니라, 부재중이어서 전화를 받을 수 없을 때에도 이동전화 또는 유선전화로 자동으로 연결할 수 있는 기능을 가지고 있었다. 우리는 이 상품의 판매를 위해 주요 일간지 및 방송매체에 아끼던 광고비를 풀었고, 우리 직원들이 지하철역 등을 돌면서 전단지를 뿌리고, 직원당 200명 유치목표를 달성하기 위해 LG그룹사 직원, 학교동창, 친인척 및 친지들의 가입유치에 극성을 떨었다. 내가 선두에서 판촉을 독려한 이유는 0505 가입자 100만 명을 확보하면, 영업이익이 BEP(Break Even Point)에 도달하고, 200만 달성시에 영업이익률이 15%에 이를 것이라는 분석을 바탕으로 했다. 또 이 고객들을 기반으로 인터넷전화사업자(VOIP : Voice over Internet Protocol)로 진출해 시장을 선점하고, 시내와 시외전화사업자의 영역구분을 없애고, 지역접속번호 없이도 한반도를 전국단일 통화권역으로 통합할 수 있으며, 정부가 허용해 주지 않는 LM(Land to Mobile)시장에 자동으로 진입할 수 있다고 판단했다. 나아가 국내 전화사업의 패러다임을 완전히 바꾸어놓을 수 있다고도 판단했다. 이러한 노력의 결과 2002년 1월 29일, 출시 6개월 만에 10만 명 돌파행사를 가질 수 있었고, 2003년 말까지 300만 명 유치목표를 반드시 달성하겠다는 의지를 불태웠다. 또한 직원 부인들을 교육해 판촉에 동원한다는 비난도 있었지만, 부수적으로 우리 직원과 가족들이 내 회사제품을 내가 직접 판매하므로 회사에 대한 애착심을 고취할 수 있는 효과도 가져왔다. 이러한 노력의 결과 출시 18개월 만인 2002년 9월 25일부로 100만 명의 가입자를 확보했다. 그러나 시내사업권이 없는 한계를 극복하지 못하고 2003년 12월에 136만 가입자를 유치하는 데 그쳤고, 매출액도 2003년에 25억 원에 머물렀다. 전화매출은 발신할 때에 일어나기 때문에 0505가입자라 하더라도 발신매출은 KT에 귀속되었고, 가입해 번호를 부여받는 대가로 월 기본료 1,000원만 부담하면 되었는데, 0505의 편의성은 인정되었지만 소비자들이 0505 가입번호를 일상적으로 사용하는 데는 한계가 있었다. 이러한 한계를 극복하기 위해 독자적인 IP망으로 인터넷전화를 출시해 0505 가입자를 흡수하기 위해 약 50억 원을 들여 VOIP Platform 설치를 완료하고, 2004년 4월 1일부터 서비스를 시작할 계획이었다. 나는 여기에서도 태생적인 반쪽 사업권자로서의 비애를 느끼면서 좌절감과 한계를 맛보았다.

그러나 0505나 텔레미팅, 무선랜사업 등의 일부 신규상품에서는 성공을 거두지 못했지만, 전반적으로는 당초의 의도대로 신규투자의 부담을 줄이고 기존의 투자를 활용해 설비의 사용율을 제고하면서 매출을 늘리고 수익성을 제고하는 데는 성공을 거두었다. 시외전화의 기본상품 매출은 2000년에 1,500억 원에서 2003년에 1,377억 원으로 3년 간 8% 감소했으나 전화부가상품은 2000년 매출액 394억 원에서 2003년 1,217억 원으로 3배 이상 늘어 3년 간 연평균 50.5%의 증가율을 기록했다. 부가상품의 시장점유율도 당시 10% 내외에서 2003년에 22%까지 올라갔다. 따라서 회사의 국내전화 매출 중 부가상품의 비중이 2000년 20.8%에서 2003년에 46.9%로 배 이상 증가했고 신규상품의 영업이익률도 25% 이상 확보했다.

이로써 신기술, 신규상품 출시에 의한 업사이징 전략으로 2003년에 전화사업에서 컬렉트콜, 전국대표번호, 0505, PABX 등 네 가지 상품에서만 1,037억 원의 매출을 일으켜 전화부가상품 매출액의 85.2%를 차지했고, 2001년 대비 2003년에 신규상품에 의한 순증매출액은 823억 원으로 이는 전사 매출의 8%에 해당했다.

따라서 2001년 하반기 이후 출시한 신규상품 매출의 순증액은 2003 기준, 앞에서 예시한 인터넷 관련 5가지 신규상품 매출 순증액 1,727억 원과 전화부가상품 4가지 매출 순증액 823억 원을 합쳐서 2,550억 원의 매출을 확보해 기존 상품의 매출감소를 상쇄하고 전사 매출의 25%를 신규상품의 매출증가로 메울 수 있었다. 또한 2001년에 국내 시장점유율 1등 상품은 08217이란 컬렉트콜상품 하나였으나 2002년에는 전화선불카드(HCD: Home Country Direct), 메트로 이더넷, 웹하드, MPLS-VPN 등 4가지 상품이 추가되었다.

마지막 업사이징사업으로 인터넷 데이터센터사업을 선정했다. 1990년대 후반부터 인터넷을 이용한 각종 서비스가 급속히 증가하면서 ISP(Internet Service Provider)사업자들에게 각종 서버를 설치, 운영할 수 있는 공간을 제공하는 IDC(Internet Data Center)사업이 새롭게 등장했다. 데이콤이 국내에서는 최초로 308억 원을 투자해 강남 논현동에 8,500평 규모의 KIDC를 1999년에 설립했다. 취임당시 KIDC는 578개 고객을 Co-Location으로 수용해 2000년에 매출 223억 원, 당기순익 34억 원으로 개관 1년 만에 흑자를 시현했고, 시장점유율 50%를 차지해 뒤늦게 진입한 KT를 크게 앞지르고 있었다. KIDC는 당시 데이콤의 5개 자회사중에서 유일하게 흑자를 시현하고 있었고, 앞으로 많은 기업들이 백업센터를 설치할 것이고 전산실의 아웃소싱이 증가할 것으로 예상되어 2005년경에 국내시장 규모가 약 5,000억 원 이상으로 성장할 것으로 전망되었다. 또한 데이콤 본사로서는 건물임대 수익이란 고정매출과 KIDC에 입주한 ISP사업자에 대한 인프라 제공과 트래픽 발생에 따른 매출을 확보할 수 있는 장점이 있었다. 그러나 사업성격이 건물임대 사업으로 막대한 고정자산의 투자가 필요했고, 후발사업자로서 많은 건물을 보유하고 있는 KT의 공격적 마케팅에 많은 고객의 이탈이 우려되었으며, 게다가 하나로통신, 온세통신, 두루넷마저도 IDC사업에 뛰어들었다. 여기에 iAsia, PSI-Net, Phihana 등 외국업체도 가세해 과당경쟁을 벌이고 있었다. 이러한 상황에서 뚜렷한 차별화 포인트를 발견할 수 없는 KIDC가 강성노조란 장애물을 극복하고 과연 1위 자리를 수성할 수 있을까? 또한 닷컴 기업들이 버블현상이 꺼지면서 쇠퇴하고 있는데 대체수요가 일어날 수 있을까? 하는 의문은 투자결정을 주저하게 만들었다. 하지만 당시에 시장선점 효과와 운영의 안정화로 많은 고객들이 KIDC 입주를 선호해 추가상면 확보를 위한 추가투자가 필요한 상태였고, 외자도입을 위한 협상도 AIG, Exodus와 병행해 진행하고 있었기 때문에 1위 자리를 내어줄 수 없다고 생각했다. 또한 당시에 사업성을 검토한 Bain & Co에서 제시한 보고서는 2005년에 매출이 2,000억 원으로 연평균 56.4%로 증가하고, 5년 평균 순이익률 5%선을 유지할 것이라는 전망을 내놓았고, 사업성이 있다고 판단했다. 또한 취임 후 4월 초에 외자유치를 주선하고 있는 CSFB의 'KIDC의 기업가치 평가'에 대한 보고를 받았는데, 보수적으로 평가해도 현재의 기업가치가 자본금보다 2~3배나 높고, 보유지분 100%중 32%의 지분을 외국투자가에 넘겨도 약 200억 원의 매각차익을 실현할 수 있다고 판단되어 외자도입 협상을 지속하기로 결정했다. 그리하여 우리는 추가상면 확보를 위해 양재동 기존 건물의 개보수증축 안과 국내시장 철수를 결정한 iAsia

Works의 IDC를 인수하는 안을 검토한 끝에, 즉각적인 영업개시가 가능하고 투자비가 덜 들어가는 후자를 선택해 가격협상에 들어갔다. 그러나 우리가 기대했던 외자도입계획이 최저의 기업가치로도 600억 원 정도로 평가하던 AIG가 도저히 수용할 수 없는 가격을 제시해 협상이 결렬되어 자금조달 사태에 직면하게 되었다.

재원조달에 낭패를 당한 우리는 iAsia와 인수가격 협상에서 사업을 철수하는 점을 감안해 약 350억 원으로 인수가격을 결정하고, 입주한 고객 100여 개와 인터넷전용선 고객 1,200개를 함께 인수할 수 있었다. 그해 8월에 데이콤이 당시 강남사옥 임대에 따른 보증금 206억 원 중 182억 원을, 우리사주에서 10억 원을 각각 유상증자로 조달해 자본금 을 500억 원으로 늘릴 수 있었다. 당시에 데이콤 본체가 어려웠지만, 임대보증금 수입을 차입금 상환에 써버리는 것보다는 투자를 해 경기회복시 KIDC를 상장해 지분 49%를 매각하면 이익이 될 것이라고 판단했기 때문이었다. 그 후 2003년에 사업을 철수하는 PSI-Net을 KIDC가 인수해 상면부족 문제를 해결하여 시장점유율 1위 자리를 유지할 수 있었다.

파워콤 인수 작전

2002년 상반기 경영실적은 우리의 고된 노력을 외면하지 않았다. 우리는 지난 1년 이상 고통분담과 혼신의 힘으로 데이콤을 살려내기 위해 노력한 결과 작은 성과를 이루어내었다. 2002년 상반기 중 6년 만에 당기순익 223억 원, 순익률 4.4%의 흑자를 기록했다. 상반기 영업이익이 589억 원이 실현되어 영업이익률 11.5%를 달성했는데, 이는 2001년 상반기 중 92억 원과 영업이익률 1.9%에 비해서 크게 개선된 결과였다. 영업이익률이 2001년 상반기에 1.9%, 하반기에 9.5%, 2002년 상반기에 11.5%로 증가하고, 이에 따른 이자보상배율이 0.16배, 0.93배, 1.33배로 개선되어 그 동안의 구조조정 노력과 경영혁신 활동의 효과가 서서히 나타나기 시작했다. 경상이익도 2001년 4/4분기부터 실현하기 시작해 2002년도 1/4 및 2/4분기에도 계속되어 3분기 연속 흑자를 시현했다. 상반기 매출도 만족스럽지는 않으나 업사이징품목의 성공으로 작년도 상반기 대비 8%가 늘었고, 천리안사업의 매출이 감소한 것을 제외한 모든 사업이 고른 성장세를 보였다. 당기순익의 흑자로 순 현금창출액(Net Cashflow)이 사상 처음으로 764억 원이 실현되어 금융차입금 규모를 2001년 말 1조 1,657억 원에서 2002년 6월 말 9,878억 원으로, 10% 이상 감축해 마침내 1조 원 미만으로 줄일 수 있었다. 부채비율도 2001년 말 236%에서 154%로 축소되었다. 또한 경상이익 흑자사업은 3개 사업(전용회선, 국내전화, 초고속국가망)에서 4개 사업(국제전화, 보라홈넷, 애플리케이션, Enabler사업)이 추가되어 7개가 되었고, 이제는 5개 사업만(글로벌스타, 교환회선, 보라넷, 정보보호, 천리안) 남게 되었다.

경영혁신 프로그램도 이제는 전사적으로 뿌리를 내리고 있었다. 2002년 7월 10~11일 1박 2일 간 개최된 제5회 경영혁신 성공사례 발표대회에서 업무혁신, 기술혁신, 6시그마, 영업성공 분야에 제출된 과제가 양적으로도 증가했을 뿐 아니라, 질적으로도 크게 개선되었다. 1팀 1과제라는 목표대로 전사적으로 모든 팀이 참여해 열기를 더해갔다. 고장장애율도 2001년 12월 6.7%에서 2002년 6월 말 2.2%로 줄었고, 8월 초에는 한국표준협회가 '2002년 한국서비스 품질지수' 조사결과를 발표했는데, 우리 회사가 시외 및 국제전화 분야에서 KT, 온세통신 등 경쟁업체를 누르고 1위를 차지했다.

무엇보다도 지난 1년 동안 직원들이 많이 달라졌다. 누가 시켜서 하는 것이 아니라 스스로 개선하고 개척해 나가고 있었다. 또한 패배주의에서 벗어나 '할 수 있다. 하면 된다. 하니까 되더라'는 자신감과 희망을 갖게 되었다. 또한 2001년 하반기 이후 추진해 오던 영업부문, 네트워크 부문, 사업부문별로 분기별 전략회의와 자체 발표 및 포상행사 등은 CEO의 지시나 간섭 없이도 자발적으로 진행되었고, 지식경영활동과 통신기술경진대회 등 여러 가지 특수 프로그램도 높은 참여도 속에 확산되어갔다. 이제부터는 "최고가 됩시다!"란 인사말을 일상화하고 체질화하면서 미래를 지향하고 있었다. 이에 따라 외부의 평가도 각양각색이었는데 정부나 공공기관에서는 우리에게 싸움닭이란 별명을 붙였고, 언론들은 기적을 이루어내고 있다고 긍정적으로 평가했지만 증권금융가에서는 강도 높은 구조조정으로 살아나는 데는 성공하고 있으나 미래성장 모델이 없고, 노사의 안정을 굳히지 못해 지켜보아야 한다고 부정적으로 평가했다. 또한 2002년 4월 26일, 재무구조개선과 파워콤 인수를 위해 이사회에서 유상증자 계획을 결의했다. 총주식 3,700만 주의 35%에 해당하는 1,310만 주를 실시했는데, 이 중 임직원용 20%인 262만 주에 대해 107%의 청약으로 우리사주 지분율이 7%가 되었고, 나머지 1,048만 주를 대상으로 6월 10일과 11일 양일 간 구주청약을 실시한 결과 95.6%가 청약을 완료해 큰 성공을 거두었다. 약 4%에 해당하는 실권주 57만 주는 지주회사와 임직원에 추가로 배정해 100% 청약을 완료, 2,083억 원을 조달하는 데 성공했고, 회사자본금이 1,200억 원에서 1,850억 원으로 확충되었다.

이상과 같은 긍정적인 성과에 대한 자신감을 기반으로 2002년 한전에서 고시한 파워콤 입찰에 참여해 4월 17일 입찰의향서를 제출했으며, 5월 1일 파워콤 입찰준비팀이 본격적으로 입찰전에 뛰어들었다.

한국전력(주)은 1990년대 초반부터 자체 통신수요에 대비해 자가망으로 광케이블을 구축하기 시작했다. 여기에 본을 받은 한국도로공사가 고속도로와 국도를 건설하면서 광케이블 망을 깔기 시작했고, 한국송유관공사도 송유관을 묻으면서 광케이블을 전국적으로 구축하게 되었다. 따라서 이들과 통신사업을 본업으로 하고 있던 한국통신과 마찰이 일기 시작했다. 또한 정부로서도 중복과잉 투자로 자원낭비임을 깨닫고 이 문제를 해결하려고 했다. 1990년 초 내가 청와대비서관으로 근무하던 당시 광케이블을 보유한 모든 회사의 광케이블과 관련 장비를 현물로 출자해 '한국 광케이블공사(가칭)'를 설립하고, 모든 회사의 광케이블 구축을 금지해 필요한 사람은 반드시 임대해 사용토록 하는 내용의 특별법을 제정해 이 문제를 해결하려고 시도했다. 그러나 당시에 한국통신(주)부터 사업용 광케이블망을 현물로 출자하면 빌려 써야 하기 때문에 반대했고, 한국전력 등은 저렴한 자가망 대신에 고가의 망을 임대해야 할 우려 때문에 모두가 반대해 무산되었다. 지금에 와서 본다면, 물론 광케이블의 구축과 임대사업을 독점적으로 수행하는 공기업을 하나 더 만드는 문제가 있었지만 광케이블의 중복과잉구축 문제는 일어나지 않았으리라는 생각이 든다. 현재 한전의 광케이블은 파워콤(주)으로, 한국도로공사는 드림라인(주)으로, 한국송유관공사는 지엔지 네트워크(주)로 민영화되었지만, 그 후 후발 통신사업자들과 지역케이블방송사업자도 우후죽순처럼 광케이블을 깔기 시작했다. 이는 전국적인 광케이블의 중복과잉투자와 이들 민영화된 회사의 경영부실로 이어져 통신산업 발전에 큰 문제점으로 남아 있다.

그 후 한국전력 등 자가망을 과잉구축한 이들은 투자비 부담과 유지보수비 등으로 여유설비를 사장시키지 말고 임대할 수 있게 해달라고 정부를 상대로 로비전을 전개했고, 독점시장에서의 경쟁과 가격하락을 우려한 한국통신이 이에 크게 반발했다. 1994년 문민정부 초기에 한국전력의 광케이블을 자가망으로만 사용토록 제한하지 말고 여유시설을 임대할 수 있게 하는 전기사업법 개정(안)을 놓고 당시 체신부와 통상산업부 간 격렬한 논쟁이 전개되었다. 한국통신은 이에 맞서 한전이 통신사업에 뛰어들면 자기네도 전력사업에 뛰어들겠다고 극렬히 반대했다. 이 안건이 차관회의에서 자원의 효율적 활용과 경쟁도입이란 논리에 따라 임대업을 허용하는 것으로 통과되자 양 부처 간 그리고 양사 간 사활을 건 마지막 한판 싸움이 전개되었다.

당시 나는 통상산업부 차관으로서 국무회의에 참여해 안건 제안설명을 하게 되었는데, 광케이블이 무엇인지도 모르는 국무위원을 설득하는 일이 참으로 어려웠고, 동시에 체신부 장관도 반대의 논리를 명쾌히 설명하는 데에는 한계가 있었다. 나는 쉽게 설명해야겠다고 생각하고 다음과 같이 국무위원들을 설득했다.

"지금 한국통신이 경부고속도로와 같은 전국적 통신망을 가지고 있는데, 반대쪽에 한국전력이 사도(私道)로 경부고속도로와 같은 전국 규모의 통신망을 구축해 한전 소유의 자동차만 이용하도록 제한하고 있어서 도로가 텅텅 비어 있는 상태입니다. 만약 일반차량도 통행료를 내고 한전의 고속도로를 이용할 수 있도록 허용하면 경부고속도로의 혼잡이 해소되고 교통소통이 양 도로상에서 원활히 이루어질 것이고, 또한 한국통신의 독점적 사업에서 양사가 경쟁하게 되어 가격도 내려가고 서비스도 좋아질 것입니다. 더구나 한전도 정부이고 한국통신도 정부인데 정부가 투자한 자산을 여유시설로 텅텅 비워둘 것이 아니라 임대하도록 허용하면 정부에 세수가 들어오고, 이들의 경쟁으로 인해 소비자의 이용료가 싸질 것입니다"이에 체신부장관이 몇 번이고 되풀이해서 반대했으나, 이 안건은 통상부 원안대로 통과되어 한전이 광케이블을 임대할 수 있는 근거가 마련되었고, 한전은 2000년에 파워콤이란 자회사로 분사해 본격적인 광케이블 임대사업을 하게 되었다.

후발 통신사업자인 데이콤으로서는 생존뿐 아니라 미래의 성장을 도모하기 위해서도 광케이블을 전국적으로 구축해 놓은 파워콤을 인수해야만 했다. 먼저 데이콤은 태생적으로 한국통신의 자회사로 출범해 데이터통신을 전업으로 했으나 한통의 인프라를 100% 빌려서 사업을 해왔기 때문에 한통의 독점적 설비에 예속되어 있었다. 민영화 과정에 모든 서비스 분야의 경쟁체제가 도입되었으나, 인프라가 예속되어 있던 데이콤으로서는 두 가지 어려움에 직면해 있었다. 하나는 독점적인 인프라 사용료가 매년 일방적으로 인상되어 큰 부담이 되었다. 특히 인터넷사업에서는 매출액의 38%가 인프라 사용료로 지급되어 경쟁력 확보와 수익성 제고에 큰 부담이 되었다. 또 하나는 시장에서 동일한 고객을 놓고 경쟁하는 데 자기 시설을 내부거래로 제공하는 KT를 상대로 경쟁자의 시설을 임대해 제공할 수밖에 없는 우리로서는 가격경쟁에서 이길 수 없었고, 더구나 우량고객에 대해서는 KT가 시설제공을 기피하여 게임이 될 수가 없었다. 실제로 우리는 관세청이나 기상청 등 공공기관의 ATM망 구축을 위한 인프라 확보에 엄청난 어려움을 겪었고, 메트로 이더넷 방식으로 기업 및 PC방 고객을 개통하는 데에는 결국 파워콤망을 임차하게 되었다. 따라서 데이콤이 당시에 시내 및 가입자망으로 보유한 1,089Km로는 7만 5,500Km를 보유한 KT와 경쟁할 수 없었기 때문에 6만 8,100Km를 보유한 파워콤을 인수하는 길밖에 다른 대안이 없었다.

두번째 인수 이유로는 앞에서 언급했지만 통신인프라로서 광케이블시대가 도래하고 있었고, 더구나 인터넷시대에는 음성, 데이터, 영상 등 복합통신과 초고속 전송이 요구되는데, 구리로는 경쟁력에 한계가 있어 광으로 급속히 대체되고 있으며, 또한 향후 통신사업을 영위하기 위해서는 광케이블의 인프라 확보가 전제되어야 한다고 보았다. 인터넷의 속도를 올리기 위해 ADSL 또는 VDSL을 이용하지만, 종국에는 쓸모가 없어지고 광케이블로 교체해만 하는 시대가 도래할 것이기 때문이다. 또한 앞으로 10년 내에 모든 통신이 ALL-IP망으로 통합되어 Fiber to the Living Room 시대가 도래할 것이고, 유선과 무선의 통합, 통신과 방송의 융합현상이 급속도로 전개될 것이므로 광케이블 네트워크는 필수적이다. 데이콤이 파워콤에 해당하는 인프라를 자체적으로 확보하려면 약 3조 원 이상의 투자가 필요하므로 인수하는 것이 더 경제적이라고 판단했다. 또한 파워콤이 당시에 유일하게 인터넷과 음성 및 케이블방송통신이 가능한 광동축케이블 4만 8,000Km를 보유하고 있었으므로 번들상품으로 시장의 판도를 바꾸기 위해서는 인수가 불가피하다고 보았다.

세번째로 2001년 국내 통신시장 규모가 25조 원이었는데, 유선전화시장 5조 3,000억 원 중에 KT 87%, 온세 3%, 하나로 1%와 비교해 데이콤의 시장점유율은 9%로 제2위 사업자였으나 시내전화사업권이 없었고, KT의 독점력 유지와 무선전화시장으로의 이동 추세로 볼 때 2005년까지 매년 마이너스 1%의 성장이 전망되어 이 사업으로는 미래성장을 기대할 수 없었다. 반면 무선전화시장은 1990년대의 급속한 성장으로 2001년에 14조 9,000억 원 규모로 유선전화 및 데이터시장 규모 10조 1,000억 원을 초과한 거대 시장으로 성장했으나 SKT 56%, KTF 30%의 시장점유율에 비해 LGT는 14%로 제3위에 머물고 있었고, 이미 시장이 성숙단계에 돌입해 2005년까지 연 5% 정도 성장에 그칠 것으로 전망되었다. 한편 인터넷데이터 트래픽은 1990년대 후반 이후 매년 1,000% 씩 성장해 2000년에 음성트래픽을 초과했고, 2002년에 매출 규모 면에서도 유선음성매출을 초과할 것이며, 시장 규모도 연 10%씩 성장할 것으로 전망되었다. 따라서 우리가 선택해 집중해야 할 시장은 유선인터넷 데이터시장이었고, 우리의 강점도 바로 데이터시장에서 기술력을 가지고 있었다. 그러나 우리의 광케이블망이 취약했고 가정시장을 상대로 한 초고속인터넷시장에 본격적으로 진입하지 못하고 있었다. 2001년 기업데이터시장 규모 2조 5,000억 원에 시장점유율이 KT 58%, 파워콤 15%, 데이콤 14%로 3위 사업자였고, 가정데이터시장은 2조 3,000억 원에 KT가 50%, 하나로 27%, 두루넷 17%의 시장점유율을 차지하고 있었으나 데이콤은 2%의 시장점유율로 꼴찌에다 적자를 내고 있었다. 따라서 데이콤으로서는 파워콤을 전용 저수지로 확보해 앞으로 성장하는 데이터시장에서 승부를 걸어야 하는 처지였고, 초라한 제3위 사업자에서 탈피해 대등한 통신 3강으로 성장하기 위해서는 광케이블 인프라 확보가 필수적이라고 생각했다.

우리는 2002년 1월부터 새로 설치한 사업조정팀이 중심이 되어 지주회사와 긴밀한 협조 아래 인수를 위한 본격적인 준비작업에 들어갔다. 기업가치의 평가에서 자금조달방안, 시너지효과와 리스크분석, 입찰금액 등 엄청난 작업을 진행한 뒤 2002년 6월 14일 이사회에 상정해 파워콤인수계획(안)을 확정했다. 한국전력(주)은 2002년 7월 19일 2차 파워콤 경쟁입찰공고를 실시하고 데이콤은 7월 30일에 입찰참여 의향서를 제출했다. 8월 한여름에 실사를 하는 등 인수준비팀은 여름휴가는 고사하고 더위도 느낄 시간이 없을 정도로 바쁜 나날을 보냈다. 우리는 인수 과정에 있었던 다음과 같은 몇 가지 어려움을 극복하느라 혼연일체가 되어 일사분란하게 움직여나갔다.

첫번째 문제는 다수의 입찰자 간의 경쟁으로 입찰가격이 상승한 문제였다. 당시에 후발 통신사업자는 모두가 살아남기 위해 파워콤을 인수하기를 원했다. 우리는 이를 방지하기 위해 데이콤, 하나로통신, 온세통신, 두루넷 등 후발사업자들이 컨소시움을 구성해 공동으로 인수하는 방안을 각방으로 설득해 나갔다. 온세와 두루넷은 어느 정도 의견의 일치를 보았으나 하나로통신은 시종일관 자기네 주도의 컨소시움에 참여해야 한다는 고집을 꺾지 않았다. 하나로통신이 인수대금의 5%를 부담하면서 30%를 부담하는 데이콤을 밀어내 주도권을 가지고 경영권을 장악하겠다는 것은 과욕이라고 윽박질렀으나, 하나로통신은 자기는 못 먹어도 좋은데 데이콤이 먹는 것은 사생결단으로 방지하겠다는 심사였다. 결국에는 두루넷과 몇 개의 중소기업만 데이콤 컨소시움에 참여했고, 하나로와 온세는 독자적으로 입찰에 참여했다. 당시 증권가에서 7,500원 내지 1만 1,000원 정도로 평가했으나 하나로는 주당 1만 2,000원 이상을 써넣어 당초 우려한 대로 가격만 올려놓은 꼴이 되었다.

두번째는 재원조달 문제였다. 기존에 가지고 있던 SKT, 포스코 등의 지분율 10.5%를 제외한 매각대상 89.5% 중 과반수 이상인 45.5%를 인수할 때, 주당 1만 1,000원시에 7,500억 원, 1만 2,500원시에는 8,500억 원의 자금이 필요했다. 다행히 캐나다 연기금인 CDP와 소프트뱅크, 그리고 시스코의 아시아 지역 공동투자 펀드인 SAIF가 2억 달러의 CB를 발행해 데이콤 컨소시움에 참여하기로 했으나, 나머지 5,000~6,000억 원을 단독으로 조달해야만 했다. 우리가 유상증자로 2,083억 원을 확보했지만 내부 유보자금으로 조달해야만 하는 금액이 3,000~4,000억 원이 되어 우리는 난관에 봉착했다. 경상이익이 흑자를 시현하고 있으나 기존 차입금의 상환 부담으로 당시 사정으로는 내부 유보자금 중 최대 2,000억 원 정도는 동원할 수 있었으나 나머지 1,000~2,000억 원의 조달이 여의치 않았다. 외국투자가를 설득해 1억 달러를 추가 조달하거나 회사채를 발행하거나, 다른 투자가를 물색했으나 여의치 않았다.

세번째는 데이콤의 대주주가 LG그룹이었으므로 상대방은 "재벌은 공기업민영화에 참여치 못하도록 제외해야 한다. 한국중공업과 대한생명 매각시에 5대 그룹은 입찰 자격자에서 제외했으므로 파워콤도 선례를 따라야 한다"는 주장으로 로비를 하고 다닌 것이다. 이런 차별은 우리나라에만 통하는 재벌 특혜시비 논리다. 특혜시비를 완화하는 길은 우선협상 대상자 1순위 지정을 피하고, 2순위로 지정되는 것이 바람직했다. 실제로 2002년 9월 7일 한전의 우선협상대상자 발표에서 데이콤이 2순위로 지정되어 이 문제는 피할 수 있었으나 과연 작전대로 될 것인가? 실패하면 어떻게 하나? 당시에 하나로 사람들을 만나면서 인수하겠다는 의도보다는 데이콤이 인수하지 못하게 하는 것이 진짜 의도라는 것을 간파했으나 위험이 많았다. 이렇게 모험을 건 이유는 하나로가 외자도입에 실패할 것이라는 확신이 있었기 때문이었다. 그 뒤에 예상대로 1위 사업자인 하나로통신과 45일 간의 협상이 결렬되고 10월 21일부터 6주 동안 데이콤과 협상해 그해 12월 16일 인수계약을 체결하는 데 성공했지만 우리에게는 피말리는 45일이었다. 또한 예상치 못했던 한국적 정서가 문제가 되었다. 한전은 하나로가 써 넣은 1만 2,000원 보다 1원이라도 모자라면 특혜시비 때문에 계약을 못하겠다고 버티었다. 우리도 크게 반발했다. "우리가 2순위 사업자로 지정된 것은 가격이 낮았기 때문인데, 지금 와서 가격을 1순위 사업자와 같은 가격으로 인상하라면 우선협상 대상자 2순위의 의미가 무엇인가? 앞으로 한전의 발전소 입찰이 계속 있을 텐데 낮은 가격을 써넣은 2순위, 3순위 사업자에게 1순위 사업자가 제시한 가격을 강요하면 국제적인 망신이고, 소송대상이 될 것이다"라고 주장하자 한전으로서도 납득은 하지만 외부의 압력을 받고 있는 것 같았다. 우리는 하는 수 없이 '만약 파워콤을 타 경쟁사업자가 인수해 갈시에는 데이콤은 통신 3강 진입의 꿈은 포기해야 되고, 우리가 주력으로 하는 인터넷사업에서 가정시장 진출은 물론 기업시장에서도 고전을 면치 못해 결국 시장에서 패배자로 전락할 것이 분명할 것'이라는 생각 때문에 한전의 요구를 수용했다. 그러나 외국 투자가들은 우리의 가격인상 결정을 도저히 납득할 수 없다면서 투자를 포기하겠다고 나왔다. 우리는 하는 수 없이 외자도입을 포기했지만, 한전이 매각대금의 절반인 4,095억 원을 2004년 12월 지불기일 2년짜리 어음으로 지급받기로 합의함에 따라 이 문제가 해결되었다. 그리하여 2002년 11월 30일 파워콤 지분 45.5%를 인수한다는 지분매각 최종계약을 한전 사장과 체결함으로써 1년 간의 지루한 인수전쟁은 성공적으로 완료되었다.

파워콤 인수계약 소식이 전해지자 가장 기뻐한 것은 직원들이었다. 이 소식을 들은 직원들은 "만세!"를 외치며 환호했다. CEO에게 몰려온 격려 이메일이 수백 통은 되었다. 직원들은 "창사 이래 최대 이벤트", "누구의 도움 없이 자력으로 이룩한 가장 큰 쾌거", "10년을 근무하는 동안 오늘 같이 흥분되고 기쁜 날이 없었다"라고 표현했다.

우리의 파워콤 인수에 대해 언론, 금융증권가에서 각각 다른 반응을 나타내었다. 일부에서는 유선전화와 인터넷사업의 데이콤과 무선전화의 LG텔레콤에 이어 이제 전국적인 광통신망을 보유한 파워콤이 가세함에 따라 LG그룹이 종합통신사업자로 구색을 갖추었으므로 조만간 통신 3강구도로 재편의 속도가 빨라질 것이라고 평가했다. 더 나아가 광케이블 제조의 전선, 각종 단말기를 제조하는 전자, 통신판매의 홈쇼핑 등 광범위하게 통신산업의 전후방 연관산업을 가지고 있는 LG그룹이 21세기에는 통신산업이 없는 삼성그룹을 누르고 국내 1위 그룹으로 올라설 것이라는 전망이 제시되기도 했다. 반면에 초고속인터넷시장이 성숙기에 접어들었고 KT와 SK가 유선시장과 무선시장에서 각각 지배사업자로 위치를 확고히 하고 있어 후발사업자인 LG가 시장을 쟁취하기는 어려울 것이고, 파워콤과의 시너지가 극히 제한적일 것이라는 부정적 견해도 있었다.

또한 인수가격에 대해 파워콤 노조를 포함한 일부에서는 한전이 낮은 이자율로 인수자금을 빌려주면서까지 헐값으로 팔아 LG에 특혜를 주었다고 주장했다. 2000년 7월 지분 10.5%를 포스코와 SKT에 매각시 주당 가격이 3만 2,200원이었는데, 금번 1만 2,000원은 헐값이고, EBITDA 마진율이 60%나 되는 파워콤의 가치평가를 너무 낮게 했다는 주장이었다. 또 한편에서는 주가가 크게 떨어진 현재에 주당 1만 원 이상은 너무 비싸고, 외국 투자가들이 책정한 적정가격 7,500~1만 1,000원선에 비하면 비싸게 인수했다고 지적했다. 또한 개구리가 뱀을 잡은 꼴로 재무구조가 부실한 데이콤이 소화해 내기 어려울 것이고, 양사 문화의 차이로 시너지 창출이 쉽지 않을 것이라는 등 뒷말이 많았다.

세계 통신산업의 구조조정이 한창 진행되고 있던 2002년 12월 통신산업 관련 전문컨설턴트 OVUM은 세계통신시장을 전망하면서 "앞으로 2020년까지 세계통신시장은 6개의 Major Player가 메이저 리그에서 뛸 것이고, 다수의 Minor Player가 2부 리그에서 뛰게 될 것이다. 가입자망이 없는 메이저 플레이어와 2개 이상 메이저 플레이어를 고객으로 확보하지 못한 Network Provider는 시장에서 퇴출될 것이다. 6개의 메이저 플레이어는 아마도 미국에서 2개, 유럽에서 2개, 아시아에서 2개가 남을 것이다. 이 과정에 외국의 경쟁업체가 진입할 때 가장 먼저 희생되는 기업은 제3위의 기업이 될 것이다"라고 주장하면서 살아남는 플레이어는 첫째, 네트워크에서 가입자망(Last Mile)을 가진 자 둘째, 2개 이상의 플레이어를 가진 네트워크 프로바이더가 될것이고 셋째, 장차 무선랜이 큰 시장을 형성할 것이므로 무선랜을 지배하는 자라고 예견했다. 우리는 이 부분에 주목할 필요가 있었다.

8
통신 3강의 꿈

6년 만에 흑자실현

2003년 새해를 맞이한 우리는 과거 어느 해보다 자신감이 넘쳐흘렀다. 2001년에 부도위기 탈출이란 목표를 이루어냈고, 2002년에는 만성적자에서 벗어나 흑자로 전환하겠다는 목표를 실현했기 때문이었다. 더구나 파워콤 인수에 성공하고, 유상증자도 100% 성공적으로 마무리 되었으며, 2002년 11월에는 골치 아팠던 천리안, 심마니, 채널아이를 하나의 자회사로 통합해 새롭게 출범함으로써 앓던 이가 빠진 기분이었다. 나는 2003년 시무식에 전직원을 모아놓고, 2001년에 우리의 화두는 부도위기에서 탈출하기 위한 비용절감과 구조조정이었고, 2002년에는 만성적자에서 벗어나 흑자실현과 6시그마 등 경영혁신, 업사이징이었는데, 2003년에는 시너지 창출, T-3운동의 완성과 통신 3강 진입준비로 재도약하자고 강조했다.

우리는 시무식을 마치고 곧바로 평택 러닝센터에 팀장 이상이 모여 1박 2일 동안 '2003년 경영전략 워크숍'을 가졌다. 이 워크숍은 과거의 문제해결을 위한 것이 아니라 미래에 재도약을 위한 워크숍이었고, 우울하고 침체된 분위기가 아니라 꿈과 희망, 그리고 열정과 자신감을 가진 워크숍이었다. 우리는 작년에 달성하지 못한 1조 2,000억 원의 매출목표에 다시 한번 도전하기로 하고, 영업이익 1,500억 원 달성과 이익률 12%, 경상이익률 3%, 이자보상배율 1.3배, 투자수익률 7%, 부채비율 200% 이하, 경상이익 기준으로 교환회선 및 정보보호사업을 제외한 인터넷, e-Biz, 전화, 천리안 등 10가지 사업에서의 흑자실현이란 목표를 2003년 경영지표로 확정했다. 또한 비용절감 1,000억 원, 6시그마 70개 과제, 워크아웃 프로젝트 240개 과제, 장애율 0.5% 미만, 연봉제 실시, 노사안정기조 구축 등을 목표로 내걸었다. 그리고 재도약을 위한 준비로 첫째, 파워콤과의 시너지 창출 최대화—양사 네트워크의 통합— 데이콤과 파워콤의 합병 순으로 진행하고, 회사명을 바꾸기로 했다. 둘째, 후발 통신사업자의 구조조정을 데이콤 주도로 추진하되 두루넷-온세-하나로 순으로 인수합병을 추진한다는 방침을 정했다. 셋째, VOIP, 디지털 케이블방송, 초고속인터넷, 화상회의, 텔레미팅 등을 한 묶음으로 하는 멀티미디어서비스 번들상품을 2003년 11월 1일자로 출시하고, 휴대인터넷사업권을 획득한다는 목표를 정했다. 넷째, 노사간 업적평가연봉제 실시의 합의를 목표로 정했다.

그리고 2003년에는 반드시 목표를 달성하겠다는 의욕과 의지를 불태웠다. 나는 이 자리에서 팀장 이상 간부들은 Mini-CEO로서 리더십을 발휘하고, 축구팀의 Mid-fielder로서 솔선수범하고, 후배들을 지식근로자로 양성해야 하며, 팀원에 대한 공정한 평가자로 팀원의 사기를 진작

시켜줄 것을 강조했다.

워크숍이 끝난 후 영업 부문, 네트워크 부문 등 부문별로, 각 사업부별로, 또 각 팀별로 워크숍, 등산, 전략회의, 불우이웃돕기행사 등을 통해 통신 3강을 향한 의욕과 결의를 다지는 자발적인 모임이 우후죽순처럼 일어났다. 또한 데이콤과 파워콤 팀장 이상이 모여 합동 워크숍을 수차례 가지면서 통신 3강의 의욕을 불태웠고, 양사 지방지사는 협력과 단결을 위한 모임으로 열을 올렸다.

시너지 창출

2003년 1월 26일, 나는 데이콤과 겸임하는 파워콤 CEO로 취임했다. 이는 양사의 시너지를 최대한 창출하고 1년 내에 합병작업을 마무리하기 위해서였다.

파워콤은 비교적 건실한 회사였다. 수익성 면에서 2002년 영업이익률은 17.9%로, SKT 31.0%보다 낮았으나 KT의 14.9%, 데이콤의 9.1%보다 높았고, 당기순익률은 4.8%로 KT 16.7%, SKT 17.5%보다 낮았으나 산업 평균을 유지하고 있었다. 부채비율도 79.8%로 통신업계에서는 가장 낮은 수준이었고, 1인당 매출액도 11억 원으로 KT 2억 6,000만 원, 데이콤 5억 8,000만 원보다 높았고, SKT 17억 9,000만 원보다는 낮았다. 다만 과다한 고정자산의 보유로 총자산회전율이 0.34회, ROIC가 5.7%로 투하자산에 대한 수익성이 낮았고 EVA는 마이너스를 기록하고 있었다.

오랫동안 공기업으로 운영된 이 회사도 여러 가지 문제점을 안고 있었다. 첫번째가 노조 문제였다. 민영화를 반대하며 이어진 약 6개월 간의 준법투쟁, 태업 등으로 회사가 어수선했다. 취임 당시 보직자를 제외한 전직원이 빨간 조끼를 입고 근무했고, 사무실 벽면은 온통 투쟁벽보로 도배되어 있었다. 나는 새로 부임하는 곳마다 제일 먼저 해결해야 하는 과제가 노조 문제라는 기이한 인연이 있었다. 1994년 통상산업부 차관 취임시에는 이른바 '사북·고한사태' 라는 석탄노조의 파업을 수습해야 했고, 1996년 한국중공업 사장 취임시에는 49일 간의 사상 최장기 파업이 막 끝난 후로서 마치 전쟁 직후 폐허로 변한 듯한 현장을 정리해야 했다. 그리고 2001년 2월 데이콤에 취임할 때도 84일 간의 파업 직후여서 선결해야 할 문제가 많았는데, 파워콤에 취임할 때도 마찬가지로 먼저 수습해야 할 일이 노조 문제였다. 당시 쟁점은 민영화위로금 지급과 우리사주 배분이었다. 원래 인수계약시에 위로금은 한전과 파워콤이 50 : 50으로 분담하기로 했는데 한전측 부담을 기획예산처에서 반대해 난관에 부딪혔다. 기획예산처는 민영화해야 할 공기업이 많은데 민영화 1호인 파워콤 직원들에게 위로금을 지급할 경우 선례가 되기 때문에 반대했다. 한전으로서는 이러지도 저러지도 못했고, 우리 직원들은 빨간 조끼와 더덕더덕 붙여놓은 투쟁벽보 때문에 일하는 분위기가 생성되지 못해 근무생산성이 떨어져 있었다. 나는 몇 십 억의 돈 때문에 이런 상태를 계속 끌고갈 수 없다고 판단했다. 일단 정부와 한전을 자유롭게 하고 우리는 정상근무에 돌입하기 위해 전액을 파워콤이 부담하기로 하고 이후에 한전으로부터 다른 방법으로 보상받기로 결단을 내렸다. 동시에 우리사주 문제도 해결했다. 한전은 1인당 평균 3,000주를 보유주식에서 인수가격보다 싼 가격으로 배정하고, 파워콤은 은행대출을 알선하고 지급이자 2%를 보조하는 것으로 타결짓고 한 달 만에 정상근무에 들어갈 수 있었다. 두번째 문제는 역시 공기업적 체질이었다. 한국중공업이나 데이콤과 마찬가지로 낭비와 비효율, 고객과 협력업체를 무시하거나 군림, 상명하달식 문화에 익숙해 있는 소극적 자세와 책임회피, 손익의식 결여와 연공서열주의 등의 문제를 가지고 있었다. 따라서 여기서도 변화와 혁신프로그램을 초기부터 도입해 다그쳤다. 혁신지도부를 설치하고 여러 가지 혁신프로그램을 강행했다.

세번째는 유휴자산, 불용자산 등 무수익 자산이 과다했다. 인수 전에 실사를 했지만 본격적으로 정밀한 실사를 약 1년 간 실시해 한전과 인수계약대로 '진실보증'에 따른 사후 정산을 추진했으나, 재임 중에는 결론을 내지 못했다. 또한 주요 고객인 두루넷과 온세통신이 법정관리에 들어가므로 미수채권 규모가 매출액의 20% 정도나 되어 이 문제의 일부는 장기상환을 받고 일부는 출자전환으로 해결했다.

네번째는 매출감소 현상이었다. 주요 고객이었던 SKT, KTF, 하나로통신이 파워콤을 LG그룹이 인수함에 따라 블록화 현상이 빠르게 진행되었고, 케이블방송사업자들의 자가망 구축이 확산되고 있었다. SKT는 두루넷의 네트워크를 인수하고 자가망을 구축해 전환해 갔고, 하나로통신은 자체 구축 또는 케이블방송사업자들의 망으로 전환했다. 따라서 이들 고객의 해지를 적극적으로 막으면서 LGT와 데이콤의 추가매출을 최대로 늘려나갔다.

이상과 같은 노력으로 경영실적이 크게 개선되었다. 2003년 매출은 경기침체와 블록화 현상으로 7.1% 증가에 그쳤으나, 비용절감 노력으로 추가 인건비 부담에도 불구하고 영업비용은 오히려 2.1% 감소해 영업이익률이 전년도 17.9%에서 25.0%로 제고되었고, 이자보상배율이 3.0배에서 4.2배로 개선되었다. 당기순익률이 4.8%에서 5.8%로 증가하고, 순 현금창출액이 마이너스 310억 원에서 플러스 1,630억 원으로 개선되었으며, ROIC는 3.8%에서 7.7%로 올라가고 EBITDA 마진율은 55.7%에서 62.9%로 개선되었다. 한편 적극적인 투자로 광케이블 길이

가 8만 5,000Km에서 9만 6,000Km, 광동축케이블은 5만 5,000Km에서 6만 9,000Km로 늘어났다. 홈패스율도 50%에서 64%까지 개선되었다.

우리는 2003년 2월 21~22일 양일 간 데이콤 및 파워콤의 임원과 팀장 140명이 참석한 가운데 시너지 창출 극대화를 위한 합동 워크숍을 개최했다. 인수계약의 주요내용, 기대하는 시너지 효과, 시너지 창출사례 등을 발표하고 각 조별 분임토의에 들어갔다. 매출증대, 비용절감, 투자효율화, 경쟁사를 이기는 길, 기업문화의 화학적 결합 방안 등 5개 분야 토의주제에 대해 열띤 토론을 벌였다. 이튿날 분임조별 발표에서 제시된 방안은 다음과 같은 것들이었다.

매출증대 방안으로 신규 및 번들상품의 공동발굴 및 개발로 시장개척, 시내전용회선시장 진입, 광동축 케이블망을 이용한 초고속인터넷 가정시장 공략, 협력업체 공동지정 등이 제시되었고, 비용절감 방안으로 사옥 및 국사통합, 합동 직원교육, 공동구매, 유관부서 합동근무, 테스트 베드 공동사용, 타사 회선의 파워콤 전환 및 장기 다회선사용 할인제 도입 등이 제시되었다. 이와 함께 투자효율화를 위한 각종 방안들과, 특히 통신 3강을 향한 비전의 공유와 중장기 계획의 공동수립, ALL-IP 망 구축을 위한 공동작업반 설치 등이 제안되었다. 아울러 기업문화의 화학적 결합을 위해 경영혁신 성공사례 공유, 신기술, 신상품의 공동개발연구, 직원 상호교류, 유관부서 간 미팅 정례화, 복리후생시설 공동활용, 체육행사 공동개최 등이 제안되었다.

우리는 이상에서 제시된 시너지 창출 방안에 대한 각 부서별 실적과 계획을 매월 합동 경영위원회에서 점검하고 조정해 나갔다. 양사 간 시너지 창출 노력은 광범위하게 실천되어갔으며, 날이 갈수록 가시화되었다. 파워콤의 매출은 데이콤과 LGT의 KT회선전환으로 크게 늘어 양사에 대한 매출 비중이 2002년 27.2%에서 2003년 29.4%로 늘어났고

2004년에는 40%까지 늘어날 것으로 예상되었다. 특히 대 데이콤 매출액이 393억 원에서 569억 원으로 45%가 늘어났는데, 이는 KT사용회선 4만 1,000회선 중 1만 회선 이상을 파워콤회선으로 전환했기 때문이다. 이로써 데이콤은 전용회선사용료 10% 할인 혜택으로 상품의 경쟁력개선에 도움이 되었고, 특히 컬렉트콜 전용전화, ATM 국가망 등 신규상품의 매출증가에 크게 기여했다. 또한 기간망 및 가입자망 투자를 파워콤이 부담하므로 투자비를 축소할 수 있었고, 국사통합으로 임대료수입과 업무효율성을 제고할 수 있었다.

그러나 양사 간의 시너지를 본격적으로 창출하기 위해서는 합병을 조속히 실행해야 했는데 여의치 않았다. 대안으로 먼저 네트워크 부문만이라도 통합하려고 했으나, 양사 간 이견조정을 위한 시간이 필요했다. 인력교류가 기대만큼 진척을 보이지 못했는데, 이는 양사의 급여수준과 직급체계가 달랐고, 또 단체협약이 달랐기 때문이다. 특히 파워콤 인력들이 데이콤으로의 전직을 강하게 반대했다. 결국 시간을 두고 복리후생제도, 급여체계와 직급체계를 상호간 근접하게 변경해나가는 길뿐이었고, 종국에는 합병하는 길만이 시너지를 최대로 창출할 수 있다고 판단했다. 또한 양사 간 국사통합 및 합동근무 추진도 이기주의 때문에 계획대로 진행되지 못했다. 예를 들면 서울, 부산, 대구, 대전, 광주 등 대도시에 두 개의 국사를 각사가 보유할 필요가 없는데도 서로가 자기 건물로의 통합을 고집해 첫해에는 보유국사 150여 개 중 16개만 통합할 수 있었다. 특히 파워콤은 본사를 테헤란로에 임대해 사용하고 있었고, 데이콤은 강남 본사의 3분의 2를 타사에 임대해 주고 있었으므로 강남사옥으로의 이전이 실현되면 여러 가지 이점이 있었으나, 파워콤 임직원 모두가 데이콤 사람들과 같은 장소에서 근무하는 것을 기피했다. 또한 파워콤의 네트워크 가동률을 높이고 투자의 효율화를 위해서는 양사의 중복되는 네트워크를 통합하면 합병도 쉬워질 것이므로 이를 추진했으나, 양사 간의 이해가 달라 합의를 이루는 데 어려움이 있었다.

당초 우리는 파워콤 인수를 추진하면서, 인수에 성공하면 1년 내에 합병을 완료하겠다는 구상을 가지고 있었다. 양사가 네트워크의 구조와 구성은 달리하고 있었으나 기능 면에서는 시외·시내 기간망은 대부분 중복, 가입자망은 일부가 중복되고 있었기 때문에 양사의 네트워크를 합병하여 중복투자를 없애고 망운영시스템을 통합관리하면 네트워크 운용의 효율성 제고와 비용절감을 도모할 수 있었기 때문이었다. 또한 합병에 따른 국사통합과 인력의 통합으로 비용을 절감할 수 있고, 인프라에서부터 최종 서비스까지 수직적 통합이 이루어져야 공정거래법을 위반하지 않고 내부거래로 서비스가 제공되므로 서비스의 경쟁력을 높일 수 있다고 생각했다. 그리고 장차 All-IP망으로 전환해 나가는 데 드는 비용을 절약하고 네트워크의 일원화와 조직의 통합에 따른 인적 자원과 노하우의 결집으로 통신 3강을 향해 일사분란하게 달려갈 수 있다는 판단에 따라 이를 추진했던 것이다. 그러나 역시 돈이 문제였다. 공정거래법상 합병의 조건이 파워콤에 대한 지주회사의 지분을 30% 이상 확보해야 하므로 지주회사가 약 3,000억 원 이상의 자금을 부담해야 하는 문제와 합병에 동의하지 않는 주주의 주식매수청구권을 보장하는 데 따른 추가적인 자금부담이 걸림돌이었다. 이 문제는 그룹 내부의 의견 일치를 이루지 못했고, 양사의 노동조합 및 임직원의 반대로 추진하지 못했는데 당시 결단력을 발휘해 합병을 강행하지 못한 것이 무척 후회스럽다.

합병에 대한 대안으로 제시된 것이 양사 간 네트워크의 통합(안)이었다. 통합안의 내용은 데이콤이 보유하고 있는 기간망 및 가입자망을 파워콤에 매각하고, 그 운용은 데이콤이 서비스계약으로 통합해 대행하고, 데이콤은 네트워크사용료를 파워콤에 지불하고, 파워콤은 네트워크운용 대행료를 데이콤에 지불하는 것이었다. 데이콤으로서는 네트워크 매각대금 약 3,600억 원으로 재무구조 개선과 멀티미디어상품 투자 및 건물 최종 인입선 확보를 위한 투자비를 충당할 수 있고, 파워콤으로서는 망통합으로 명실상부한 네트워크 프로바이더로 KT와 정면으로 경쟁할 수 있는 체제를 구축하고, 광케이블 중심의 ALL-IP망 구축에 전념할 수 있게 될 것이라고 판단했다. 또한 네트워크 부문의 통합으로 약 1~2년 간 운용하면 상호간 거부감이 감소되고 자연스럽게 합병으로 발전될 수 있다고 생각했다. 그러나 네트워크의 통합은 합병하는 것보다 더 많은 문제가 제기되었다. 첫째는 매각가격 산정은 해당 시설의 취득가격에서 그 동안 상각금액을 제외한 장부상 잔존가격으로 결정하는 데 별문제가 없었으나, 네트워크의 사용료 산정에서 양사의 이견이 팽팽했다. 데이콤은 약 7,000억 원 이상을 투자해서 구축한 네트워크 사용료를 현재 인계대상자산을 이용하는 내부거래가격으로 책정하자고 주장했고, 파워콤은 공정거래법에 따라 하나로, 온세 등 타사에 제공하는 사용료를 다회선 사용 및 장기 사용에 따른 할인을 감안해 산정하자는 주장으로 맞서 실무진의 합의를 도출할 수가 없었다. 겉으로는 실무적인 사용료 문제가 쟁점이었으나 내면적으로 살펴보았을 때, 파워콤 입장에서는 네트워크 인수와 더불어 데이콤 인력을 인수하면서 이들이 주도적으로 구축 및 계획업무를 담당할 것이기 때문에 네트워크의 운용의 대행계약과 더불어 사실상 데이콤의 지배 하에 들어갈 것으로 우려했다. 반대로 데이콤은 경영상황이 어려운 데이콤이 자랑으로 여기고 있는 네트워크, 특히 기간망의 재산을 다 넘기고 나면 껍데기만 남는다는 불안감과 사용료 부담에 따른 서비스의 경쟁력 저하를 걱정해 임직원 모두가 반대하는 정서가 팽배했다. 나는 양사의 CEO를 겸하고 있었으므로 설득에 설득을 거듭했다. 그러나 임직원의 동의 없이 강행하는 것은 무리라고 생각해 시간을 벌면서 인내심으로 기다렸고 결국 재임 중에는 이문제를 매듭짓지 못했다.

두번째 문제는 네트워크 설비를 보유한 데이콤에게 허가한 '기간통신사업자'의 자격 문제와 사용료의 적성성의 문제를 정통부와 협의했으나, 당시 하나로통신이 외자유치로 유동성 문제를 해결코자 한 결정에 우리는 대주주 입장에서 이를 반대했기 때문에 정통부가 반대하고 나서며 우리를 압박해 왔다. 당시 통합 대상은 국내전송 설비에 국한된 것으로 유형자산의 29%에 불과하고 전화교환 설비, 국제전송 설비, 국사 등 71%의 설비는 데이콤이 계속 보유하는데도 기간통신사업자의 자격 문제를 제기하며 반대했다. 또한 데이콤의 시설은 철도청과 철도선로를 이용한 네트워크를 구축하는 장기계약을 체결하고 있었는데, 이 계약이 자동승계되지만 계약상의 권리의무를 파워콤으로 이전하는 데 필요한 협의가 시간을 끌었고, 공정거래위원회는 데이콤에 부당지원행위 해당 여부 및 기업결합신고시 경쟁제한성 유무를 검토해야 했다. 따라서 당초 목표였던 2004년 1월 1일까지 통합작업을 마무리하지 못하고 미결사항으로 남겨두게 되었다.

Accenture 보고서

2002년 하반기 이후에 영업이익률이 지난 18개월 간 지속적으로 개선되고 경상이익이 3분기 연속으로 흑자를 시현하고 있는 데 힘입어 우리 회사의 미래성장 모델과 전천후 생존능력을 가진 향후 성장전략에 대해 고민하기 시작했다. 특히 네트워크의 취약점을 파워콤 인수로 보강하겠다는 기본방향은 설정했지만, 파워콤을 활용한 미래성장 전략을 어떻게 전개해야 하며 광케이블이 중심이 된 차세대 네트워크 구축을 위한 중장기 계획을 어떻게 세워나가야 하는지에 대한 뚜렷한 방향을 설정할 필요가 있었다. 그리하여 전자는 Accenture사에 연구용역을 의뢰했고, 후자에 대해서는 네트워크 부문 등 자체인력으로 태스크 포스팀을 만들어 중장기 계획을 마련토록 했다.

2002년 11월에 접수한 Accenture의 최종 보고서에 따르면, 한국의 전체 통신시장 규모가 향후 5년 간 GDP 증가율과 비슷한 연평균 4%씩 증가하고, 유선음성시장은 연 1.5% 마이너스 성장해 7조 8,000억에서 7조 4,000억으로 축소되지만, 데이터시장은 연 9.3%성장할 것으로 예측했다. 또한 데이터시장 규모가 6조 5,000억에서 9조 2,000억으로 성장할 것이므로 데이콤은 데이터시장에서 시장점유율 제고하고, 고객 베이스를 대기업 중심에서 중소기업이나 개인고객으로까지 확대해, KT에 대적해 유효한 경쟁을 전개할 수 있는 명실상부한 종합통신사업자로 성장해야 한다고 제안했다.

Accenture가 우리에게 제시한 전략적 제안은 다음과 같은 것이었다.

첫째로 가정시장의 취약점을 보완하기 위해 선택적인 인수합병을 해야 한다는 것이다. 당시 데이콤의 가정데이터시장 시장점유율은 1.8%로는 향후 통신 및 관련 산업의 융합으로 등장하는 사업기회를 포착하기 어려우므로 2006년에 적어도 25%의 시장점유율, 즉 약 1조 원의 매출을 가정인터넷시장에서 달성하기 위해 두루넷 인수를 가장 우선순위를 두고 고려해야 한다는 것이었다. 그 이유로 두루넷은 파워콤망의 의존도가 80% 이상이고, 국내에서 가장 먼저 초고속인터넷 가정시장에 진출했으므로 시장점유율은 14%에 불과하나 우량한 고객을 많이 확보하고 있다는 것이었다. 반면에 하나로통신은 부채 규모가 너무 크고 잠재부실액을 파악할 수 없을 정도이며, 파워콤망 의존율이 30% 정도로 낮은 편이고, 고객 수와 시장점유율은 27%로 높으나 불량고객이 많다는 지적이었다.

둘째로 데이콤은 기업데이터시장에서 경험과 노하우가 축적되어 있고, 파워콤이란 전국적 네트워크를 확보해 전국적 서비스가 가능하므로 대기업 중심 마케팅에서 중소기업, 공공기관 등의 고객군으로 고객 베이스를 확대해야 한다는 것이다. 이것이 성공하면 데이콤은 기업데이터시장에서 시장점유율을 제고할 수 있고, 양사의 유선기업데이터 매출액은 2002년 9,201억 원에서 2조 3,000억 원으로 연평균 25.8% 증가해 2006년 시장점유율이 43.8%까지 높아질 수 있다고 전망했다.

셋째로 파워콤 인수 이후 데이콤이 시너지 창출을 극대화하기 위해서는 미국 등 선진국에서 일반적으로 이루어지는 12~36개월 간의 점진적 통합보다는 내부 합병절차를 1~2개월 이내로 최대한 단축해 시행하고, 합병된 회사의 주된 관심을 외부시장 및 성장전략으로 빠르게 전환할 것을 주문했다.

넷째로 유선음성전화시장은 마이너스 성장을 기록해 축소될 것이므로 시내사업권을 획득해 VOIP시장으로 진출, LM시장 경쟁참여 및 가상이동통신시장으로 진입(MVNO), 다자간 컬렉트콜 등 부가상품 개발로 시장침투를 공격적으로 진행하면, 현재의 매출 5,000억 원에서 2006년에 9,078억 원으로 증가해 시장점유율이 6.5%에서 12.4%로 늘어난다고 낙관적인 전망을 내놓았다. 여기에는 LM매출액 2,300억 원이 포함되어 있었다. 특히 유선음성시장의 축소 추세에 대비하고, 인터넷의 이동성증가에 대처하기 위해 차세대 유·무선 통합서비스인 휴대인터넷 사업에는 그룹의 역량을 모아 진입할 것을 주문했다.

다섯째로 데이콤이 통신산업 전 영역에 걸친 종합통신사업자가 되더라도 초기에는 여전히 네트워크, 관리서비스, 전용회선사업 등에 그 중심을 두어야 하고, 동시에 부가가치가 낮은 네트워크 관련 사업에서 점진적으로 부가가치가 높은 디지털 방송, Interactive TV, 중소기업용 e-Biz솔루션, Banking on i-TV, e-Learning, VOD, Game & e-Entertainment, e-Shopping on i-TV & Internet 등 유 · 무선을 아우르는 부가서비스의 사업기회를 포착할 것을 제안했다.

여섯째로 앞으로 시장점유율을 높이기 위해 마케팅과 영업을 강화해 나가라고 제안했다. 대기업시장에서 중소기업시장으로, 금융 · 공공기관 시장에서 비금융 · 비공공기관 시장으로 확대하기 위해 영업조직과 유통기관의 역할 분담과 유통조직의 생산성 향상과 더불어 파워콤 인수 후의 기업 및 브랜드 이미지 개선을 위해 적극적으로 광고 및 프로모션 활동을 전개해야 한다고 권고했다. 또한 유통비용을 줄이기 위해 KT와 one billing을 추진하고, 온라인 마케팅을 적극적으로 도입할 것을 제안했다.

그리하여 우리는 이를 기초로 두루넷, 하나로통신, 온세통신에 대한 인수계획의 우선순위와 장단점, 리스크 등을 검토해 나갔고, 가정시장 진출을 위한 멀티미디어 번들상품의 출시계획과 파워콤과 데이콤의 공동협력업체 지정, 유통조직의 재편방안 등을 추진해 나갔다. 한편으로 시나리오별 매출 및 손익전망과 자금조달계획 등 중장기 재무계획도 작성해 나갔다.

한편으로 ALL-IP망으로의 진화계획을 작업하던 실무 태스크포스팀이 약 1년 간의 준비작업 끝에 2003년 11월 말에 〈데이콤 NGN 중장기계획(2004~2008)〉(Next Generation Network)을 완성해 정식 계획으로 채택했다. 이 작업은 2002년 4월부터 시작해 데이콤의 차세대 네트워크 진화전략을 수립하고 이를 위한 11대 추진과제에 대한 중장기계획과 투자계획을 수립했다. NGN계획의 기본 전제로 2004년부터 파워콤과 망통합을 시작하고, 2004년에 두루넷을 인수합병해 가정시장 진출기반을 마련하고, 2005년에 휴대인터넷사업권을 획득해 무선시장에 진출한다는 것으로 가정했다. 이런 전제 아래 3개사의 망을 통합해 2004년부터 본격적으로 광케이블망 구축을 추진해 FTTH(Fiber To The Home)망으로 진화, 2008년까지 대도시 85%, 기타 지역 70%의 홈패스율을 달성하는 것을 목표로 세웠다. 따라서 기존의 전화망, 교환회선망, TDM전용회선망은 축소 내지 통합을 통해 ALL-IP망으로 진화해 흡수토록 했다.

회사의 향후 주력 서비스 방향을 개인화(Personalized), 다양화(Diversified), 복합화(Consolidated & Converged) 추세로 진전될 것으로 예측하고, 가정시장, 기업시장, 개인시장으로 구분해 주력 신규상품으로 통신 3강에 진입하는 계획을 세웠다. 회선교환 방식의 전화는 10년 내에 VOIP로 대체될 것으로 예상하고 2004년부터 본격적으로 기업과 가정시장에 서비스를 개시하고, 아날로그 방식의 케이블 TV는 5년 내에 디지털 TV로 전환되고, 방송과 통신의 융합서비스가 가시화될 것이므로 파워콤의 광동축 케이블망의 장점을 극대화하기 위해 디지털방송사업으로 진입해 방송, 인터넷, VOIP, 화상회의, 인터넷방송 등 번들상품을 제공하고 점차 iTV서비스를 구현한다는 계획을 세웠다. 또한 홈 네트워킹을 초고속인터넷의 번들서비스로 제공하고, iTV 위에 금융, 교육, 오락, 상거래 등의 서비스를 제공하기 위한 다양한 콘텐츠 개발계획을 포함했다. 또한 2005년에 휴대인터넷사업권을 획득해 한전의 전국에 산재한 전주를 활용해 데이터와 음성, 동영상의 유무선 통합서비스를 제공해 개인시장의 시장점유율을 넓혀가는 계획을 세웠다.

문제는 NGN 중장기계획을 실천하기 위해 5년 간 소요되는 2조

3,000억 원의 자금을 어떻게 조달할 것인가였다. 이 문제를 놓고 여러 가지 시나리오별로 우리는 고민에 고민을 거듭했다. 첫번째 시나리오는 ALL-IP망으로 진화를 서두르지 말고 현재의 사업구조를 그대로 끌고가면서 견실한 경영구조를 만들어 자력으로 조달해 보자는 것이었다. 지난 2년 간 추진한 강도 높은 구조조정으로 흑자기조가 구축되었으므로 과거 경영부실액을 모두 정리하고도 앞으로 경상이익의 흑자는 지속적으로 시현할 수 있고, 또 파워콤 인수자금 문제도 내부에서 창출되는 유보자금으로 해결해 가면서 시장과 기술의 추이를 좀더 지켜보자는 것이었다. 그러나 이러한 방안으로는 향후 3~5년은 버틸 수 있겠지만 시장과 기술환경이 급속히 변화될 것이고, 자칫하면 후발사업자의 신세를 면할 수 없을 뿐 아니라 계속기업으로 생존이 불가능한 제2의 위기를 맞이할 것이 틀림없다고 판단했다.

두번째 시나리오는 데이콤, 파워콤, 두루넷을 합병하고 외자도입으로 그룹에서 분리해 계열독립 경영체제로 통신 3강에 도전하자는 방안이었다. 이 시나리오는 통신 3강 진입에 가장 가능성 있는 시나리오이지만 3~4억 달러의 외자유치가 전제조건이었다. 접촉한 외국투자가는 3개사의 네트워크를 통합해 네트워크 프로바이더로서 성장하는 데에는 흥미를 표시했고 경영권까지도 희망했지만 데이콤, 두루넷의 서비스프로바이더에 투자하는 것에는 주저했다. 우리가 접촉한 모 외국투자가는 3개사의 통합된 네트워크사업에는 10억 달러까지 투자할 수 있다고 했으나 서비스사업을 팽개칠 수가 없고, 또한 서비스플레이어를 확보하지 못하면 네트워크사업의 안정성에 문제가 될 것이며, 서비스사업을 포기하더라도 현실적으로 서비스사업이 매각될 수 있는 상황이 아니었다.

세번째 시나리오는 현재의 통신사업을 포기하는 것이었다. 그룹의 강점이 제조업에 있으므로 서비스업을 포기해 경쟁력을 가진 제조업에 부담을 덜어주는 것이다. 그러나 국내 통신사업자 중에 과연 인수자가 나설 것이며 또한 제값을 받을 수 있을 것인가? 또 정부가 지난 10여 년간 경쟁도입정책으로 여기까지 왔는데, 또다시 통신산업이 독점 내지 복점체제로 회귀하는 것을 용인할 것인가? 하는 것이 문제였다.

이상의 세 가지 시나리오를 놓고 고민을 거듭했지만 결론에 도달할 수 없었다. 너무나 많은 변수와 불확실성이 존재했고 CEO 혼자서 결정할 문제도 아니었다. 결국 당시에 최선의 결론으로 생각해 낸 것은 1단계로 데이콤의 네트워크를 파워콤에 매각하고 네트워크를 통합 운영함으로써 네트워크의 경쟁력을 높이면서 차세대 네트워크로 진화하는 투자를 진행하고, 2단계로 데이콤은 네트워크 매각대금으로 두루넷을 인수한 뒤 데이콤과 합병해 신규서비스를 출시하는 것이었다. 그리고 3단계는 데이콤의 파워콤 지분을 지주회사에 매각해 3사를 합병하고 ALL-IP망과 신규서비스 투자를 본격화하면서 3사 합병 후 외자도입을 추진하는 것으로 가닥을 잡았다. 그러나 단계별로 추진해 나가는 데에 많은 난관에 봉착했고, 두루넷 인수실패 후에는 좌절과 낙담으로 외로운 나날을 보내야만 했다. 더구나 당시 카드사업의 실패로 그룹 내에는 '골치 아픈 쓰리콤'이란 의붓자식에게 돈을 쏟아 부을 수 없다는 정서가 팽배해 있었다.

두루넷 인수실패

2002년 11월 파워콤 인수가 가시화되면서부터 본격적으로 데이콤 주도의 통신산업 구조조정 작업에 착수했다. 파워콤의 안정된 매출을 확보하고 시너지를 창출할 뿐 아니라, 데이콤이 구상하는 신규사업을 본격적으로 전개하기 위해서는 초고속인터넷 기반을 필수적으로 확보해야 하므로 초고속인터넷사업자인 하나로통신, 두루넷, 온세통신 등 후발 통신사업자의 인수합병이 불가피했다. 우리는 인수합병 대상자로서 3개 사업자를 놓고 정밀검토에 들어갔다. 인수비용, 부채규모, 시장점유율 등 다각적 측면에서 검토하고, 리스크 요소와 관리방안, 합병절차 및 법적, 제도적 문제 등 광범위하게 검토했다. 하나로통신은 290만 명의 가입자 확보와 시내사업권을 보유하고 있다는 점에 매력이 있었으나, 부채 규모가 너무 컸고 파악되지 않은 부외부채도 상당액 존재하고 있었다. 더군다나 추가지분 확보에 따른 자금부담과 삼성, SKT 등 대주주들의 주식매수 청구에 따른 자금부담 위험이 너무나 컸다. 두루넷의 130만 명 가입자 수로는 시장기반의 역할이 부족했으나, 100% 케이블모뎀에 의한 인터넷접속서비스를 제공하고 있었다. 또한 자구노력으로 1차적인 구조조정 작업을 진행해 2002년 하반기부터 영업이익을 실현하고 있었다. 또 인수비용이 상대적으로 적다는 장점이 있었고 파워콤 네트워크 의존율도 온세통신의 100%보다 낮았지만 77%로 하나로통신의 30%보다는 높았다. 온세통신은 시외 및 국제전화사업자로 사업이 데이콤과 중복되었고, 초고속인터넷 가입자도 50만 명에 불과했지만 인수비용이 가장 적었다. 이러한 검토 끝에 우리는 두루넷을 먼저 인수합병하기로 결론을 내렸다.

두루넷은 1996년 7월, 국내통신시장 개방의 바람을 타고 전용회선임대서비스사업을 목적으로 회사를 설립하고, 1998년 7월 국내 최초로 한전의 케이블망을 이용해 초고속인터넷사업을 시작해 승승장구했다. 그러나 네트워크에 과잉투자와 후발사업자인 하나로통신, KT와의 과당경쟁에 따른 마케팅비용 증가와 더불어 국내 IT시장의 거품이 꺼지면서 2001년 하반기부터 어려움에 놓여 있었다. 또한 누적된 손실증대로 2002년 상반기에 부채비율이 1,000%를 넘어섰고 자본잠식으로 주가가 폭락하면서 유동성 위기에 몰려 있었다. 그리하여 전용회선사업의 매각, 본사건물 등 부동산매각, 인력감축 등 과감한 구조조정으로 위기를 극복해 가고 있었으나 시장에서 계속기업으로 존속하기에는 금융차입금 규모가 너무 컸으며, 또한 추가 투자 없이는 시장에서 경쟁하기에는 한계가 있었다. 따라서 대주주인 삼보컴퓨터는 두루넷을 포기하고 대신 매각대금으로 파워콤 지분을 확보하고자 2002년 9월 파워콤 인수를 위한 데이콤 컨소시움에 참여했고, 데이콤은 두루넷의 인수를 전제로 한 컨소시움에 참여해 인수를 위한 실사에 들어갔다. 그러나 여기에 자극을 받은 하나로통신이 느닷없이 파워콤 인수 실패를 만회하기 위한 자구책의 일환으로 뒤늦게 두루넷 인수전에 뛰어들어 2002년 12월 30일에 두루넷 지분인수계약을 졸속으로 체결했다. 당시 우리는 하나로통신의 조건을 수용할 수 없었을 뿐 아니라 파워콤의 경우와 마찬가지로 '못 먹는 밥에 재 뿌리는' 격으로 인수가격만 올려놓는 장난에 말려들지 않기 위해서 미련 없이 두루넷을 포기했다. 그런데 2003년 1월 16일, 느닷없이 하나로통신이 두루넷 지분인수 계약을 해지 통보하면서 양사 간 감정싸움으로 번지게 되어 이제 두루넷은 데이콤 이외에는 대안이 없었다.

데이콤으로서는 2000년 이후 내부의 경영상황이 여의치 않아 감히 인수합병을 생각지도 못했으나, 2년 간 구조조정의 노력으로 회생에 자신감을 얻었고 파워콤을 인수하는 데 성공했으므로 이제는 미래성장 모델을 찾고 있었다. 특히 통신 3강의 꿈을 이루기 위해서는 가정시장의 열세를 일거에 만회하고, 또 멀티미디어 번들상품 출시를 위해서 두루넷의 130만 명의 가입자 기반이 절대로 필요했다. 특히 데이콤의 계륵 같은 존재였던 당시 가정초고속 인터넷사업인 보라홈넷은 가장 늦게 후발사업자로 진입해 2년 간 가입자 10만 명에다가 누적투자 524억 원에, 누적적자가 120억 원이나 되었고, 향후 매년 적자가 100억 원 이상 발생할 것으로 예상되어 앞에서 지적한 대로 매각을 추진했으나 아무도 관심을 보이지 않았다. 당시에 우리가 자력으로 가입자 130만 명을 확보하기 위해서는 5년이 소요된다고 예측했으나 성숙된 시장에서 그것도 경쟁이 치열한 초고속시장에서 가입자유치의 성공이 의문이었고, 투자비가 향후 3년 간 약 2,000억 원이 필요했으며, 투자를 한다고 해도 가입자 증대에 따른 설비사용료와 광고 선전비 등 마케팅 비용의 증대로 연간 200억 원 이상의 적자가 예상되어 BEP 도달에는 3~4년이 걸릴 것으로 예측되었다. 따라서 인수를 통한 가입자 확보가 제반 리스크를 줄이고 보라홈넷사업의 조기 정상화를 이룩할 수 있으며, 단시일 내에 가입자 기반을 확보해 번들상품의 조기출시로 가정시장에 순조롭게 진입해 기선을 제압할 수 있고, 파워콤의 망 활용도를 극대화할 수 있으며 또한 빠른 시간 내의 중복투자 조정 및 인력감축 등의 시너지효과를 창출할 수 있다고 판단했다. 2002년 9월 11일부터 데이콤 및 안진회계법인 등 30여 명을 1차로 투입해 경영상황에 대한 전반적이고 심층적인 정밀실사를 두 달 동안 실시했다. 그러나 실사 도중에 경쟁을 유발해 높은 가격을 받아보려던 두루넷이 하나로의 유혹에 넘어가 앞에서 언급했듯이 하나로통신과 2002년 12월 30일에 인수계약을 체결하는 바람에 우리는 도중에 실사팀을 철수했다. 그런데 갑자기 하나로가 2003년 1월 16일 인수계약을 해제 통보해 오갈 데 없는 두루넷은 2003년 1월 중순부터 우리의 2차 실사를 허용하고, 2월 14일부터 우리와 협상을 재개했다. 그때부터 양사 간 본격적인 인수협상이 진행되었다.

인수협상에 여러 가지 난관이 있었으나 두루넷은 실패시 모든 것을 포기하고 법정관리에 들어가야 하고 우리로서는 통신 3강 구현을 위해 가정시장 확보가 필수적이었으므로 2월 말경 양사는 최종 합의점에 도달할 수 있었다. 그러나 협상의 난항은 최대 채권자였던 산업은행과의 채무조정 협의에 있었다. 당시에 두루넷의 총 금융차입금 5,800억 원 중 시설대 장기차입 1,400억 원, 전환사채 1,000억 원, 사모사채 500억 원 등 약 3,000억 원에 달하는 채권을 상업은행이 가지고 있었다. 또한 우리로서는 기존의 데이콤 금융차입금 중 2003년에 갚아야 할 금액이 전체 차입금중 70%인 9,300억 원으로 한 해에 집중되어 있었으므로 자체적으로 두루넷 금융차입금을 갚을 능력이 없었다. 당시 인수방법을 자산·부채 인수방식으로 합의했는데, 총 인수대상 부채 7,800억 원 중 유통망 등 260여 개 협력업체 등에 대한 미지급금 1,300여억 원은 사업의 지속을 위해 우리가 해결해야 했으며, 당시 데이콤의 유보자금으로 조달이 가능했으나 산업은행 채권 3,000억 원, 국민은행 ABL 1,000억 원 등은 채무조정이 불가피했다. 그리하여 두루넷과 함께 산업은행을 설득해 통신산업 구조조정 차원에서 시설대 장기차입액 1,000억 원은 3년 거치 3년 분할상환으로 채무상환 기간을 재조정한 결과 2,000억 원의 장기 신규여신으로 2003년 7월 27일 내도하는 전환사채 1,000억 원 등을 상환하는 것으로 수용해 주었다. 또한 국민은행과의 접촉에서도 1년 정도 연장을 긍정적으로 검토하겠다는 답변을 받았으나 또 다른 문제가 도사리고 있었다. 즉 산업은행이 동일인 계열 여신한도 초과로 신규여신을 추가로 지원할 수 없으므로 동일인 여신한도 예외인정을 받아야 한다는 것이다. 당시 파워콤 인수로 계열에 편입된 파워콤 여신과 2003년 1월부터 D/A와 공모사채도 여신한도에 포함됨에 따라 두루넷 인수시 데이콤에 대한 산업은행의 신규여신을 포함해 대 LG그룹에 대한 동일인 여신한도를 초과하는 문제가 발생했다. 따라서 그룹 재무팀에서는 부실회사를 살리기 위해 건전한 계열사가 여신을 축소하는 행위를 용인할 수 없다고 반발했다. 그러면 어떻게 해야 하는가? 동일인 여신한도 초과분에 대해 '정부가 추진하는 부득이한 경우에 국한해 여신한도 초과분에 대해 예외를 인정할 수 있다' 란 규정에 따라 예외를 인정받아 보려고 광화문으로, 여의도로, 또 과천으로, 청와대로 이리저리 뛰어다녔다. 주무부장관이 통신산업 구조조정 차원에서 경제장관협의회 의결을 거쳐 요청하고, 금융감독위원회가 이를 심의의결해 한도예외 인정을 받을 수 있었기 때문이었다. 정부 주도의 각종 산업 구조조정은 자금지원은 물론 한도예외 인정, 각종 세제지원이 있었는데 민간기업 주도로 추진하는 구조조정은 왜 도와주지 않느냐면서 읍소하고 다녔다. 다행히 2003년 3월 14일에 금융감독위원회에서 심의를 받아보는 안건으로 상정토록 예정되었다.

우리는 모든 것이 해결된 줄 알고 2003년 3월 4일 오전 중 양사의 CEO 간 인수계약 서명식을 가지기로 약속했다. 그러나 불행히도 그룹 재무팀의 반대로 서명식은 취소되고 두루넷은 1주일 정도의 시간을 달라는 우리의 요청을 무시하고 그날 오후 5시에 법정관리신청을 하게 되어 인수계약은 물거품이 되어버렸다. 그룹에서는 두루넷 인수시 파워콤 인수와 더불어 통신 3사의 부채가 3조 2,000억 원, 금융차입금 규모가 2조 2,000억 원이 되고 또 두루넷, 파워콤, 데이콤의 합병시 추가적인 자금부담이 불가피하므로 돈도 벌지 못하면서 속만 썩이고 잘 나가는 제조업 계열사의 발목만 잡는다는 인식이 지배하고 있었다. 더구나 그룹에서는 동일인 여신한도 예외인정을 받는다고 하더라도 파워콤 인수에 실패한 외자도입 대신 유상증자 2,500억 원을 요청하고 있는 것도 부담스러웠는데, 또 두루넷 인수에 따른 추가 자금지원을 요청할 것이 분명하다고 생각했던 것이다.

우리는 낭패와 허탈감에 빠져들었다. 통신 3강을 위해 수많은 밤을 지새웠고, 수많은 회의와 협상 그리고 설득 노력들 모두가 허사가 되어버렸기 때문이었다. 또한 통신산업 구조조정의 필요성을 인정하고 공모사채를 매각하면서까지 동일인 여신한도를 줄여주는 등 도와주려던 산업은행과 관계 당국자에게도 미안한 마음이 그지없었다.

이러한 통신 3강의 꿈이 무너져 물거품으로 끝났기 때문에 우리는 눈물을 머금고 다른 대안을 찾아나서야만 했다.

실망과 좌절

데이콤의 운은 우리 편이 아니었다. 2000년 하반기부터 시작된 국내 경기침체 현상은 2001년 상반기에 정부의 소비진작책에 힘입어 회복세를 보이는 듯 하더니 2002년 하반기부터 내수경기가 급랭현상으로 치달았다. 대기업들은 통신비용을 줄이거나 통신 및 전산관련 투자계획을 취소 또는 감축하기 시작했고, 중소기업, 벤처기업, PC방 등 주요 고객들은 경기침체를 견디지 못해 아예 문을 닫거나 사업을 축소했다. 예를 들어 2003년 6월까지 지난 1년 간 2만 5,000개의 PC방 중 5,000개가 문을 닫았고, 별정통신사업자 150개 중 100여 개가 부도로 파산했다. 세계적으로도 2000년 이후 IT경제의 버블이 꺼지면서 수많은 IT기업이 파산했고, 대다수 서방 통신사업자들도 경기침체와 IMT-2000사업권 획득에 따른 과다한 주파수 대가부담 등으로 유동성 위기에 몰려 인원감축 등 강력한 구조조정을 추진했다. 이때를 견디지 못하고 파산한 대표적 통신기업이 월드콤, 글로벌 크로싱 등이다. 따라서 우리의 많은 고객이 부도로 내몰리면서 미수채권은 쌓여만 갔고 통신비 및 관련투자비 축소에 따라 매출은 감소하는 가운데 통신사업자 간에 살아남기 위한 과당경쟁에 따른 판가하락은 막을 길이 없었다. 더구나 세계적인 과잉공급에 따른 국제전용회선 가격은 10분의 1 수준으로 하락하고, 국제정산료도 크게 떨어져 이 시장에서 시장점유율 1위 또는 2위를 고수하던 우리로서는 타격이 더욱 컸다. 여기에다가 사스 파동과 이라크전쟁에 따른 해외여행 감소도 매출에 영향을 주었다. 이러한 국내외 경기침체 현상은 재도약을 꿈꾸던 우리에게 극복하기 힘든 과제로 다가왔다.

트리플쓰리운동의 마지막 해인 2003년을 의욕적으로 출발했던 우리는 상반기 경영실적에 아연 실망하고 좌절감에 빠져들었다. 우리는 두루넷 인수실패의 아쉬움에서 벗어나지 못한 데다가 상반기 실적마저 저조해 희망과 자신감을 잃어가고 있었다. 또 LM시장개방 등 우리가 요구해 왔던 유효경쟁정책은 새로운 정부에서 당정협의를 거쳐 발표했으나, 후발 통신사업자에는 도움이 될 만한 게 한 가지도 없었다. 오히려 KT나 SKT의 편을 들고 있었다. 따라서 주요 언론에서는 후발사업자의 수익구조가 날로 악화되고 있는데, KT의 독점체제를 강화하고 있다며 비판하면서 후발사업자의 생존환경을 마련해 주기 위한 정책조정이 시급하다고 일제히 보도했다.

나는 2003년 7월 말에 개최된 정기조회에서 실망과 좌절에 빠진 임직원들을 향해 희망과 격려가 담긴 메시지를 전달했다.

"임직원 여러분 더위에 안녕하십니까?

두루넷 인수계획의 실패와 더불어 상반기 경영실적을 접한 뒤 다시 찾아온 적자경영의 어두운 그림자에 좌절감과 낭패를 느꼈는데 여러분들도 마찬가지일 것입니다. 우리 모두가 회사를 살리기 위한 고통분담과 혼신의 노력으로 강도 높은 비용절감 및 구조조정과 경영혁신 프로그램의 추진에 따른 스트레스와 누적된 피로를 이겨내면서 싸워왔는데, 매출이 감소하고 영업이익 규모가 크게 축소되고 경상이익이 다시 적자를 보이니 참으로 하늘이 원망스럽고, 도와주지 않는 정부가 얄밉기만 합니다. 또한 우리 스스로도 지난해 흑자실현에 너무 자만하고 안이하게 대처해 온 것은 아닌지 반성도 해봅니다. 그러나 일시적인 어려움에 처해 있다고 좌절할 필요는 없습니다. 등산할 때도 정상을 향해 올라가다가 보면 여러 개의 크고 작은 고비를 만나게 되는 것과 같이 우리 회사도 경영정상화의 목표를 향해 가다가 이제 첫번째 고비를 만났다고 생각해야 합니다.

매출액이 4,824억 원으로 작년 상반기에 비해 1.8% 증가에 그쳤는데, 이는 사스 파동과 이라크전쟁으로 국제통화가 크게 줄었고, 세계통신업계의 어려움으로 국제정산료가 대폭 인하되었으며, 또 우리 스스로가 부실한 별정사업자와 적자 D/D사업을 구조조정 차원에서 의도적으로 정리했기 때문에 전화매출이 4%나 줄어든 것 등이 가장 큰 원인이었습니다. 또한 경기침체와 과당경쟁에 따른 판가하락으로 인터넷사업 매출이 상반기에 가입자 수는 10%가 증가했으나 고객당 매출단가는 12% 감소했고, 국제전용회선 매출이 공급과잉에 따라 가격이 크게 떨어졌으며 국내전용회선 매출도 수요감소와 가격하락으로 크게 떨어져, 신규상품 매출의 증가에도 불구하고 겨우 1% 증가에 그쳤기 때문입니다

영업이익 규모가 금년 상반기 중 크게 줄었는데, 이는 별정사업자, PC방, 중소 ISP업체 등의 파산으로 대손충당금을 작년보다 244억 원 더 계상했고, KT가 일방적으로 회선사용료와 접속료, 정보이용료를 인상해 우리의 추가부담이 170억 원이나 되었으며, 또 보라홈넷 가입자 30만 목표에 따른 유통수수료가 약 100억 원 증가했기 때문입니다. 특히 작년 상반기 223억 원 흑자에서 금년 상반기에 499억 원의 적자를 기록한 주요 원인은 미수채권 충당금의 추가 설정과 더불어 파워콤 인수에 따라 영업권상각 113억 원과 지급어음에 대한 이자 107억 원 등 220억 원을 지불했기 때문입니다. 변명 같

습니다만, 이상과 같은 비정상적 계수를 감안하면 금년 상반기 중 영업이익은 559억 원으로 이익률 11.6%, 당기순익 22억 원 흑자이므로 우리의 구조조정 노력이 헛되지 않았으며, 기본적으로 흑자구조를 유지하고 있으니 너무 실망하지 마시기 바랍니다.

우리가 추진하고 있는 경영혁신 활동은 이제 탄력이 붙고 있습니다. 지난 6월 말에 열린 제7회 경영혁신 발표대회에 24개 성공사례가 발표되었는데, 모두가 알찬 것들이었습니다. 가령 지난 5월 말에 개최된 스킬올림픽에서 대상 2개, 우수상 1개를 수상해 데이콤의 위상을 높였습니다. 지난 7월 초 태풍 '매미'의 피해를 작년의 '루사' 때와 마찬가지로 우리 회사가 제일 먼저 복구해 서비스를 정상화시켰다고 칭찬을 들었고, 기상청장으로부터는 감사장을 받았습니다. 지난 7월 말에는 회사 역사상 처음으로 고장장애율이 0.96%로 1% 이내로 들어왔습니다. 또 금년 상반기에 특허출원 건수가 19건으로 작년 상반기 7건보다 12건이나 늘어나는 등 기술개발에도 박차를 가하고 있습니다. 지난 7월 초에 가졌던 6시그마 4th Wave 최종보고회의에서 36개 과제를 성공적으로 수행해 약 100억 원의 재무성과를 올렸습니다. 또한 여러분도 알다시피 우리가 작년 하반기 이후 드라이브를 걸고 있는 업사이징 상품이 시장에서 좋은 반응을 보이며 매출이 크게 신장하고 있습니다. 특히 보라홈넷 가입자 30만 명을 목표로 100억 원을 투자해 파워콤 HFC망을 이용해 지난 4월부터 공격적으로 시장을 공략하고 있는데, 2/4분기 중 2만 2,300명을 유치함으로써 가입자유치 실적 2위를 차지했습니다. 또한 경영상황이 나빴지만 지난해 말에 내부유보자금으로 파워콤 인수대금 4,095억 원을 자력으로 지급했고, 금년 상반기 중 차입금 규모를 줄여 부채비율을 232%에서 227%로 5%를 낮출 수 있었습니다.

그러나 현재의 어려움이 내수경기의 급랭 등 외부 여건의 악화에 있다고 하지만 이는 핑계에 불과하고, 기업은 숫자로 말하는 것이므로 우리의 현실을 겸허히 받아들이고 다시 한번 분발해야 합니다. 지난 2년 간 비용절감에는 성공했으나 매출증대에는 실패했습니다. 사업의 구조조정으로 적자탈출에는 성공했으나 수익성을 높이는 데는 실패했고, 기존 사업을 정상화하는 데 골몰하다가 새로운 상품의 개발과 출시에 소홀했습니다. 유동성 위기를 극복하는 데는 성공했으나 전천후 생존기반을 구축하지 못했습니다.

상반기에 적자를 냈다고 실망하지 말고 남은 기간 동안 혼신의 힘을 기울여 매출목표 등 금년 경영목표를 달성합시다. 지난 4월에 확정한 파워콤과의 시너지 창출 계획을 실천에 옮깁시다. 업사이징 품목의 시장개척에 온 정열을 쏟아 부읍시다. 우리가 준비하고 있는 DMC, VOIP 등 멀티미디어 번들 상품의 출시준비를 철저하게 진행해 나갑시다. 연봉제 도입과 단체협약의 합리화도 이룩해 냅시다. 경영혁신 활동에도 열을 올립시다. 2년 전 우리 앞에 놓였던 참담했던 상황과 비교하면, 지금의 위기는 오히려 극복하기에 더 나은 환경이므로 모두가 단결해 이 고비를 슬기롭게 넘어갑시다. 시련은 있지만 실패는 없다는 말을 명심하고 자신감을 가집시다."

9
세 가지 질곡과의 씨름

과거의 경영부실액 정리

파산 직전까지 내몰렸던 데이콤을 살려보겠다고 2,000여 명의 종업원이 3년 간 고군분투하면서도 허탈감 속에 내내 시달리고 고통을 겪어야 했던 질곡은 세 가지로 요약할 수 있다. 하나는 기업환경과 기술의 변화에 적응하는 데 실패해 잘못된 투자에 따른 막대한 손실과 임직원들의 부정과 비리행위로 인한 손해를 떠안게 되었다는 점이다. 다른 하나는 이른바 6.29선언 이후 억눌렸던 노동자들이 민주화 바람을 타고 권익쟁취를 위한 투쟁을 전개할 때 대응을 잘못해, 회사에 불리한 단체협약 및 급여제도와 노사간 갈등과 대결구도가 경영정상화에 걸림돌로 작용한 것이다. 또 하나는 자유화, 개방화, 민영화 바람을 타고 전개된 경쟁도입정책이 통신산업의 유효경쟁체제를 구축하는 데 실패함으로써 후발사업자 모두가 곤경에 처하는 결과를 가져왔다. 더구나 정부가 통신회사의 숫자를 늘리면서 낙하산 인사로 검증되지 않은 사람들에게 자리를 만들어주는 데만 신경을 쓰고 기업경영의 실패에 대한 감독에 소홀한 결과 회사경영이 더욱 어려워진 것이다.

첫번째 경우는 투자에 실패해 쌓인 경영부실액과 임직원의 부정과 비리 때문에 쌓인 손실액이 3년 동안 회사 수익성에 큰 손상을 주게 되어 경영정상화에 큰 걸림돌이 되었으며, 이를 떠맡은 우리는 고통 속에 짓눌려왔다. 가장 큰 투자실패는 앞에서 설명한 것처럼 시외전화사업에 뛰어든 일과, 기술은 변했는데 과거기술을 고집했던 천리안사업 및 현실성 없는 기술을 고집하다가 실패한 B-WLL(Broadband Wireless Local Loop)사업 등이 대표적이었다. 데이콤은 1982년에 자본금 60억 원으로 설립되어 데이터통신의 독점 허용과 1991년 국제전화사업을 허용할 당시 체신부의 적극적 지원에 힘입어 보호막 속에 안주하면서 1996년까지 큰 어려움이 없이 경영해 올 수 있었다. 그러나 문제의 발단은 자유화·개방화 바람을 타고 1995년 시외전화사업에 뛰어들면서 5년 간 3,800억 원의 투자에, 한 번도 흑자를 실현 못해 발생한 누적손실액 3,200억 원을 기록한 데서 시작이 되었다. 만약 당시에 눈을 돌려 유선시외전화사업의 성장의 한계와 제약을 인식하고, 1984년에 개시한 이동통신이 1990년대 초부터 미래성장산업으로 각광을 받고 있을 때 제2이동사업권 획득과 투자에 도전했더라면 데이콤의 운명은 달라졌을 것이다. 아니면 체신부가 1995년 시내통신사업자로 하나로통신을 설립할 때 몸으로라도 저지해 시내전화사업권을 쟁취하고 하나로의 탄생을 막았어야 했다. 또한 만약에 1997~2000년 4년 간 헛발질로 국민천리안에 투자한 1,283억 원을 초고속인터넷사업에 투자했더라면 3년 간 누적적자액과 자산손실에 따른 고통의 멍에로부터 벗어났을 것이고, 국내 초고속인터넷 가정시장에서 제1위 자리를 획득했을 것이다. 천리안이 분사되기 전까지 2000~2002년 3년 간 경상이익 기준으로 1,084억 원의 누적적자와 분사 후 2003년에 28억 원의 경상이익을 실현했으나 구형 전산장비 및 불용소프트웨어 486억 원을 한꺼번에 회계처리하게 됨에 따라, 남아 있는 우리들이 무려 1,542억 원이나 되는 무거운 손실의 짐을 3년 간 떠안어야 했던 것이다.

B-WLL사업도 마찬가지였다. 앞에서 지적한 것처럼 당초에 시작을 말았어야 했는데, 결국 사업허가 출연금과 개발비 및 투자비 209억 원을 손실로 남겨 2003년 회계처리를 하고 철수했다. 이 외에도 공중전화사업 철수, 글로벌스타 유휴장비 정리, 위성사업 실패에 따른 손실, 채널아이 인수비용, 제2사옥 건설 취소 등 수없이 많았다. 또한 약 70여 개의 벤처회사에 대한 투자실패, 하나로통신 투자실패 등 2001년 2월 말 현재 3,000여억 원의 자본투자에서도 1,000억 원 이상의 손실을 입었고, 그 후 매년 투자손실액이 약 100억 원 이상씩 추가되어 자본투자에서도 재미는커녕 손실만 남겨놓았다. 특히 이 중에 하나로통신이 탄생할 때 10% 지분참여로 막대한 투자를 감행했는데, 당시 일부 매각하고 보유하고 있던 주식 약 2,000만 주, 7.5%의 지분에 대해 주당 6,902원으로 1,365억원을 투자했으나, 2003년 12월 31일 주가가 3,265원으로 떨어져 투자손실액이 전체 손실액의 20%에 가까운 719억 원이나 되었다.

많은 임직원들이 이와 같은 투자실패에 대해 책임규명과 법적 대응을 요구할 때마다 나는 "우리가 저수지도 없는 천수답인 돌밭에서 농사를 짓는데, 상황판단의 잘못으로 남겨놓은 작은 돌, 큰 돌, 작은 바위, 큰 바위 때문에 수확을 내지 못하고 있는 것은 사실이지만, 누구 탓으로 돌리지 말고 우리가 힘써서 모두를 제거하고 기름진 옥토로 바꿔 나가자!"고 수없이 되풀이하며 설득했다. 그러나 일부 경영진과 직원들이 저지른 부정과 비리로 인해 회사에 끼친 손실을 용서해 주고 과거사를 잊어버리기엔 너무나 금액이 컸고, 인간적으로도 끓어오르는 분노를 인내하기에는 고통스러웠다. 노동조합이 철저한 조사와 문책을 요구하고 손해배상청구소송을 제기해야 한다고 주장했을 때도 나는 우리 선조들이 익히 외우던 도연명(陶淵明)의 〈귀거래사(歸去來辭)〉에 있는 "오이왕지불간(悟已往之不諫)하고 지래자지가추(知來者之可追)"라는 구절을 인용해 가면서 "이미 지난 일, 아무리 탓해도 소용없음을 깨달았노라. 앞으로 다가올 일 바르게 좇음만이 옳음을 알았노라"고 강조하면서, 과거를 따지는 사람치고 제대로 되는 사람 없고 과거사에 매달리는 나라나 기업치고 제대로 발전하는 것을 보지 못했다고 이들을 설득했다. 그러나 내 속에서는 분노와 욕지거리가 튀어나오곤 했다. 더구나 취임 후 업무파악 과정에 다 드러난 것도 아니고, 시도 때도 없이 문제점들이 터져나왔는데, 마치 숨겨져 있던 지뢰가 수시로 터지는 것 같았다.

가장 큰 배임사건은 회사 간부들이 공모해 1999년 1월 27일 (주)시내산개발이란 회사를 설립하고 양평에 있는 골프장 부지(현 양평 TPC)를 195억 원에 사적으로 경락받은 사건이다. 비밀리에 회사 예금을 담보로 240억 원을 불법으로 대출받고, 회사의 직인을 훔쳐서 회사명의의 어음 86억 원을 발행해 제3자로 하여금 할인받아 조달한 326억 원의 불법자금으로 골프장을 매입해 개인들의 치부를 목적으로 운영하고자 한 배임사건인데, 당시 회사의 임직원 16명이 연루된 사건이었다. 이 사건은 회사에서 2000년 2월에 민사 및 형사소송을 제기해 2003년 11월 대법원이 당사에 대한 패소확정판결을 최종 확정하던 시점까지 3년 이상 시간이 걸린 큰 사건이다. 회사에서는 326억 원의 손실을 떠안았고 범행 당사자들은 5년 6개월 징역형에서부터 벌금형까지 다양하게 각기 다른 형을 선고받았다. 그러나 회사의 고위간부들이 연루되었는데도 최고경영자가 전혀 모르고 있었다는 것은 납득되지 않았다. 더구나 주범인 전무는 1991년 부장 때부터 급여가 압류되어 당시 사건발생 때까지 10여 년 간 20여 명의 법인 및 개인채권자로부터 적법 절차에 따른 급여압류 총액만도 132억 원이나 되었는데, 이런 위험 인물을 임원으로 진급시키고 중요한 CFO(Chief Financial Officer)직책을 주면서 2인자인 전무까지 승진시켜 '고양이에게 생선가게를 맡기는 실수'를 저질렀다. 최고경영자는 모르는 일이라고 극구 변명하며 그 책임을 부하직원들에게 전가했겠지만, 인사권자인 최고경영자가 충분히 직위를 남용할 가능성이 있는 인물에 대한 관리감독에 소홀한 것은 분명했다.

두번째 지뢰는 내가 취임했을 때 수습하는 일만이 남아 있는 사건이다. 회사는 1999년 초에 국제전화 선불카드의 매출확대를 위해 '선불카드 해외시장 진출전략'을 확정하고 미국·일본·중국 등 해외시장에서 직접 판매하겠다고 나섰다. 미국시장은 현지법인과 독점판매계약으로, 일본시장은 합작투자계약으로, 중국시장은 지사설치로 해외시장을 공략하기로 했으나 1년 만에 모두 파산하고 손실만 안겨놓고 말았다.

미국시장은 1999년 5월 25일에 Dacom USA라는 급조된 현지법인과 선불카드 독점판매계약을 체결했다. 당시에 실무담당부장이 동 법인(실제는 한국교포 개인)은 미국 내 카드판매를 위한 유통망 확보가 전혀 되어 있지 않았고 통신서비스사업의 경험이 전혀 없는 비전문가이기 때문에 사업자선정을 재고해야 한다고 강하게 반발했으나, 경영진의 강압적 지시로 인해 특혜성 계약을 체결하게 되면서 회사의 목적은 처음부터 달성할 수가 없었다. 회사는 국내외 어느 선불카드 재판매사업자에게도 지급하지 않은 시장개척비, 판매등록비, 광고·판촉비 등 13억 원의 보조금을 지원했고, 계약 기간도 사업실적을 보아가면서 1년 단위로 계약하는 것이 관례였으나 5년 독점재판매계약을 체결했다. 또 유통망수수료도 관행보다 2배 이상 높게 책정해 주었고, 채권확보를 위한 담보조건도 크게 완화해 주었으며, 데이콤의 자회사처럼 상호를 사용토록 허용해 회사명예를 크게 실추시켰다. 내가 사건을 파악했을 때는 이미 회사손실액이 특별지원비를 포함해 약 27억원에 달해, 2001년 7월 16일자로 계약을 해지하고 손실처리했다. 그나마 카드재판매사업을 시작하기 전에 계약을 해지하게 되어 더 큰 손실을 막을 수 있어 다행이었다. 그 후 Dacom USA는 이에 반발해 5년 독점계약위반을 이유로 1,000만 달러의 손해배상소송을 미국 법원에 제출하고, 국내에 들어와 여러 경로를 통해 우리에게 압력을 행사했다. 문제는 미국 내의 소송비용이었다. 나는 미국 내의 소송비용이 몇 100만 달러가 들어도 좋으니 단 1달러도 지급할 수 없다고 버티었으나 전화사업부에서 '배보다 배꼽이 커질 것'이라고 우려를 나타내면서 회사에 득이 될 수 있도록 소송취하합의금으로 60만 달러를 지급하는 것으로 정리하자면서 몇 번씩이나 나를 설득했다. 나도 과거문제를 빨리 잊고 조속히 현지 지사의 영업을 촉진하는 것이 옳다고 판단하고 합의안에 승인했다.

　일본시장에서의 선불카드 판매사업은 1999년 7월 30일 재일교포 사업가와 합작투자계약을 체결해 일본 내에서 데이콤 선불카드를 독점판매하는 신에이텔레콤(주)을 설립해 일본시장 진출의 교두보를 확보코자 했다. 회사는 33.4%인 3,340만 엔을 투자했는데, 이 중 18.5%는 회사직원 등 27명의 개인이 투자하고 회사는 14.9%를 투자했다. 그러나 회사는 사업파트너의 신용이나 경영능력, 보유재산, 담보력 등에 대한 사전조사 없이 사기성이 짙은 계약을 체결해 처음부터 실패를 예견할 수 있는 사업이었다. 신에이는 사업 초기부터 과도한 할인판매와 높은 유통마진의 지급으로 2000년 4월부터 당사에 지급할 카드정산대금을 지체하기 시작해 그 금액이 160억 원에 이르렀다. 회사는 2000년 1월 말 미수금 전액을 청구하고 이행하지 않을 경우 계약을 파기하겠다는 최후통첩을 보냈다. 그 후 신에이의 무응답으로 내가 취임한 2001년 5월부터 카드판매를 중지하고 법적조치에 착수했다. 회사에서는 대금회수를 위해 잠적한 법인대표와 연대보증인의 재산을 뒤졌으나 책임재산이 한 푼도 없는 빈털터리로 조사되어 당초부터 계획된 사기행각에 말려들었다고 생각했고, 소송을 제기하더라도 건질 것이 하나도 없었다. 또한 데이콤에서도 주주로 당시 전화사업본부장을 이사로 선임해 경영에 참여하고 있었기 때문에 경영실패에 대한 일부 책임을 피할 수 없다는 변호사의 의견에 따라 법적 조치를 유보하기로 하고 손실액 182억 원을 모두 떨어내었다.

세번째는 회사가 e-shop으로 설립한 데이콤인터파크㈜의 주식매각과 관련된 비리사건으로 회사간부들이 관여되었다. 회사는 1997년 10월, 10억 원을 출자해 100% 자회사로 한국 최초의 전자상거래회사인 데이콤인터파크㈜를 설립하고 당시 상무 한 사람을 사장으로 임명했다. 그런데 1998년 6월에 본사 경영위기 타개를 위한 출자회사의 구조조정이란 명목으로 당사 보유지분 중 60%인 12만 주를 액면가 5,000원, 3년 거치, 3년 분할 상환, 무이자 조건으로 인터파크 사장 개인과 주식양도계약을 체결함으로써 본인은 돈 한 푼 들이지 않고 회사를 인수할 수 있었다. 또한 1999년 4월에 코스닥 등록 2개월을 앞두고 우리 회사의 잔여지분 8만 주를 주식가치에 대한 평가도 없이 주당 1만 2,500원에 사장개인에게 양도했다. 의심이 가는 대목은 1998년 2월 2억 원을 유상증자할 때에 회사는 참여하지 않고 실권하면서 대신 당시 회사의 최고경영자를 포함한 간부들이 개인명의로 실권주식을 매입했고, 그 후 1999년 2월 2차, 4월 3차 유상증자시에도 회사는 실권하고 회사간부들만 주식 수를 늘여간 사실이다. 더욱이 1999년 4월 7일에 있었던 3차 유상증자시에 회사는 참여치 않고 회사간부들이 실권주를 사들이면서 바로 4월 21일에 임시 경영위원회를 긴급히 소집해 잔여 주식 8만 주의 매각을 결정한 것은 이해가 되지 않았다. 특히 이미 4월 1일자로 인터파크를 코스닥에 등록하기 위해 인터파크 주주들에게 정기 주주총회의 소집통보를 해놓은 상태에서 4월 7일 3차 유상증자 실시, 4월 21일 임시경영위원회를 개최해 매각결정, 4월 28일에 8만 주를 사장 개인에게 전격적으로 시가보다 훨씬 싼 1만 2,500원으로 매각한 것은 계획적인 것으로 판단되었다. 왜냐하면 당시 정부가 4월 2일부터 코스닥 등록요건 완화 및 세제혜택 제공 등 코스닥시장 활성화 방안을 발표한 시점으로서, 개인적으로 주식을 소유하고 있던 경영진이 임시경영위원회를 개최해 매각결정한 것은 막대한 시세차익을 예상한 계획된 부정행위라고 누구나 추측하지 않을 수가 없었다.

실제로 증권업협회가 제공한 1999년 4월 국내증권시장 일지를 보면, 4월 2일에 정부의 증시활성화대책 발표 후 4월 9일에 고객 예탁금이 사상 최초로 6조 원을, 또 나흘만인 4월 13일에는 7조 원을 돌파했고, 4월 12일에 코스닥시장 시가총액이 사상 최초로 10조 원을 돌파했으며, 코스닥시장이 15일 연속으로 상승기록을 세웠던 4월 21일에 임시경영위원회를 열어 주식 8만 주를 시세보다 훨씬 저가로 매각하기로 의결했다는 것은 누구도 이해하지 못할 일이었다.

실제로 그 해 7월에 인터파크는 코스닥에 상장되어 11월 19일에 주당 175,000원까지 올라 최대 36배나 되는 시세차익을 올릴 수 있었다. 이를 가정해 8만 주에 대해서만 계산해 보면 130억 원의 차익을 올린

셈이다. 실제로 무일푼으로 3년 거치, 3년 상환 조건으로 인터파크를 인수한 상무는 1999년 4월 30일에 1차 매입한 12만 주의 대금 6억 원을 4억 원으로 일시 상환했다. 개인 간의 거래도 아니고 회사가 일시 상환한다는 명분으로 함부로 2억 원의 할인혜택을 줄 수 있는지도 의문이다. 또한 동 사장은 1999년 4월에 동아TV도 인수했는데, 시세차익으로 돈 방석에 올라 남아 있는 데이콤 임직원들의 부러움을 사기도 했다. 이 사건은 회사의 업무파악 과정에는 누구도 보고를 해주지 않아 전혀 몰랐는데, 2001년 5월경 국세청이 5년마다 약 2개월 간 실시하는 당사에 대한 법인세 정기조사에서 자금거래 의혹을 밝혀내어 알게 되었다.

너무나 많은 지뢰가 한 달에 몇 건씩 여기저기서 터지고 있었기 때문에 회사는 임시법무팀을 구성해 1년 간 자체 정밀조사를 실시한 결과, 대표적인 7건의 부정 및 비리사건(손실액 약 780억 원)을 밝혀내고 소송을 준비했다. 이때 나는 많은 고민을 했고 변호사들과 의논도 여러 번 했다. 변호사들의 말은 경영진에 대한 책임추궁은 부정행위라 하더라도 '고의 또는 과실로 회사에 중대한 손해를 초래한 경우'라야 하기 때문에 고의나 과실을 입증하고 또 이로 인한 중대한 손실이 발생한 인과관계를 증명해야 하므로 승소할 확률은 50 : 50이라는 것이었다. 소송가액이 크므로 소송비용도 엄청날 것이고 또 소송진행 기간이 3년 이상 걸릴 것이므로 과거사에 매달리다가 보면 미래로 나아갈 수 없고, 부정과 비리에 연루된 임직원에 대한 문책도 잇따르게 되어 회생작전을 펴고 있는 조직의 단합에 금이 갈 것은 틀림없었다.

많은 고민 끝에 결국 인터파크사건 하나만 소송을 제기했다. 당시에 많은 직원이 법적 소송을 제기해야 한다고 건의했는데, 이들은 이런 부조리 때문에 회사가 어렵게 되었고 많은 동료들이 직장을 잃고 회사를 떠나게 되었으며 이들 때문에 우리의 명예가 도매값으로 매도되고 있으니 시시비비를 가려내야 한다고 주장했다. 하지만 '과거는 과거로 돌려라(Let bygones be bygones)'는 영국 속담처럼 과거를 잊어버리고 미래로 향하자! 유행가에도 "과거를 묻지 마세요!"하지 않았는가? 라고 설득했다.

네번째는 강남지사의 모 과장 혼자서 회사의 인감을 훔쳐 우리 회사가 쓰지도 않는 통신단말기를 중소업체로부터 구매하는 계약을 체결하고, 이 단말기를 다단계 판매업체를 통해 판매해 그 수익의 일부를 중개수수료로 착복하고자 한 사고였다. 2003년 9월에서 12월까지 4개 중소 장비 메이커와 여러 차례의 위조계약에 의한 장비구입대금이 76억 원이나 되었고, 모 과장은 중개수수료 2억 원을 착복하고 탄로가 나자 홍콩으로 도주했는데, 워낙 은밀히 추진되어 담당팀장도 4개월 동안이나 감지하지 못했다. 재임 중 경영과 윤리는 양립할 수 없다는 신념으로 윤리규범을 제정하고 관리감독을 철저히 하면서 부정행위를 근절하기 위해 많은 노력해 왔는데, 이런 사건이 발생하자 나는 엄청난 충격을 받았고 자괴감에 빠졌다. 도망간 과장은 해고하고 급여 등 재산을 가압류하면서 형사고발을 했다. 당시 지사장과 팀장, 그리고 인감을 관리했던 대리로부터는 관리감독 소홀의 책임을 물어 사직서를 받았다. 한편 다단계업체에 대해서는 모든 채권을 가압류하고 사장과 회사의 예금과 주식도 가압류 조치를 취했다. 장비공급업체에는 회사가 쓰지도 않는 장비를 개인이 인감을 도용해 맺은 사적 계약으로 사용인감계를 미확인한 과실을 주장해 회사 책임이 없음을 강변했다. 소송을 진행해 봐야 알겠지만 76억 원은 일단 손실로 회계처리를 했다.

다섯번째는 2000년 이전에 발생했던 매출에 대한 미수채권 문제였다. IT버블 현상으로 특히 회사의 2000년 매출액이 전년보다 33%나 급등했는데, 이때 발생한 매출이 IT버블이 꺼지면서 미수채권으로 쌓여만 가고 있었다. 2001년 6월에 빌링센터를 분사하면서 '미수채권 회수방안'을 확정하고 기 발생 미수채권의 조기 회수와 회수 극대화를 위해 추심업체 위탁관리제도 개선, 영업사원별 회수 목표 부여 및 실적평가 반영 등과 신규 미수발생 억제를 위해 신용정보회사의 고객정보 활용, 장기 또는 과다 미수고객에 대한 특별관리, 영업사원의 매출과 수납률 관리, 자동이체 및 신용카드결제 의무화 등 다각적인 조치를 취했다. 그러나 2000년 하반기 이후부터 몰아닥친 내수경기의 침체현상이 장기화되자 미수채권고객은 대부분 부도로 이어졌다. 그리하여 2001부터 3년 간 미수채권 회수노력으로 매년 100~200억 원을 회수했으나 결국 부도와 파산으로 3년 이상이 지난 약 350억 원의 과거 채권은 회수하지 못하고 포기했다. 당시에 데이콤의 영업사원들은 손익개념이 없었고 오직 매출에 대한 인식만 가지고 있었기 때문에 매출을 발생시키는 것으로 모든 책임은 완료되었고, 그 후의 일은 당시 빌링센터의 책임으로 돌렸기 때문에 영업사원이 미수채권 회수에는 관심이 없었던 것도 미수채권이 늘게 된 이유 중 하나였다.

이상과 같이 취임시에 파악했던 투자실패와 부정, 비리에 따른 경영 부실액이 하나로통신 주식투자 실패를 포함해 약 3,500억 원으로 집계되었는데, 결과적으로 글로벌스타사업의 회생으로 당초 손실액 추정 규모는 약간 줄었으나 예상치 못했던 미수채권의 손실액이 증가해 3년 간 손실로 처리해 정리한 금액이 약 3,000억 원이었다. 3년 간 당기손익 누적결손액이 2,900억 원으로서, 남아 있는 2,000명의 사원들은 3년 동안 과거의 질곡을 짊어지고 이것을 청소하는 데에 급급했고 분노와 허탈한 마음으로 고생만 한 꼴이 되었다. 처음에는 하나로통신을 제외한 약 2,500억 원의 결손을 매년 500억 원씩 5년 간 손실처리 할 계획이었으나 2004년 3월 29일 임기만료로 퇴임하면서 고민에 빠졌다. 2003년 말 현재, 3년 간 계획대로 1,500억 원을 정리해도 2004년 이후로 이월되는 결손액이 약 1,500억 원이 되어 후임자에게 그 처리를 넘겨야 했다. 내가 질곡의 유산으로 받았으니 나도 떠넘겨야 하는가? 내가 없어도 이 무거운 짐을 지고 프라이 휠이 돌아갈 수 있을 것인가? 과거유산을 짊어지고 미래로 전진해 나갈 수 있을까? 차라리 내가 알을 낳고 죽어가는 연어 신세가 되는 것이 경영정상화와 재도약에 도움이 될 수 있지 않을까?

앞에서 언급한 것처럼 2003년 상반기 경영실적이 기대에 미치지 못했으나, 하반기에는 다행히 업사이징 상품의 매출증대와 파워콤과의 시너지 창출 및 경영혁신 활동의 성과로 하반기 중에 영업이익률이 11%대로 회복되었다. 그러나 2003년 경영실적을 결산하는 과정에 임직원들과 주주들이 경영실상을 정확히 파악하는 데에 상식적으로 이해가 되지 않는 몇 가지 문제점이 제기되었다.

첫째는 매출인식이었다. 산술적인 집계결과는 전년 대비 5.3%가 감소해 우리는 실망이 컸었다. 그러나 2002년도 매출에는 그해 11월 1일자로 분사한 천리안 매출의 10개월분이 포함되었고 전화정보 매출의 인식기준이 총액기준으로 집계되었으나, 2003년에는 천리안 매출이 분사로 제외되고, 전화정보 매출액이 수수료만 인식하는 순액기준으로 집계해 차이가 있었으므로 이를 감안한 매출인식이 되어야 한다고 생각했는데, 회계기준은 그렇지 않다는 것이다. 만약 거꾸로 인식한다면 실제 매출은 감소했는데, 공표매출은 크게 늘어나는 결과가 오지 않는가? 이를 감안하면 매출이 겨우 1% 증가에 그쳤지만 임직원들이나 주주들은 매출이 감소한 것으로 크게 실망할 것이 아닌가?

두번째 문제는 대손충당금 설정방법의 변경이었다. 회사는 지금까지

채권의 미회수 사태에 대비해 과거 5개년 가중평균 대손율을 적용하고 문제채권에 대해서는 별도로 충당금을 설정해 왔다. 그리하여 그 설정 비율이 매출채권에 대해 2000~2002년 간 연평균 10.3%로 대손충당금을 설정했는데, 같은 기간 중 KT 9.1%, SKT 5.7% 등 타 통신회사보다는 높았다. 회계법인은 2003년 4월에 공시된 금융감독원의 규정에 의해 '2002년 사업보고서부터 각사로부터 대손충당금 설정방법과 채권연령을 제출받아 금융감독원이 대손충당금의 적정성을 중점 감리항목 중 하나로 관리' 하기 때문에 당사의 대손충당금 설정방법을 변경해야 한다고 주장했다. 동 회계법인은 우리 회사의 법적회계법인으로 5년 이상을 수임해 오고 있었는데, 2000년 하반기 이후 지속된 내수경기침체로 미수채권이 쌓여오고 있는 사실을 알면서 진작부터 변경해야 한다고 건의해야 하는데도 왜 2003년 결산부터 변경해야 한다고 주장하는지 이해할 수 없었다. 금융감독원은 경기침체를 인지하고 2002년부터 관리를 강화했으므로 우리 회사도 2002년도부터 변경했어야 하는 사안이었다. 더구나 전화외상매출금의 경우 6.2%를 설정해 오던 것을, 1년 이하 채권은 23.8%, 1~2년 채권은 73.8%, 2년~3년 채권은 94.6%, 3년 이상 채권은 100%를 대손충당금으로 설정해야 한다는 회계법인의 주장은 납득이 가지 않았다. 이로써 2002년 매출채권에 대해 10.7%였던 대손상각설정비율이 2003년에는 29.2%로 급등해 대손상각충당금이 435억 원이나 추가되었다. 회계의 원칙은 지속적으로 일관성을 유지해야만 계속기업의 건강상태를 올바로 진단할 수 있지 않을까? 만약에 미수채권을 회수해 특별이익으로 계상한다면 이후의 경영실적이 왜곡되는 것이 아닌가? 이러한 일시 과대계상은 혹시 조세포털방법으로 이용되지 않을까?

세번째 문제는 유형자산 감액처리 규정이었다. 2003년 결산부터 유형자산감액 규정을 의무적으로 적용해야 한다는 기업회계기준서 제5호에 따르면 "유형자산의 진부화 또는 시장가치의 급격한 하락 등으로 인해 유형자산의 미래 경제적 효익이 장부가액에 현저하게 미달할 가능성이 있는 경우에는 유형자산의 감액손실을 인식해 계상해야 한다"는 것이다. 과거의 실물 또는 유가증권 투자의 실패로 자산이나 주식을 감액처리하는 것은 당연한 것이나, 일시에 과다한 금액을 당해년도에 모두 감액 처리하는 것은 무리한 요구라고 생각했다. 우리 회사는 2003년 말에 과거의 투자실패에 따른 천리안 등 유형자산 감액손실액이 546억 원, B-WLL 등 무형자산 감액손실액이 184억 원, 하나로통신 등 주식투자실패로 투자주식가액 손실액이 760억 원, 그리고 불용유형자산처분 손실액 157억 원 등 모두 1,647억 원이 그 대상이었는데 이 모든 부실자산을 한꺼번에 처리하지 말고 이연자산으로 몇 년에 걸쳐 정리하는 방법은 없는 것인가? 이런 손실에 대해 주주들을 위한 다른 어떤 구제 방법은 없는 것인가?

네번째는 파워콤 인수에 따른 비용부담 처리문제였다. 회계팀에서는 주당 1만 2,000원으로 파워콤을 인수했는데, 파워콤의 장부에 기재된 순자산 가액보다 비싸게 인수했기 때문에 그 차액을 영업권으로 20년을 상각해야 하므로 2003년에 227억 원을 계상해야 했다. 그러나 자산실사와 재평가를 실시하지 않은 상태에서 인수가 이루어져 상식적으로 이해되지 않았다. 반대로 순자산 가액보다 싸게 인수했다면 영업권 특별이익으로 계상되는가? 장부상 순자산 가액에 불용, 유휴자산이 많이 존재한다면 어떻게 되는 건가? 재평가해 자산가치가 늘어나면 어떻게 처리하는 건가?

이상과 같이 2003년 결산보고서를 작성하면서 의문이 제기된 것은 경영실상을 임직원이나 주주가 정확하게 인식해야 할 필요가 있었고,

또 앞으로 경영정상화를 이룩하기 위한 노력이 계속되어야 하는데, 일시에 과대한 손실로 처리해 놓고 실제로 발생하지 않았을 때에 이익이 발생한 것처럼 호도하는 사태를 방지하기 위한 일종의 기우였다. 이상과 같이 모든 경영부실액 2,400억 원을 2003년에 일시에 반영하므로 데이콤은 사상 최대 적자인 당기손익 2,454억 원을 기록했으나, 과거 경영부실의 전액을 청소하면서 과거의 질곡으로부터 해방될 수는 있었다. 만약 이상의 비정상적 요소를 제외한다면 매출액은 1%증가, 영업이익은 889억 원으로 영업이익률 8.9%, 하나로통신 투자실패 등 유·무형자산 감액손실을 모두 반영하더라도 당기순익은 125억 원의 흑자를 실현했기 때문에 2002년에 이어 2003년에도 흑자구조가 유지되고 있다는데에 스스로를 위로했다.

노사안정의 길을 열다

우리나라 노동조합 운동은 양태에 따라 대략 세 가지 유형으로 분류할 수 있다.

하나는 과격한 행동노동조합(Militant Union)으로 중후장대한 중화학제조업의 생산직 근로자들이 다수를 차지하고 있다. 이들은 처음에는 억압된 저임금 구조를 탈피하고 근로조건을 개선하고자 출발했으나 점점 복리후생의 쟁취, 고용안정 보장, 경영권참여 등으로 그 활동의 범위를 확대해 왔고, 정치참여로까지 그 지경을 넓혀갔다. 내가 경험한 한국중공업의 노동조합이 대표적인 행동조합이었다.

두번째 부류는 주로 대졸사원들이 다수를 차지하는 일부 서비스업종의 노동조합으로 노동가치설이란 좌파적 색깔로 무장해 경영자와 대등

관계 내지 우월적 지위를 쟁취하고자 하는 이념노동조합(Ideology Union)이다. 데이콤 노동조합이 대표적인데, 회사는 노동조합을 위해 존재하고, 노동조합이 경영진과 동등 내지 우월적 지위를 향유해야 한다는 생각에 근거하고 있었다. 회사의 어려움이나 적자는 주주와 경영진의 책임으로 노동조합은 알 바가 아니고, 오직 노동자들이 그 동안 쟁취한 급여와 근로조건은 물론 단체협약은 어떠한 이유로든 침해받을 수 없고 보장되어야 한다는 절대적 지위확보를 목표로 삼고 있다. 이런 노동조합은 일류대학 출신으로 소수의 좌파적 강성을 갖춘 노동엘리트에 의해 지배되어 장기집권이 지속되고 있지만, 다수의 선량한 고학력 구성원의 동의를 얻어내는 데에는 한계점을 나타내고 있었다.

세번째 부류는 과격한 행동을 자제하고 합법적 투쟁을 전개하면서 최상의 급여와 근로조건을 추구하는 실용주의 노동조합(Pragmatism Union)으로 경공업이나 서비스업종 노조활동에서 주로 볼 수 있는데, 파워콤 노동조합이 여기에 속한다. 이른바 준법투쟁이란 수단을 동원하면서 조합원의 경제적 이익쟁취에 최대의 목표를 두고 있지만, 회사의 이익이 노동조합의 이익에 우선한다는 온건노선을 유지하고 있는 것이 특징이다. 나는 행인지 불행인지 세 가지 유형의 노동조합을 모두 경험했다.

데이콤에도 6.29선언 이후 1987년 '노동자 대투쟁'의 여파로 노동조합이 결성되었다. 1990년대 초에 이념적 강성노조가 노조집행부를 장악한 이후부터 그 동안 실용주의적 노동조합에서 이념적 강성노동조합으로 변모해 국내 최고 호조건의 단체협약과 급여수준을 쟁취했고, 급기야 민영화 반대투쟁과 재벌에 의한 경영권지배를 반대하는 투쟁을 전개해 2000년 11월부터 2001년 1월까지 84일 간의 장기 파업으로 회사의 경영위기를 초래한 또 하나의 직접적인 원인을 제공했다. 앞에서 언급했지만 취임 초기에는 어떻게든 노사간의 대립과 갈등을 잠시라도 중단시키고 부도위기의 회사를 구해내는 것이 시급한 과제였기 때문에 노사간 위기의식의 공유로 2001년 7월 12일 '노사간의 대 평화선언' 이란 정전협정을 체결하는 데는 성공했다. 그러나 이 선언은 임시적인 합의로 2003년 1월 31일 정전협정이 만료되기 이전에 항구적인 평화협정체제를 구축하는 것이 과제였다. 시간은 2년 6개월이 남아 있었다.

처음에는 노조집행부와 대화를 시도했지만 대화가 거듭될수록 대결과 갈등의 골은 깊어만 갔고 오해와 반감이 쌓여가면서 서로 간에 고소고발사태가 줄을 이었다. 회사는 장기파업을 주도한 집행부의 책임을 주장하고 회사를 살리는 데 동참할 것을 요구했고, 노동조합은 과거 경영실패에 대한 책임과 그룹 차원의 구제책을 강요하며 팽팽하게 맞섰기 때문에 노사간 문제를 대화로 풀어나간다는 것은 불가능했다. 따라서 평화선언 이후에는 강성인 이념적 조합집행부와 대화를 중단하고 개별 조합원의 '민심얻기 작전' 에 돌입했다. 내 경험으로는 어떤 노동조합이든 조합원의 약 10~20% 정도가 반 기업적 정서로 노동조합을 지지하고 투쟁에 적극적으로 참여하고 있었고, 반대로 다른 10~20% 정도는 회사의 입장을 지지하고 노조활동에 관심을 보이지 않았으며, 나머지 60~70%는 침묵하는 다수로 남아, 때로는 노동조합 지지대열에 참여하거나 또는 회사입장을 지지하는 측에 참여해 대세를 결정지어가는 것으로 파악했기 때문이다. 노동조합측에 동조하는 조합원이 30% 이상 되면 조합측 요구를 수용하거나 파업사태까지 진행되는 것이고, 회사측 입장을 지지하는 조합원이 30% 이상이 되면 타협에 도달하거나 극렬투쟁이 자제되는 것을 경험했다. 침묵하는 조합원의 동의를 어느 편이 많이 확보하느냐가 노사안정의 관건이었다.

데이콤의 인력은 젊고 우수했으나 이들은 경영진에 대한 불만이 쌓여 있었다. 특히 급여 수준보다는 진급과 업무성취도를 중요시하는 이들에게는 인사에서의 냉대와 불이익을 받아온 것이 회사에 대한 불만족의 원인으로 파악되었다. 인사에 있어서 능력과 업적은 무시되고 최고경영자와 일부 실권파의 전횡에 좌절과 실망으로 무기력 상태에 빠져 있거나 아예 실권파에 줄을 서는 쪽을 선택했다. 더군다나 경영진이 노사문제로 회사가 시끄러워지는 것을 원치 않고 부정과 비리를 은폐하는 대가로 자동 승진, 인사고과의 상향평가제 등 노조의 인사권 참여 등 여러 가지를 수용해 주면서 노동조합의 기피인물은 진급에 누락되고 지지인물은 승승장구하게 되었다.

어느 조직에서나 우수하고 유능한 인재는 내부적으로 컨센서스가 이루어지고 있기 때문에 이들을 찾아내는 것이 지도자의 몫이다. 따라서 먼저 인사쇄신을 단행했다. 업적과 핵심역량을 7 : 3으로 하는 공정하고 투명한 인사평가제도를 확립하고, 최고경영자의 인사전횡을 막기 위해 전사적 인재개발위원회는 1급부장과 임원의 인사를 담당하고, 각 사업부와 지사별 인재개발분과위원회는 2급부장 이하의 인사를 책임지는 인사합의제와 위임제도를 도입했다. 인사는 게임의 규칙이 모든 구성원들에게 합리적이고 공평해야 하며, 그 결과가 반드시 공정해야만 납득이 되고 구성원들에게 신뢰를 얻을 수 있다는 믿음을 실천하려고 무던히 애를 썼다. 한편 인사청탁 행위자는 불이익을 주어 재발을 막았고 노조집행부의 인사에 대한 영향력 행사를 근원적으로 배제했다. 그 결과로 양화들이 일하는 자리 전면에 차차 배치되고 점점 그 수가 많아짐으로써, 구성원의 불만과 침묵은 줄고 회사는 개인이 아닌 조직이 일하는 분위기로 쇄신되었다. 한편으로 너무 많이 준다고 비판을 받으면서도 각 분야별 각종 포상제도를 확대해 인사에 반영하고, 차등보상에 대한 거부감을 순화해 나갔다.

두번째로 연공서열형 월급제를 업적평가형 연봉제로 바꾸어나갔다.

3년 간의 노력 끝에 비노조원인 팀장 이상과 비정규직에 대해서는 2003년 1월부터, 일반직원들에 대해서는 2004년 1월부터 시행하는 것으로 노사간 합의를 이루어냈다.

우리의 임금제도는 대다수 기업이 채택하고 있는 연공서열형 임금제도였다. 일반 정규직은 직급을 7개 단계로 나누어 근무연한에 따라 1급은 24호봉(수석부장), 2급-25호봉(부장), 3급-26호봉(과장), 4급-28호봉(대리), 5급-30호봉(대졸), 6급-32호봉(전문대졸), 7급-38호봉(고졸)으로 전체 203호봉으로 구성되어 6개월에 1호봉씩 자동승급하도록 되어 있었다. 또한 기사, 간호사 등 특수직군은 행정직, 기술직, 특수직으로 나누어 각각 70호봉 체계를 유지하고 있었다. 따라서 매출이나 이익의 증감, 생산성의 증감과는 상관없이 1년에 2회 자동호봉승급에 따라 기본급이 3%씩, 이와 연계된 누진퇴직금 등의 부담으로 6%씩, 9%의 인건비가 인상되고 있었다. 임원들은 연봉제를 실시하고 있었지만 이사대우, 이사, 상무, 전무, 부사장, 사장으로 구분되어, 업적평가에 의해 결정되는 것이 아니고 노조와 합의한 임금 인상률을 적용하고 있었다. 이러한 직급별 호봉테이블을 폐지하고 assistant, junior, senior, leader로 구분해 상한 및 하한의 연봉범위를 설정하고 현재 자기가 받고 있는 연간 급여 수준을 현재의 연봉으로 정했다. 따라서 직급과 계급은 철폐되어 호칭으로만 남게 되었고, 임원의 호칭도 상무, 부사장, 사장으로 단순화시켰다. 특수직군도 하나의 직군으로 통합하고 현재의 보수를 기준으로 100% 업적평가로 연계했다.

또한 복잡한 급여의 종류를 단순화시켰다. 기존의 기본급, 정보통신수당, 정기상여금(400%), 체력단련비(200%), 능률제고수당(300%) 등 고정적 급여를 '기준연봉' 하나로 통합하고 그 1/20을 매월 나누어서 지급토록 했다. 그리고 직무수당, 식대교통비, 월동비, 귀향지원비 등 사실상 고정된 임금액으로 지급하는 모든 항목을 '부가연봉'으로 통합했다. 또한 가족수당, 연월차수당, 시간외수당, 자격수당 등 네 가지 속인적 또는 법정수당과 의료비 및 학자금 등 두 가지 복리후생비는 그대로 유지했다. 그리고 퇴직금제도는 누진제에서 단수제로 변경하고 회사의 사업실적과 연계한 인센티브성과급 100%를 새로 도입했다.

총액 임금의 약 70%에 해당되는 개인별 기준연봉은 현재 자기가 받고 있는 금액을 합산해 기준으로 삼고, 개인별 업적평가(70%)와 역량평가(30%)에 따라(팀장 이상은 80%:20%) 기준연봉 차등인상률을 적용하도록 했다. 개인의 평가결과에 따라 S, A, B, C, D 등 5등급별로 기준연봉 인상률 범위를 S=2a, A=1.5a, B=a, C=0.5a, D=0a로 정하고 기준인상률 a는 매년 노동조합과 임금협상을 통해 확정하기로 해 등급별·개인별 인상률이 차별적으로 결정되도록 했다. 또한 조직평과 결과로 해당 조직구성원의 평가등급 구성비가 결정되는 시스템을 도입해 연봉제실시에 따른 팀워크 저해 및 개인 이기주의를 사전에 예방하고자 했다. 즉 본인이 속한 조직이 최상 등급인 S등급의 평가를 받으면 해당 조직구성원의 평가등급별 인원구성비는 S=15%, A=25%, B=50%, C=10%, D=0%인 반면, 해당 조직이 최하 등급인 D등급의 평가를 받으면 S=5%, A=15%, B=50%, C=20%, D=10%가 되어 본인이 속한 조직의 평가결과가 좋을수록 상위 등급이 많도록 강제할당해 조직과 개인의 업적이 연계되도록 해 팀워크를 촉진토록 했다.

문제는 공정하고 객관적인 평가제도를 어떻게 설계하느냐에 달렸다. 지금까지의 평가제도는 평가결과가 보상에 직접 연계되지 않고 단지 승진에만 반영되어 고참 순으로 밀어주기용으로 전락해 제 구실을 못하고 있었다. 또한 인사평가는 연 2회, 업적평가는 연 1회씩 해왔으나 각각 따로따로 돌아가고 있었는데, 인사평가는 진급에만, 조직평가는 계산해 보는 정도에 그치고 있었기 때문에 역량과 업적을 팀원은 3 : 7비율로, 팀장 이상은 2 : 8의 비율로 연 1회 종합평가해 급여 수준과 진급에 동일하게 적용하는 것으로 바꾸었다. 역량평가는 6개의 핵심역량 요소를 도출해 평가하고, 업적평가는 미국의 많은 기업이 도입하고 있는 Balanced Score Card제를 도입해 회사의 전략목표를 정하고 이를 달성하기 위한 개인별·조직별 목표를 자체적으로 정해 이에 대한 달성도를 연 1회 평가토록 했다. 또한 회사의 경영목표를 달성했을 때에는 추가로 인센티브 성과급 100%를 기준으로 각 조직별, 팀별에 대한 정량적, 정성적 목표에 대한 절대평가에 의해 A등급은 200%를, B등급은 100%, C등급은 0%를 지급키로 해 목표달성을 위한 유인책을 마련했다.

우리는 이러한 연봉제 설계를 제시하고 지난 2년 동안 수많은 토론과 공청회를 가졌고, 17차례에 이르는 노사협상을 통해 2003년 11월 12일에 드디어 합의점에 도달했다. 다만 평가등급별 기준연봉 차등적용방식에서 최하 등급인 D등급의 연봉인상률이 Zero가 되므로 노동조합 지지세력의 대부분이 여기에 해당될 것을 우려한 노동조합의 최종안을 결렬 직전에 수용했다. 이로써 등급간 인상률의 과대한 차등을 다소 완화하기로 하고, 곱하기를 더하기로 바꾸어, D=a, C=a+1, B=a+2, A=a+3, S=a+4 방식으로 타결지었다. 이는 기준인상률을 3%로 합의했다면 D등급은 당초 제로% 인상에서 3%가 인상되고, C등급은 당초 1.5% 인상에서 4% 인상되어 차등성이 많이 퇴색되었다. 회사로서는 노동조합의 의견을 수용해 당초안보다 약간 수정한 것이 아쉬웠지만, 20년 이상 뿌리 깊게 박힌 평등주의, 연공주의, 획일주의를 타파하고 성과주의에 기초한 업적평가형 연봉제 자체를 도입하는 것이 중요했고, 또 평가등급별 차등적용 기준은 앞으로 매년 임금협상시에 개선해 나갈 수 있다고 생각했기 때문에 타결했다. 따라서 2004년도의 업적부터 평가를 실시하고 그 평가에 따라 2005년 급여분부터 지급하기로 함에 따라 새로운 성과주의 기업문화가 형성될 것이라고 보았다. 앞으로 연봉제가 실시되면 직원들의 마인드와 조직의 문화를 바꾸고, 팀장과 팀원 간의 팀워크가 크게 강화되어 노사안정의 초석이 되고 회사 전체의 모습을 바꿀 수 있는 전환점이 될 물꼬를 텄다고 생각했다.

세번째로 단체협약 개정이었다. 회사는 1990년대 초에 강성 이념노조의 등장으로 한두 가지씩 노조의 요구를 들어주다가 드디어 1996년 단체교섭에서 백기를 들었다. 당시에 노조의 요구를 100% 수용했기 때문이다. 따라서 합의된 단체협약에는 수많은 독소조항이 내포되어 있었다. 일일이 나열할 수는 없지만 사업구조조정 및 해고와 인력배치의 사전합의제, 인사제도와 관련규정제, 개정의 합의제, 보직자 이 외의 유니온 숍, 자동진급제도, 근무시간 중 조합활동 허용, 외주 및 하도급과 경력사원 특별채용의 실질적인 합의제 등 노동조합의 동의 없이는 아무 것도 추진할 수 없었다. 심지어 1996년 7월부터 매월 마지막 주 토요일은 15시까지만 일하고 나머지 토요일은 휴무하는 유사 주 5일제가 우리 나라에서 가장 먼저 실시된 회사다. 노동관계법과 판례에 일치하지 않은 조항도 있었고 국내외 회사들의 관례에도 없거나 훨씬 앞지르는 조항도 많았다. 회사는 2003년도 임금과 단체협약 협상시 회사의 요구안에 독소조항의 개정을 포함해 전면 개정을 요구했다. 그러나 연봉제의 관철에 큰 비중을 두었기 때문에 호랑이를 그리려다가 토끼를 그린 꼴이 되었다. 그나마 합의를 도출한 것으로는 노사전임자를 8명에서 7명으로 줄이고, 다른 회사에 거의 없는 조합원 교육시간을 신입사원은 3시간에서 2시간으로, 조합원은 연간 18시간에서 8시간으로 줄였다. 또 장기 근속휴가로 매 10년 단위로 주던 4주 간의 유급휴가를 2주 간으로 단축했고, 매년 130명의 조합원을 선발해 15일 간 유급휴가와 함께 출장경비를 회사가 부담해 실시하던 해외여행제도를 폐지했다. 또한 장남인 조합원의 형제에게 지급하던 학자금을 폐지하고, 1년 한도로 3명까지 회사가 부담하던 월 8만 원의 유치원지원비를 사내 복지기금에서 부담하도록 변경했다. 그리고 의료비지원을 축소하고 퇴직금 누진제를 단수제로 전환했다.

회사는 조합원 본인, 배우자, 자녀 및 의료보험증에 등재 가능한 직계부모가 부담하는 의료비 중 자부담액이 연간 50만 원 이상을 초과하는 경우 초과금액에 대해 연간 300만 원까지 지급하고 있었는데, 여기에는 치과 보철과 의치비용 등 질병·부상의 치료목적이 아니거나 업무 또는 일상생활에 지장 없는 질환이 포함되어 있었다. 많은 회사들이 의료비 자부담액을 지원하고 있었지만 원칙적으로 회사는 직장의료보험료와 산재보험료를 해당 법이 정하는 바에 따라 부담하면 되는 것이고, 조합원의 의료비 자부담은 물론 직계존비속의 자부담까지 회사가 부담한다는 것은 있을 수 없는 일이었다. 더군다나 의료보험증에 등재 가능한 직계부모는 맏이의 의료보험증에 등재되는 것이 통례인데 둘째 아들 이하가 데이콤 직원이면 그 부모가 둘째아들 보험증에 등재되어 그들의 자부담을 데이콤이 부담하는 넌센스가 단체협약으로 합의되어 있었다. 여기에다가 의료보험 대상도 되지 않는 비용을 회사가 부담하고 있었고, 게다가 노조는 여직원의 친정부모와 남직원의 장인장모까지 포함할 것을 요구했으니 참으로 기가 막힐 노릇이었다. 처음에 회사는 본조항의 삭제를 요구했으나 노조의 강력한 반발로 엎치락뒤치락하다가 결국에는 '등재된 직계부모'로 제한하고 연간 50만 원의 하한선을 연간 100만 원으로 상향하는 것으로 합의하는 데 그쳤다.

데이콤의 퇴직금누진제도는 국내에서 최고의 누진율을 적용받고 있었다. 예를 들면 10년 근속자는 15.5개월, 15년 근속자는 24개월, 20년 근속자는 33개월의 평균임금을 지급하고 있었는데 이는 매년 총 인건비의 약 20%를 차지해 회사의 큰 부담 가운데 하나였다. 단수제로의 변경은 대부분의 회사가 시행하고 있고 1996년 이후 중간정산제를 실시해 왔기 때문에 타격이 줄었고, 개인연금제도로 전환해야 할 사안으로 협상에는 난항을 겪었으나, 2003년 12월 1일 폐지에 따른 보전분으로 기본급 4%의 인상을 허용하므로 마지막 단계에서 타결했다. 또한 기본급은 2년 동결 후 처음으로 2003년 1월부터 소급해 3% 인상키로 하고, 누진제폐지에 따른 보전분 4%는 2003년 12월부터 인상하는 데 최종 합의했다.

회사는 금번 단체협약의 협상에서 전체 단체협약조항 111조 중에 51개 조를 개정하자고 회사가 공세를 취했으나, 겨우 11개 조항의 개정에 그쳤다. 회사는 개정원칙을 경쟁사에 없거나 경쟁사보다 훨씬 지나친 조항, 인사권을 침해하거나 제한하는 조항, 사업의 구조조정, 외주, 하도급, 투자결정 등 고유한 경영권을 제약하거나 침해하는 조항, 조합전임자 수 등 조합활동과 관련해 노동관계법이나 관례를 위반한 조항 등 네 가지로 분류해 협상에 임했으나, 이번에는 토끼를 그리는 데 만족해야 했다. 아직도 회사의 사업구조조정을 원활히 하면서 부적합 인력을 퇴출시키고 적합한 인력을 채용, 양성해 적재적소에 배치해 회사의 생산성과 경쟁력을 높일 수 있는 단체협약을 가지기에는 너무나 먼 길이 남아 있었다. 다만 초기에는 고집불통으로 한 개의 조항도 개정할 수 없다며 한 치의 양보도 보이지 않던 노동조합이 1년 간의 지루한 협상 끝에 이 정도의 합의안에 동의해 준 것만으로도 다행이라 생각하고 위안을 삼았다. 2003년 11월 12일 노사 협상대표 간의 합의(안)은 2003년 12월 1일 실시된 조합원 찬반투표에서 총 조합원 1,225명 중 82.9%인 1,015명이 참가해 단체협약은 84.6%, 임금 부문은 86.2%의 찬성으로 각각 가결되었다. 이는 조합원들의 경영정상화와 노사갈등의 종결에 대한 높은 열망을 반영하는 것이고, 그 동안 우리의 일관된 노사화합노력이 결실을 맺어가는 증거라고 생각했다. 만족스럽지는 못하지만 노사화합을 이룩할 수 있는 기본 틀은 마련했지 않았는가? 어디 이번만 날인가? 급할수록 돌아가라고 하지 않았던가! 라고 스스로를 위로했다.

네번째는 파업기간 동안 발생했던 불법행위로 취업규칙 및 단체협약을 위반한 노조간부에 대한 징계문제였다. 회사는 2001년 4월 14일, 노조위원장 등 노조간부 16명을 파업기간 중 자행한 업무방해 등 불법행위에 대해 고소했다. 이 사건은 2002년 7월 2일 지방법원에서 퇴사한 2명을 제외한 14명에 대해 형사상 유죄가 선고되었고, 피고인들이 항소를 포기해 2002년 7월 9일자로 유죄가 확정되었다. 한국중공업에서 이와 같은 사건이 전개되었을 때 나는 노사화합차원에서 용서해 주고 징계절차를 밟지 않았는데, 이에 대해 징계를 면한 9명의 사면자들은 용서에 대해 감사하지도 않았고 그 후 같은 짓을 되풀이해 무척 후회한 적이 있었다. 데이콤에서도 똑같은 상황이 벌어졌는데 과거 실수를 되풀이하지 않기 위해 반드시 징계하리라 결심하고 법원의 판결을 기다려왔다.

비록 회사에서 파업이 끝난 다음 수습과정에 민형사상 고소·고발을 취하했더라도, 또 절차상 합법적인 파업을 했지만 파업기간 동안 업무방해, 임직원폭행·협박·감금·명예훼손, 성희롱, 회사기물 손괴, 회사 명예실추, 기타 불법집단행위를 자행해 회사의 단체협약과 취업규정을 위반했으므로 이를 주도한 대상자들에게 2002년 7월 25일자로 징계위원회를 소집해 징계조치를 내렸다. 특히 합법적인 절차를 밟은 파업이었으나 본질적인 파업의 목적이 '데이콤 그룹'에 의한 자본과 경영의 분리를 주장해 온 이들이 '재벌에 의한 경영지배'를 저지하는 것이었기 때문에 정치적인 불법파업이었고, 파업시에 여러 가지 불법행위를 자행했기 때문이었다. 따라서 법원의 선고내용, 검찰의 구형내용과 자체 조사결과를 참조해 노동조합의 제11대 임원선거가 종료된 후, 전임위원장 등 2명은 해고, 사무처장 등 3명은 정직 3개월, 집행부국장 4명은 정직 2개월, 부위원장 2명은 정직 1개월, 비전임 노조집행부 부장 3명은 평균 임금의 1일분의 반액 감급 등으로 하는 징계조치를 7월 31일에 발표하고 설명자료를 전사원에게 이메일로 송부했다.

예상대로 노조집행부는 발칵 뒤집어졌고 불난 집에 기름통을 끼얹은 것 같았다. 그러나 일반 직원들은 이상하게도 조용했고 동조나 동요의 기색도 없이 정상적으로 업무에 임하고 있었다. 그 후 해고된 전임 노조위원장 등 2명은 2002년 8월부터 강남사옥 1층에 텐트를 치고 농성에 들어갔다. 또한 노조는 그 해 8월 22일, 회사의 부당해고 및 부당노동행위에 대한 구제신청을 서울지방노동위원회에 제출하는 한편, 서울지방법원에 해고 등 무효확인 소송을 제기하는 등 법적 분쟁절차에 들어갔다. 텐트 농성 사태로 고객들에게 이미지가 손상되기는 했지만 회사는 시종일관 무관심한 태도를 유지했고 어떠한 타협도 받아들이지 않았다. 2명은 약 5개월 간의 농성 끝에 스스로 농성을 풀었다.

법적 구제절차는 너무나 복잡했고, 결정내용도 제 각각이었다. 지방노동위와 중앙노동위의 결정이 달랐고 법원의 1심과 2심도 달랐다. 판결이 엎치락뒤치락 했지만 일반직원들은 무반응으로 일관했다. 오히려 해고자들은 이 기회에 회사를 떠나야 한다는 여론이 다수였다. 회사는 중앙노동위위원회의 해고무효란 정치적 결정에도 굴복하지 않고 서울행정법원에 중노위 결정에 대한 효력정지 신청을 제기하는 행정소송을 냈다. 해고한 2명을 제외한 나머지 피징계자들은 도중에 법적 분쟁을 포기했다. 해고자에 대한 해고무효확인 소송은 고등법원에서 '정당한 해고'라 판결했고, 노동위원회를 통한 해고구제신청은 행정법원이 정당한 해고로 판결해 해고-복직-재해고를 거듭했고 결국 대법원에서 최종 결판이 나게 되었다.

앞으로 대법원의 결정은 1~2년 이상이 걸릴 것이고, 노조에서 쟁의기금으로 이들의 급여를 지급하고 있지만 한계가 있을 것이며, 회사에 심각한 피해를 입히거나 단체협약과 취업규정을 위반한 자에 대해서는 일벌백계의 조치가 따라야 한다고 생각했다. 법과 원칙은 일관되게 지켜져야 할 것이다.

인간적으로는 그들에게 연민의 정을 느꼈다. 따라서 나는 노조활동을 하는 간부들에게 관용을 베풀고 비교적 잘 어울려주는 사람에 속했다. 나는 그들을 재생시키기 위해 음으로 양으로 노력해 왔다. 노조활동을 전념하는 직원들 대부분은 가정생활도 불행했다. 가정방문을 해보면 대부분 부인들은 착하고 건전한 사고방식으로 성실한 생활을 하고 있는데, 남편들은 노조활동을 하느라 퇴근이 늦거나 술에 취해 들어오는 경우가 많았다. 특히 주말에는 노동단체의 이런 저런 집회에 참가하느라 가정과 아이들에게 소홀했다. 직장 내에서도 노조전임활동을 전업으로 오래하게 되니 업무수행이나 기술 습득에서도 낙오자가 될 수밖에 없었다. 나는 그들에게 수없이 타일렀다.

"노조활동을 전업으로 하지 말라! 직장에서 낙오자가 된다. 가정의 평화를 깨뜨리면서 노조활동을 하지 말라! 가족들을 불행하게 만들 수도 있다."

2002년 12월 2일 노사 간 임금 및 단체협약 개정안에 서명하게 되었다.

소아마비의 후발사업자들

우리나라 통신산업은 1997년 2월 극적으로 합의된 WTO 통신협정체제에 의해 개방화·자유화·민영화 과정에서 정부정책의 단견과 유효경쟁체제의 확보에 대한 인식부족으로 독점체제는 그대로 유지되었고, 경쟁체제를 도입했으나 후발사업자의 고사상태로 엄청난 비용만 지불한 채 경쟁도입정책이 실패로 끝나고 말았다.

후발사업자들은 태어날 때부터 절름발이로 태어났고, 그로 인해 시장에서 경쟁하는 데 태생적 장애를 극복할 수 없었다. 정부는 통신시장에 경쟁을 도입하기 위해 1991년 국제전화시장에서 경쟁을 도입한다는 명목으로 데이콤에게 국제전화사업권을, 1995년에 하나로통신을 설립해 시내전화사업권을, 1995년에 데이콤에게, 1998년에 온세통신에게 시외전화사업권을 허용했으나 100년 간 독점체제를 유지해 온 한국통신은 모든 사업권이 그대로 존속되어 경쟁이 불가능했다. 왜냐하면 하나로통신이 경쟁하기 위해서는 독자적 가입자망을 구축하거나 한국통신의 독점적 가입자망과 통신관로 등 통신필수설비를 똑같은 조건으로 임대할 수 있어야 하나 그렇지 못했다. 따라서 지난 8년 간 시장점유율을 겨우 3%, 100만 가입자를 차지하는데 그친 반면, KT는 97%, 2,200만 가입자를 차지해 시장독점 상태가 지속되어오고 있다. 데이콤과 온세통신은 시외전화 및 국제전화사업으로 전문화했으나 앞에서 지적한 것처럼 시내전화 접속료의 과다부담과 통신필수설비의 독점과 사용료 부담 과중 등으로, 지난 8년 간 경쟁했으나 시외전화의 경우 시장점유율이 데이콤 17%, 온세 3%로, 80%를 차지한 KT의 실질적 독점상태가 지속되었다. 또한 국제전화의 경우는 1996년에 각각 28% 및 11%에서 2003년에 17%와 6%로 감소한 반면 KT는 50%를 유지해 시장지배력이 유지되고, 후발사업자는 태생적인 소아마비 상태에서 벗어나지 못하고 있다. 더구나 인터넷서비스를 먼저 출시했음에도 불구하고 가입자망을 독점하고 있는 KT의 추격에 패배해 시장점유율은 KT가 50%, 하나로 24%, 두루넷 12%, 데이콤 1.8% 등으로 후발사업자의 한계를 벗어나지 못했다. 이러한 태생적 제약으로 1996년 경쟁체제가 도입된 이후 2000~03년까지 4년 동안 KT의 누적매출액은 45조 원에 누적당기순익 4조 9,000억 원으로 평균 당기순익률이 10.8%였으나, 후발사업자인 하나로통신, 데이콤, 두루넷, 온세통신 등 4개 유선사업자의 기간 중 누적 매출액은 11조 원, 당기순익의 누적손실액은 2조 2,000억 원으로 평균 당기손실률 20.8%를 기록했다. 또한 2003년 말 4사의 부채 규모는 6조 원으로 결국 만성적 적자와 과다부채로 계속기업으로 생존하지 못함에 따라 하나는 외국투자가에게 경영권이 넘어가고, 2개 사업자는 법정관 리에 들어갔으며, 또 하나는 생존을 위해 혹독한 구조조정을 치러내고 있다. 이동통신 분야도 마찬가지 상황이다. 1984년 3월, KT의 자회사 인 제1이동통신회사에 황금대역인 800Mhz 대역을 독점적으로 배정함 으로써 1993년 이를 인수한 SKT는 주파수대역의 독점적 특혜를 누리며 시장지배사업자의 위치를 공고히하는 반면, 1.8Ghz의 주파수대역을 할 당받은 KTF, LG텔레콤 등 국내 PCS사업자들은 아무리 노력해도 SKT 를 따라잡을 수 없게 되어 있다. 왜냐하면 기지국에서 나오는 전파의 도 달거리가 800Mhz 대역은 500m에 달하지만 1.8Ghz 대역은 300m에 불 과하기 때문에 동일한 면적을 서비스하기 위해서는 후발사업자에게 약 2배의 투자비와 운영비가 소요되기 때문이다. 800Mhz 대역을 한 개 사 업자가 독점한 경우는 우리나라뿐인데, 당시의 체신부나 한국통신의 합 작품인 제1이동통신이 정치적 이유로 불가피하게 SKT로 넘어감으로써 어부지리를 얻었고, 자기 꾀에 넘어간 부작용으로 KTF가 지금 부담을 안고 있는 현실이 되어버렸다.

　여기에서 무한경쟁시대를 맞이한 미국 통신업체들이 당시에 어떻게 대응했는지 잠시 살펴보겠다. 미국 통신산업의 발전과정을 보면, 약 100년 간의 독점기간을 거쳐, 1984년 이후 1996년까지 12년 간의 제한적 경쟁기간을 지나, 1996년 2월 통신법개정 이후 현재까지 무한경쟁 시기로 3단계의 과정을 거쳐 발전해 오고 있다. 1876년 Graham Bell이 전보용 와이어를 이용한 음성통화 전화기를 개발해 설립한 Bell Telephone Company(나중에 America Bell Telephone Co로 확대개편)가 시내전화서비스를 최초로 시작했고, 1885년 자회사로 설립한 AT&T가 장거리전화서비스를 시작해 미국에서는 민간회사가 처음부터 통신시장을 이끌어왔다. 1899년 12월 30일 AT&T가 America Bell의 자산을 인수해 미국의 장거리시장과 지역전화시장을 독점해 왔다. 물론 1893년, Bell의 특허기간이 만료되자 각 지역별로 지역전화회사들이 우후죽순처럼 설립되어 제1차 세계대전 이전까지 약 6,000개의 독립 전화회사들이 전화사업을 수행했으나, AT&T의 시장 선점과 네트워크의 독점, 그리고 기술력의 우위를 극복할 수가 없었다. 더구나 지역전화시장은 전화선, 케이블을 각 가정까지 설치하는 투자비용이 엄청나기 때문에 후발사업자가 경쟁적으로 뛰어들기 불가능한 본질적인 독점적 성격을 띠고 있기 때문이었다. 1974년 미국 연방통신위원회(FCC: Federal Communications Committee)가 AT&T의 독점에 대해 독점금지 소송을 제기할 당시에도 미국 내에 1,618개의 전화회사가 있었으나 AT&T가 전체 전화선의 85%, GTE(General Telephone & Electronics, 1918년에 위스콘신에 설립된 지역전화회사로 유일하게 벨 계통의 회사가 아님)가 10%를 차지하고 있었다. AT&T에 대한 독점금지소송은 8년이 지나 1982년 1월 법정 밖에서 이루어진 당사자 간 합의로 마무리되었다. AT&T는 장거리전화사업만 담당하고, 통신장비 및 단말기의 제조업은 Lucent Technology로 떼어내었으며, 미국 전역에 걸친 AT&T의 지역전화시장은 7개의 권역으로 나누어 각각 다른 독립된 회사로 분할했는데 이들을 '베이비 벨'이라고 했다. 그러나 이러한 제한적 경쟁체제 아래서도 시내전화의 지역독점 현상과 장거리전화의 시장 선점에 따른 AT&T의 시장지배력은 유지되었다. 그리하여 1996년 2월에 통신법을 개정해 무한경쟁시대로 유도했다. 1996통신법의 주요 골자는 ① 주별, 지역별로 존재하는 지역전화시장 참여제한 규정을 철폐하고, ② 지역전화회사들이 자신들의 네트워크를 경쟁사들에게 상호 연결하도록 허용하고, 동시에 사용료 등에서 자사와 동등한 조건에 따라 사용할 수 있도록 허용하며, ③ 지역전화회사가 장거리전화시장에 참여하기 위해서는 자신의 지역전화시장에서 실질적인 경쟁이 형성된 후에야 가능하다는 것 등이었다.

이후 미국 내 통신시장은 무선전화 및 데이터통신 분야를 포함해 인수합병의 통신전쟁이 전개되어 대형화 및 종합통신서비스 사업자를 지향하는 이합집산을 통해 경쟁체제가 구축되어갔다. 먼저 지역전화시장이 개방되면서 장거리전화회사들이 지역전화시장에 대한 진출이 시작되자 베이비 벨들은 자체 시장방어를 위해 서로 간에 통합을 추진했다. 펜실베이니아, 버지니아 등 미국 동부의 중부지역을 담당하던 Bell Atlantic은 1996년에 메인 주, 뉴욕 주 등 동부의 북부지역을 맡고 있는 Nynex를 인수해 지역전화시장을 미국 동부의 중심부로 확대하고, 1998년에 주로 지방도시에서 지역전화와 장거리전화서비스를 제공하던 GTE를 인수하는 데 성공해 지역기반 확대 및 장거리시장 진출 기반을 구축한 후 합병된 회사이름을 Verizon Communications로 바꾸었다. 또한 1999년에는 영국의 보다폰 에어타치와 55 : 45비율로 Verizon

Wireless를 설립해 미국 내 최대의 무선전화회사가 되었다.

한편 텍사스 주, 오클라호마 주 등 중부의 남부지역을 담당하던 SBC (Southwestern Bell Communications)는 1996년에 캘리포니아 주, 네바다 주 등 서남부지역을 담당하던 Pacific Telesis를 인수하고, 1998년에 벨 애틀랜틱의 관할 지역인 코네티컷 주에 장거리 및 지역회사인 SNET(Southern New England Telecommunications)을 인수합병한 뒤, 같은 해 5월에 제4위의 지역전화회사인 Ameritech(미시건, 일리노이 주 등 중북부 지역을 담당)을 인수해 3개의 베이비 벨이 SBC 한 개로 통합되어 당초 7개였던 베이비 벨은 4개로 축소되었다. 또한 SBC는 무선전화시장에서 도 주도적 위치를 확보하기 위해 SBC의 무선 부문과 Bell South의 무선 부문을 합쳐 50 : 50 비율로 합병회사 Cingular를 설립해 2000년 9월 FCC의 합병승인을 받아 제2위의 무선사업자가 되었다.

한편 베이비 벨 중에서 Bell Atlantic과 SBC가 서로 주도권을 차지하 기 위해 몸집 불리기 다툼을 전개하는 가운데, 제일 작은 베이비 벨인 US West(콜로라도, 뉴멕시코, 워싱턴, 오리건 주 등 중서부 및 서북부지역 담당) 는 장거리전화회사인 Qwest, 광섬유 해저케이블회사인 글로벌크로싱, 도이치텔레콤 간에 치열한 인수전 끝에 1999년 7월에 Qwest가 US West를 인수 합병해 Qwest Communications International을 만들어 2000년 6월 FCC의 승인을 받았다. Qwest는 1988년에 콜로라도 주 덴 버에서 설립되어 미국 내 150여 개의 주요 도시를 최신의 광섬유 네트 워크로 엮으면서 AT&T, MCI-Worldcom, Sprint에 이어 제4위의 장거 리전화회사로 성장해 US West를 인수합병하고 지역전화시장에도 진출 했다.

이러한 인수합병 전쟁에 뛰어들지 않고 홀로 남게 되어 낙오를 걱정 하던 제3위 지역전화 회사 Bell South(조지아, 플로리다 주 등 남동부를 담당)는 지리적 서비스권역이나 무선 분야에서의 협력관계를 고려할 때 조만간 SBC나 Verizon으로 합병될 가능성이 높고, 남아 있는 제4위 유선전화 사업자 Qwest Communications도 언젠가는 Verizon이나 AT&T에 인수합병될 가능성이 높다. 따라서 지역전화 회사였던 7개의 베이비 벨과 GTE는 인수합병 과정을 거쳐 Verizon과 SBC라는 거대한 2개의 종합통신사업자로 통합되어 음성, 데이터, 영상, 무선 등 모든 서비스의 패키지 상품을 제공하고 있다. 이와 같이 1996년 통신법의 발효 이후 지역전화 회사들은 지역서비스권역을 확대하고, 장거리전화사업에 뛰어들면서 무선전화사업을 강화했고, 초고속인터넷서비스사업을 전개하는 등 종합통신서비스 회사로 입지를 구축하고 발전해 가고 있다.

또한 미국 내 장거리사업자도 무한경쟁 시대를 맞이해 생존하기 위한 몸부림이 진행되어왔다. 1974년 연방통신위원회(FCC)의 독점금지소송으로 약 100여 년 간 거대한 미국의 전화시장을 독점해 오던 AT&T는 1984년 1월부터 장거리사업만 담당하고, 시내전화사업은 7개 베이비 벨에게 내주어 지역적으로 분할하게 되었다. 또한 장거리사업 분야에서도 경쟁이 전개되어 AT&T가 장거리사업만 하게 된 1984년에 장거리전화시장 점유율에서 91%를 차지하고, MCI 5%, Sprint 3%, 기타 1%를 차지했으나 10년 뒤 무한경쟁이 시작되기 직전인 1995년에는 AT&T의 시장 독점력이 크게 약화되었다. 여기에서도 덩치가 작은 장거리회사들은 지역전화사업에 뛰어들면서 인수합병의 전쟁을 치렀다. 먼저 덩치가 가장 작은 Qwest는 앞에서 설명한 대로 미국 중서부의 지역회사 US West를 인수해 장거리 및 지역전화사업의 기반을 구축했고, 1983년에 미시시피 주에 별정통신사업자로 설립된 월드콤은 1985~96년까지 약 60여 개의 크고 작은 통신회사를 인수해 장거리전화 및 지역전화사업을 확장하고 인터넷 네트워크사업도 전개해 사세를 크게 확장했다.

1996년 10월 미국 40개 지역에서 지역전화서비스를 제공하던 Brooks
Fiber Properties를 인수했고, 1996년 12월 미국과 유럽의 주요 도시에
광섬유케이블 네트워크를 제공하던 MFS Communications(MFS는 1996
년 9월 인터넷 네트워크제공회사인 UU Net Technologies를 인수했음)를 140억
달러에 인수하고, 1997년 9월 온라인 서비스회사인 Compuserve를 인
수해 데이터네트워크 분야는 남기고 온라인서비스 분야는 AOL의 네
트워크 서비스제공 회사인 ANS와 교환해 인터넷네트워크의 가입자
망을 확보했다. 월드콤은 이러한 여세를 몰아 자신보다 덩치가 4배나
큰 장거리사업자 MCI의 인수전에 뛰어들어 당시 3위의 지역전화 회
사로 장거리전화 분야에 진출하고자 하는 GTE와 인수경쟁을 전개했
는데, 1997년 11월에 드디어 인수에 성공해 MCI · World com을 탄생
시켰으며, 1998년 9월에 FCC의 합병승인을 받아 AT&T에 이어 제2위
의 장거리전화 회사로 위치를 확고히 다졌다. 월드콤은 여기에서 만
족하지 않고 제3위의 장거리회사인 Sprint마저 인수하려고 했다. 이
때 그 동안 통신시장의 지각변동에 휩싸이지 않았던 Bell South가 장
거리시장과 무선사업의 확보를 위해 1999년 10월 Sprint에 1,107억
달러를 제시했지만, 월드콤은 1,144억 달러를 제시해 Sprint 인수전쟁
에서 승리했다. 그리하여 MCI · 월드콤, Sprint의 합병으로 새로운 월
드콤으로 탄생한 합병회사는 장거리시장 점유율이 37%에 이르고,
Sprint PCS를 확보하여 무선시장 진출의 기회를 잡았다. 그러나 FCC
가 합병회사와 AT&T의 2개 회사가 미국 장거리시장의 약 80%를 차
지하기 때문에 양사의 독점을 우려해 반대하자 두 회사의 합병계약은
2000년 7월에 폐기되었다. 그 후 Sprint는 독자의 길을 가고 있으나
Bell South와 도이치텔레콤이 인수협상을 전개하고 있고, 인수에 실
패한 월드콤은 결국 2002년 2월에 법정관리에 들어가고 말았다. 그

후 월드콤은 2003년 멕시코의 통신회사인 텔멕스에 10억 달러에 팔려 가는 신세가 되었다.

미국 최대의 통신회사인 AT&T는 무한경쟁시대를 맞이해 장거리시 장의 방어와 지역전화시장과 인터넷시장 진출에 고전을 면치 못했다. 오랜 독점적 경영에 따른 타성으로 새로운 환경에 민첩하게 대응하지 못했고, 또한 미국 전 지역의 Last Miles를 지역전화회사가 독점하고 있 어서 적극적으로 지역전화시장과 디지털데이터시장에 진출하는 데에 한계가 있었다. 1996통신법에서 베이비 벨들이 지역전화독점을 이용해 장거리시장까지 지배할 가능성이 크다고 보고 자체 지역전화시장을 경 쟁사들에게 개방하지 않으면 자체 지역 내에서 진출하지 못하도록 규제 했으나 지역전화사업자들은 자체 시장을 어느 정도 내주고라도 기존 고 객에게 다양한 서비스를 제공하기 위해 장거리시장 진출에 적극적이었 다. 여기에 가장 먼저 뛰어든 사업자는 뉴욕 주의 Bell Atlantic이었다. Bell Atlantic이 1998년 4월 자사의 뉴욕 주 내의 지역 전화설비를 경쟁 사들에게 할인가격으로 임대하는 등 시장개방을 이행하자, 장거리사업 자인 MCI·월드콤이 1999년 2월, AT&T는 1999년 9월부터 뉴욕 주 내 에서 처음으로 Bell Atlantic의 Last Miles를 임대해 지역전화서비스를 시작했다. 한편 Bell Atlantic은 자사의 지역전화시장 개방을 이유로 FCC에 장거리전화사업을 신청해 1999년 12월 FCC의 승인을 받아 베 이비 벨 중에서 최초의 장거리전화사업자가 되어 2000년 1월부터 뉴욕 주에서 장거리전화서비스를 개시했다. 그러나 1년 뒤인 2000년 12월 말에 AT&T와 MCI·월드콤의 지역전화가입자는 각각 50만 명에 그쳤 는데 Bell Atlantic의 장거리전화가입자는 150만 명에 이르러 지역전화 사업자가 판정승을 거두었다.

지역전화사업에 진출하고 SBC는 2000년 6월 FCC의 승인을 받아 장거리전화사업에 진출했다. 그 후에도 장거리전화사업자의 지역전화시장 진출과 지역사업자의 장거리전화시장 진출이 캘리포니아 · 조지아 주를 비롯한 여타 주에서 일어나 장거리사업자와 지역사업자 간의 영역이 허물어지고 소비자의 선택권이 확대되어갔다. 이 과정에 AT&T 등 장거리전화사업자들은 지역전화사업자들의 시장개방 정도가 미흡하다는 불만을 제기했고 소송사태가 줄을 이었다.

1996통신법이 발효되자 AT&T는 옛날의 명성을 되찾으려고 1997년 7월 당시 베이비 벨 중 2위 사업자인 SBC와 수직적 통합을 시도했으나 FCC가 과거 독점시대로 회귀한다는 이유로 두 회사 간의 합병에 제동을 걸었다. AT&T는 지역회사를 합병하지 않고서는 지역시장으로의 진출이 불가능하다고 판단해 1997년 10월에 다시 GTE를 480억 달러에 인수한다고 발표했으나 같은 이유로 성공하지 못했다. AT&T는 이러한 기존 지역전화회사의 인수합병작전에서 베이비 벨 중 어느 하나도 인수하는 데 성공하지 못했으나, 1998년 1월 당시 미국의 66개 주요 도시에서 주로 대기업을 상대로 지역전화서비스를 실시하던 Teleport Communications Group(뉴욕 소재)을 112억 달러에 인수해 지역전화시장에 진출할 수 있는 터전을 확보했다. 이러한 상황에서 AT&T는 위기를 느끼고 새로운 CEO를 영입하고자 물색한 결과, 1997년 11월 추진력이 뛰어난 GM 산하의 휴즈전자 책임자였던 마이클 암스트롱(Michael Armstrong)을 영입했다. 새로 취임한 암스트롱 회장은 강도 높은 비용절감과 구조조정을 추진하면서 전화시장의 탈환과 무선전화, 인터넷시장 진출 등으로 통신시장의 주도권을 장악하겠다는 야심 찬 프로그램을 추진했다.

먼저 그는 기존 전화선에 의한 지역전화시장을 다시 탈환한다는 것은 FCC의 반대와 지역전화회사들의 강력한 저항으로 매우 어려울 뿐 아니라 막대한 투자비용이 소요된다는 점을 인식하고, 케이블(HFC)이란

294

다른 통신수단을 통해 지역전화서비스와 브로드밴드 인터넷서비스를 함께 제공하는 방향을 선택했다. 이러한 전략에 따라 AT&T는 1998년 6월, 미국 내 제2위의 케이블TV 회사로 당시 1,100만 가구에게 서비스를 제공하던 Telecommunications(TCI)를 318억 달러에 인수했다(당시 1위 케이블TV 사업자는 타임워너로 가입자 1,260만 명). 또한 1999년 4월, 제4위의 케이블회사인 가입자 500만의 미디어 원(Media One)을 인수해 가입자 1,600만을 가진 미국 최대의 케이블회사로 부상했다. 이 과정에 AT&T는 제3위의 케이블TV 사업자 Comcast에게 200만 가입자를 넘겨주는 대신 Comcast의 케이블가입자 560만 명에게 전화서비스를 제공하기로 했고, 2003년에는 케이블TV 사업을 분리해 3위 사업자인 Comcast와 합병했다. 이와 같이 AT&T가 TCI와 미디어 원을 인수하기 위해 약 900억 달러를 투자한 것은 고객에게 양방향서비스와 인터넷과 전화서비스가 동시에 가능한 동축케이블 Last Miles을 확보하고, 가입자 1,600만을 기반으로 지역전화와 인터넷서비스 시장을 장악할 수 있다고 믿었기 때문이었다. 또한 인터넷 접속수단(access)을 확보한 후에 케이블모뎀에 의한 콘텐츠를 제공하는 ISP(Internet Service Provider)사업자를 1999년 5월에 통합해 Excite@Home(TCI의 At Home과 기존 AT&T의 Home이란 웹사이트를 통합)으로 수직적 통합서비스를 제공하기 시작해 인터넷 콘텐츠와 접속서비스를 함께 제공하는 사업자로 부상했다. 브로드 밴드 인터넷서비스에 접속하는 수단으로 베이비 벨들이 전통적인 구리전화선에 디지털 신호를 통해 정보를 전달하는 DSL(digital subscriber liner) 방식을 채택했으나, 전화선이 없는 AT&T는 타임워너와 함께 케이블모뎀 방식을 선택해 승부를 걸었다. 양 방식에는 일장일단이 있으나 국내에서도 KT는 DSL방식을, 두루넷, 온세, 데이콤과 하나로의 일부가 케이블모뎀 방식을 채택하고 있다.

또한 AT&T는 무선전화 분야에서 GSM 방식을 선택한 Bell South나 CDMA를 선택한 Bell Atlantic과 Sprint와는 달리 TDMA 방식을 선택했고, AT&T Wireless는 무선전화시장에서 10개 사업자 중 Verizon Wireless, SBC/Bell South(Cingular) 다음으로 3위를 차지했다. 그러나 이러한 구조조정의 노력에도 불구하고 과다한 부채와 주가하락의 부담으로 2004년 2월 17일, 매출액 170억 달러 규모인 AT&T Wireless Service를 SBC와 Bell South의 합작 무선사업자인 Cingular Wireless가 인수했다. 한편 제2위의 무선사업자인 Cingular Wireless는 AT&T Wireless를 인수함으로써 4,600만 가입자를 확보해 미국 내 제1위의 무선사업자로 올라섰다. 따라서 AT&T는 Verizon, SBC 다음으로 미국 내 3위 사업자로 추락하고 말았다. AT&T의 매출 중 장거리전화 매출 비중은 1998년 42%에서 2003년 14%로 줄어든 반면, 무선전화 매출 비중은 1998년 10%에서 2003년 14%로 증가하고, 지역전화 및 인터넷 매출 비중은 1998년 14%에서 2003년 33%로 급증했다.

이상에서 독점체제를 제거해 가장 효과적으로 유효경쟁체제를 확립하고 소비자권익을 보호하는 데 초점을 맞춘 미국 통신시장의 발전과정을 살펴보았다. 여기에서 전개된 특징은 첫째 장거리전화 및 지역전화의 역무구분을 없애 경쟁체제를 구축했고, 둘째 전화회사들이 합종연행으로 무선과 인터넷사업으로 모두 진출했으며, 셋째 네트워크부터 콘텐츠까지 서비스의 수직적 통합이 이루어져 종합서비스를 제공하게 되었으며, 넷째 거대한 미국통신시장이 거대한 3개의 통신회사로 통합되고 수많은 통신회사들이 퇴출되었다. 남아 있는 US West를 인수한 Qwest, 외로운 Bell South, 합병에 실패한 Sprint, 멕시코에 팔려간 월드콤 등의 운명이 앞으로 어떻게 진전될지 예측할 수는 없으나 무한경쟁시대에 진입한 미국 통신업계는 Verizon, SBC, AT&T의 주도 아래 지역전화시장 1,600억 달러, 장거리전화시장 1,000억 달러, 무선전화시장 1,000억 달러, 데이터 및 인터넷시장 500억 달러 등 4,100억 달러의 시장을 놓고 무한경쟁을 펼치면서 발전해 가고 있다.

이러한 통신전쟁에서 지역전화회사들이 장거리전화회사에 승리를 거둔 것은 Last Miles를 확보하고 있었기 때문인데 Last Miles이 없는 장거리전화회사들이 약점을 극복하기에는 한계가 있다. 1998년에 매출액 316억 달러였던 Bell Atlantic은 Nynex와 GTE를 인수해 Verizon Communications로 태어나 2003년에 매출액 678억 달러로 2004년에 발표한 〈포천〉 500대 기업 중 28위에 등극했고, SBC는 1988년 매출액 288억 달러에서 Pacific Telesis와 Ameritch을 인수한 결과 2003년 매출액 408억 달러로 1위 사업자였던 AT&T를 3위로 밀어내고 2위를 차지해 〈포천〉 500대 기업 중 96위에 랭크되었다. 한편 AT&T는 SBC나 GTE 등 지역전화회사의 인수에 실패해 고전을 면치 못한 결과 1998년에 매출액 536억 달러로 〈포천〉 500대 기업 중 28위였으나, 2003년에는 매출액 345억 달러로 그 자리를 Verizon에 내주고 2004년 116위로 추락했다. 그나마 3위 자리를 지킬 수 있었던 것은 TCI와 미디어 원을 인수해 광동축 혼합케이블망을 Last Mile로 확보해 케이블방송과 시내전화, 인터넷서비스를 결합한 번들서비스를 제공했기 때문이다. 제4위는 기간 중 매출액 177억 달러에서 273억 달러로 증가한 MCI, 5위는 171억에서 262억 달러의 매출을 일으킨 Sprint, 6위는 독야청청한 Bell South가 시장을 잠식당해 231억 달러에서 226억달러로 감소했다. 베이비 벨 중 가장 작은 US West를 인수한 Qwest Communications는 124억 달러에서 149억 달러의 매출로 명맥을 유지하고 있는 셈이다. 앞으로 약 10년 후에는 업계에서 3위 내에 들지 못하는 통신업체는 생존이 어렵다는 빅 3의 법칙(Rule of Big Three)에 따라 이들이 계속기업으로 생존하기는 어려울 것으로 보인다.

　미국 통신시장이 이러한 독점-제한경쟁-무한경쟁의 3단계를 거치는 과정이 우리에게 주는 시사점은 다음과 같다. 첫째로 기간망과 가입자망의 네트워크를 기반으로 한 통신산업은 그 특성상 네트워크 분야의 경쟁체제가 구축되지 않고서는 서비스의 경쟁이 이루어질 수 없다. 특히 Last Miles 부문의 경쟁 없이는 서비스 부문의 유효경쟁이 불가능하다. AT&T가 케이블망을 확보해 지역전화와 인터넷 분야에서 지역전화회사들과 경쟁체제를 구축한 것과 같이 우리나라에서도 파워콤과 케이블방송사업자의 케이블망의 통합이 이루어져야 한국통신의 독점적 Last Miles와 경쟁체제가 구축될 수 있다. 따라서 지역방송사업자의 지역독점체제를 종식하고 전국적인 케이블사업자가 등장하도록 유도해야 할 것이다. 둘째로 네트워크를 보유한 사업자는 반드시 타사업자에게 자유로운 접속을 허용하고, 또 자신들의 네트워크를 경쟁사들이 동등한 조건으로 사용토록 해야 경쟁이 가능하다. KT가 보유한 네트워크는 자사의 내부거래가격을 공개하고 같은 조건으로 임대하고 상호연결을 허용해야 유효경쟁이 가능한데, 정부의 소극적 자세로 경쟁의 선행조건인 이 분야에 대한 개방이 이루어지 않아 독점상태가 지속되고 있다. 선진국에서는 이 분야에 대한 감시감독이 철저하다. 따라서 한국통신의 접속료와 전용회선 임대료는 내부거래가격 수준으로 타경쟁사업자에 제공되도록 개방되어야 한다. Last Miles가 개방되지 않은 상태에서의 번호이동성제도 도입은 무의미하다. 셋째로 유럽에서는 시장지배사업자의 시장점유율을 50% 이상, 미국에서는 케이블TV 사업자의 시장점유율이 30% 이상을 넘지 못하도록 규제하는데, 통신산업의 특성상 서비스별로 시장지배사업자에 대한 시장점유율이 규제되어야만 자유경쟁이 가능하다. 서비스별로 일정한 금액 이상의 매출 기준에 따라 규제하는 현재의 제도는 무의미하다. 넷째로 인프라 구축에는 막대한 투자비가 소요되기 때문에 중복과잉 투자를 방지하기 위해서 독점을 죄악시하는 미국에서도 지역전화회사의 네트워크에 대해 특히 Last Miles에 대해 7개 지역으로 쪼개어 지역독점을 허용했다. 일본에서도 이미 1980년대에 장거리전화는 Japan Telecom, 시내전화는 DDI에 사업권을 주어 종합사업자인 NTT에 경쟁토록 했으나 불완전 경쟁에 따른 통신사업의 낙후성과 소비자부담을 인정하고 2단계로 2000년에 NTT를 시내사업자인 NTT WEST와 NTT EAST로 분리해 지역독점을 허용하고, 장거리전화에는 NTT Communications를 분리 설립해 Japan Telecom과 경쟁토록 하면서 철저하게 상호접속과 동등조건의 임대를 의무화했다. 중국도 거대한 독점회사였던 China Telecom을 2002년에 남북으로 쪼개어 Northern China Telecom과 Southern China Telecom을 설립해 전화사업의 지역독점을 허용하고, 별도 무선사업자로 China Mobile과 China Unicom으로 양분된 복점구조로 만들었는다. 이들 조치는 인프라 및 서비스의 중복과잉 투자와 과당경쟁을 막기 위한 것이다. 여기에서 초기의 공통적인 자유화 정책은 기존의 독점회사의 지배력을 제거하고 경쟁을 유도하기 위해 두 개 이상으로 분리하거나 시내사업과 장거리사업 중 한 개 사업만 허용하면서 무선과 인터넷사업을 동시에 허용해 종합통신서비스 사업자로 육성했다는 것이다. 이것은 인프라의 중복과잉 투자를 방지해 최대한 효율적으로 사용케 하기 위함이고, 경쟁도입을 단계적으로 추진함으로써 외국사업자의 국내시장 지배를 막고 과당경쟁에 따른 폐해를 최대한 줄이자는 목적에서 기인한 것이다.

　그러나 우리나라의 통신산업 개방화와 자유화는 유효경쟁의 선행조건인 네트워크, 특히 Last Miles에 대한 자유화가 이루어져야 한다는 사실을 인식하지 못한 채 시장에 플레이어만 늘이면 독점력이 깨지고 유효경쟁체제가 형성되리라고 보았기 때문에 8년이 지난 오늘에도 독점시장은 그대로 존속하고 후발사업자는 모두 망해가는 처지에 있다.

통신산업의 인프라에 대한 중복과잉 투자를 방지하고 서비스 분야의 유효경쟁을 통한 소비자권익을 제고하기 위해 당시에 선택할 수 있었던 바람직한 방향을 살펴보면, 하나로통신, 온세통신을 사업자로 허가하기 전 KT를 분할해 시내사업자를 남북으로 분할하든 동서로 분할하든 한국통신을 배제한 새로운 2개 이상의 시내사업자를 선정해 당분간 지역독점을 허용하고, 한국통신은 장거리전화사업에만 국한해 당시 데이콤과 경쟁토록 하는 것이다. 아니면 당시에 일부에서 제기되었던 네트워크를 한국통신, 파워콤 등을 막론하고 하나의 망으로 통합, 네트워크 구축 및 운용전문회사를 설립해 중복과잉 투자의 방지와 서비스사업자에게 차별 없는 사용을 보장함으로써 네트워크의 효율적 운용과 서비스사업자 간 자유로운 유효경쟁이 이루어지도록 하는 것이다. 또 다른 선택으로 데이콤에 지역전화사업과 무선전화사업을 허용하고 KT네트워크의 완전한 사용보장으로 2개의 종합통신사업자를 육성하고 양자 간 경쟁체제를 구축하는 방법이 있다.

우리나라 통신시장 전체 규모는 2002년 34조 원으로, 이는 미국 내 4위 사업자인 Sprint의 매출 규모와 같고, 국내 LG전자의 매출 규모와 비슷한 작은 시장이다. 세계통신시장 모두가 종합통신사업자를 지향하고 있는 상황에서 우리는 서비스별로 쪼개어 10여 개 이상의 반쪽 플레이어들을 등장시켰다. 이는 통신산업 발전과 경쟁력 제고에 걸림돌이 되고, 장차 뉴라운드가 합의되면 외국인지분 49% 이하 규제가 철폐될 것이 때문에 외국 통신업체에 흡수합병될 위험에 처할 것이다. 이상의 세가지 선택기준 아래 1990년대 후반에 제한경쟁을 도입하고, 10년이 지난 지금쯤 지역독점전화사업에 무한경쟁을 도입하고, 장거리사업자에게도 시내전화, 무선사업과 인터넷사업을 개방해 무한경쟁토록 하는 수순을 밟았어야 했다. 산업정책에서 기본적으로 고려되어야 하는 요소는 첫째로 자유경쟁할 수 있는 여건을 마련해 경쟁을 통한 경쟁력제고와 소비자권익을 보호하는 것이고, 둘째로 개방소국 경제에서는 한정된 자원을 최적으로 배분되도록 해 자원의 효율적 활용 극대화를 통해 국제적 경쟁력을 갖추도록 하고, 셋째로 지역균형 발전과 기술개발이 촉진되도록 신경을 써야 하는데 우리나라 통신산업정책은 어느 한 요소도 만족시키지 못했고, 오히려 배제되어야 할 정치적 요소를 고려했다.

통신산업에서 가장 중요한 경쟁력은 네트워크에서부터 발생하는 것이다. 즉 네트워크의 경제성은 가입자의 제곱과 비례한다. KT가 네트워크의 독점 내지 우위를 점하고 있는 시장에서 후발사업자가 경쟁한다는 것은 처음부터 불가능한 것이었다. 후발 통신사업자들은 한국통신의 네트워크를 이용하지만 접속 내지 임대제한과 비싼 사용료 때문에 각자의 자기의 네트워크를 구축하기 시작했다. 후발 통신사업자들이 어려움을 겪고 있는 근본적 원인은 인프라 구축에 투자한 투자비를 감당하지 못한 것 때문이다. 도시와 도시를 연결하는 기간망의 경우 한국통신, 데이콤, 파워콤, 한국도로공사, 대한 송유관공사가 투자했고, 그 뒤 SK네트워크, 삼성 네트워크스도 투자하고 있으며 시내의 고객 건물까지의 가입자망에는 한국통신, 하나로통신, 데이콤, 파워콤, 두루넷, 케이블방송사업자 등이, 그리고 건물이나 아파트 내의 건물인입선의 경우, 한국통신, 하나로, 두루넷, 데이콤, 파워콤은 물론 지역케이블방송 사업자까지 경쟁적으로 중복해서 깔고 있다. 현재 수도권에 가입자망을 땅 속에 까는 데에 1Km당 2억 원이 소요되고 있다. 개방화·자유화 초기에 미국이 7개 시내사업자에게 지역독점을 허용한 것이나, 일본과 중국이 시내사업자를 동서로 또는 남북으로 나누어 지역독점을 허용하고 철저하게 가입자망의 공동이용제도를 실시한 것은 네트워크의 중복과 과잉투자를 방지하기 위해서였다. 지금 우리나라에서 신규로 건설하는 아파트 단지나 재개발지역의 건설현장을 살펴보면 한 개의 광케이블로 충분함에도 5~6개 사업자들이 경쟁적으로 중복 설치하고 있는 것이 큰 문제로 대두되고 있다. 앞으로 ALL-IP망 구축시에 장애요인이 될 뿐 아니라, 인프라 구축에 대한 과잉투자로 통신산업의 경쟁력에 큰 부담으로 작용할 것이다. 정부는 이와 같은 근본적인 문제의 원인제거 노력을 최우선순위로 두어야 함에도 번호이동성제도 도입 등 본말이 전도된 조치를 취하고 있다. 하지만 이것만으로는 유효경쟁체제 확립과 중복과잉 투자방지가 불가능할 것이다.

데이콤의 장거리전화사업은 KT의 일방적인 접속료 인상과 LM시장의 독점으로, 인터넷사업은 전용회선료의 지속적인 인상으로 고전을 면치 못하고 있다. KT의 사업부서 간 내부 거래가격이 공개되고 동등조건으로 임대할 수 있어야 경쟁이 가능한 것이다. 따라서 유효경쟁의 선행조건인 네트워크의 경쟁체제가 조속히 확립되어야 한다. 그리고 OECD의 2/3 이상 국가에서 이미 시행 중인 LM시장의 경쟁도입을 미루지 말고 조속히 개방추세를 따라야 할 것이며, 사선제 선택의 제한을 풀고 전체 고객에 대해 시외전화사업자 선택기회를 제공해야 한다. 또한 정부의 사업자 심사에 의해 사업권을 주는 제도를 폐지하고, 통신사업자의 판단에 따른 진입과 퇴출이 자유롭게 보장되어야 하며, 서비스의 가격규제를 철폐해야 한다. 본질을 외면하고 주객이 전도된 유효경쟁체제 구축을 외쳐봐야 아무 소용없다. IT강국을 자랑하고 있으나 후발사업자의 비참한 현실과 독점체제의 지속, IT벤처기업의 90% 도산, 네트워크

의 중복과잉 투자, 전주마다 어지럽게 중복으로 걸려 있는 케이블, 지역
독점 케이블사업자 난립, 방송과 통신의 분리행정, 독특한 독자기술의
취약과 소프트웨어의 예속, 통신장비 수입의존 등 취약점이 너무나 많
아 부끄럽기만 하다.

10
재도약을 위한 선택

멀티미디어 시대의 선택

우리는 돌밭에서 돌과 바위를 치워내면서 지뢰를 제거하고, 저수지도 확보한 다음부터는 본격적으로 어떤 작물을 심어야 돈을 벌수 있을지 고민하기 시작했다. 그 동안 추진했던 과감한 구조조정과 강도 높은 비용절감 등 여러 가지 변화와 혁신 프로그램의 효과가 나타나면서 영업이익이 연속적으로 흑자를 실현하고 그 이익률이 점점 높아져갔다. 이에 따라 적자사업들이 하나둘씩 흑자로 전환해 가던 2002년 하반기부터는 회생작전에 자신감을 갖게 되었다. 이제 우리는 '업사이징 차원을 넘어 새로운 미래성장 산업으로 어떤 사업을 선택해야 할 것인가? 사업구조를 어떻게 바꿔나가야 후발사업자로서의 여러 가지 제약을 극복하고 전천후 생존능력을 가진 계속기업으로 성장할 수 있을까?' 등에 대해 지혜를 모으기 시작했다. 그리하여 Accenture에 미래성장 사업모델을 제시하는 연구용역을 의뢰하고, 해외통신시장의 동향을 살펴보기 위해 직원들을 해외로 출장보내는 한편, 시스코·노텔 등 통신장비업체들과 정기적인 기술 세미나를 가지기도 했다. 또한 광동축 혼합망(Hybrid Fiber Coaxial)이란 Last Miles를 보유한 파워콤 인수에 성공한 후, 2003년 1월 '멀티미디어사업준비팀'을 CEO 직속으로 설치하고 연구소에 '차세대 서비스연구팀'을 설치해 폭넓은 사내 의견수렴과 착실한 준비를 서둘러나갔다.

해외 사례로 우리의 관심을 끈 것은, 미국의 케이블방송 사업자인 Cox Communications가 세계 최초로 1997년부터 서킷교환방식을 이용해 동일한 케이블에 초고속인터넷, 전화, 다채널방송을 결합(Triple Play Service)해 번들서비스를 제공하므로 2003년 1분기에 가입자의 29%가 이미 번들서비스를 이용하고 있었고, AT&T가 1999년에 케이블방송사업자인 TCI와 미디어원을 인수해 지역전화서비스를 케이블방송 가입자에게 제공하기 시작하고 NBC방송을 자사의 가입자에게 무료로 제공하므로 AT&T의 번들상품 매출이 2003년 1분기에 소매매출에서 차지하는 비중이 17%나 되었던 것이다. 또한 Verizon은 위성방송사업자인 Direct TV의 위성방송을 지역 및 장거리 전화고객에게 매월 6달러의 가격으로 재판매하고 있었고, SBC도 위성사업자인 Echo Star의 위성방송을 같은 가격으로 재판매하고 있었다. 미국유선통신시장에서는 음성전화, 초고속 인터넷, 그리고 방송을 결합한 시장에서 '기존 장거리전화사업자와 케이블방송사업자의 연합'과 '기존 지역전화사업자와 위성방송사업의 연합'이 대결을 전개하고 있었는데, 여기에 타임워너의 AOL인수와 Comcast의 Disney 인수시도와 같이 통신, 방송, 콘텐츠의 결합까지 가세하고 있었다. 일본에서는 야후 BB와 Fusion

Communications가 2001년부터 NTT의 ADSL을 임대해 초고속인터넷과 인터넷전화(VOIP)서비스를 제공했는데, 2003년 3월 각각 400만 명의 가입자 중 90%가 번들서비스 가입자였고, 2003년 8월부터 050으로 시작하는 VOIP 번호체계가 시행되면서 번들 가입자의 증가세가 더욱 탄력을 받고 있었다. 이탈리아에서는 Biscom이 자회사인 Fast Web사를 설립해 2001년 2/4분기부터 초고속인터넷서비스와 케이블방송서비스를 결합해 제공하고 있었는데 가입자가 매분기마다 55%씩 늘고 있었다.

미국 등 외국 통신사업자들의 경우 2000년 후반부터 IT버블이 붕괴하면서 통신서비스시장이 위축되고, 기존의 서비스는 성숙 단계에 접어들었으나 새로운 기술과 서비스는 개발되지 않고 있었으므로, 유·무선 통신사업자들이 모두 번들서비스를 중요한 전략방향으로 인식하고 전략적 제휴, 관련서비스 및 기술개발에 열중하고 있었다. 그러나 국내에서는 2003년 초까지 이렇다 할 움직임이 없었다. 신문지상에 KT가 초고속인터넷과 디지털 위성방송(Sky Life)을 결합한 서비스 출시를 계획하고, SKT가 이동전화와 위성 DMB(Digital Multimedia Broadcasting)의 번들 상품을 준비하고 있다는 정도로 보도되었다. 우리로서는 이러한 상황을 틈타 시장선점을 위해 번들상품을 가장 먼저 출시해야 하겠다고 마음을 먹고 조용히 진행해 나갔다.

국내에서는 KT가 시도할 만도 한데 신중한 자세로 기다리고 있는 이유가 있다. 즉 시장지배사업자는 전화를 이용한 다른 서비스를 번들로 제공할 수 없는 규제가 존재해 있었고, HFC망을 이미 지역방송사업자에게 매각했기 때문에 xDSL 이외는 양방향의 인터넷서비스를 번들로 제공할 수 있는 인프라가 없으며, 또한 인터넷전화(VOIP)를 제공할 시는 기존 지역전화서비스를 잠식하는 카니발리제이숀을 우려했기 때문이다. 우리는 파워콤만 인수하면 충분히 시장의 판도를 바꾸어나갈 수 있다는 자신감을 가지고 지난 약 1년 간 준비해 온 자료를 근거로 파워콤 인수 후인 2003년 4월 4일 〈미래성장사업 진출 계획〉이란 안건으로 이사회에 보고를 마치고, 2004년 1월 1일 신규 번들상품 출시를 목표로 세부사항을 구체적으로 준비해 나가면서 매월 경영혁신 활동 보고시에 항목별로 점검해 나갔다.

우리는 현재의 성장한계를 돌파해 미래의 새로운 성장엔진으로 파워콤의 광동축 혼합망(HFC : Hybrid Fiber Coaxial)을 활용한 디지털 방송, 초고속인터넷, 인터넷전화, 화상회의, 웹하드, CHOL 등을 번들링으로 한 멀티미디어사업을 승부사업으로 채택하고 재도약의 발판을 구축해 시장의 경쟁판도를 바꾸어 2006년 이후에는 통신 3강에 진입하겠다는 야욕에 찬 도전계획을 마련했다.

우리의 첫번째 계획은 2002년 말 현재 1,000만 가구에 제공되고 있는 아날로그케이블방송이 2010년에 종료하므로, xDSL이 아닌 케이블망을 확보한 우리는 케이블방송사업자와 연합해 2004년부터 디지털케이블방송을 신상품으로 출시하겠다는 것이다. 이를 위해 케이블방송사업자인 드림시티와 자본금 420억 원의 합작회사 BSI(Broadband Solutions, Inc)를 설립해 데이콤 30%, 유진 40%, 제3자가 30%를 투자하기로 계약을 체결했다. 그리고 2003년 11월 1일 시범서비스를 시작으로 2004년 1월 1일부터 서울·경기 지역을 중심으로 번들서비스를 제공하고, 2005년 1월부터 양방향의 인터넷 TV 서비스를 제공하기로 계획을 세웠다. 우리가 디지털 방송사업에 뛰어들기로 한 이유는 초고속인터넷이나 이동전화서비스가 이미 포화상태에 있어 성장세가 정체상태였기에 후발사업자로서는 신규서비스인 디지털방송서비스시장에 먼저 진입해야 시장을 선점할 수 있다고 판단했기 때문이다. 또한 6만 9,000Km의 광동축 혼합망(HFC)을 우리(파워콤)만 보유하고 있어 양방향 초고속인터넷서비스, 인터넷전화(VOIP), DMC, 화상회의 등 다양한 번들서비스를 제공할 수 있는 우월적인 네트워크를 확보하고 있었다. 다만 초고속인터넷시장에 기반이 없는 우리로서는 두루넷 또는 온세통신을 인수합병하거나 케이블방송사업자들과의 전략적 제휴를 통해 저렴한 가격의 번들서비스로 고객을 확보하는 전략을 세웠다. 더구나 KT는 번들서비스를 제공하기 위해 xSDL를 업그레이드해 나가거나 차세대 광케이블 FTTH(Fiber to the Home)를 구축해야 하는데, 기술적인 과제도 있지만 현재로서는 투자비가 10배 이상 소요되므로 충분히 승산이 있고 또 경쟁에서 시간을 벌수 있다고 생각했다. 또한 KT의 위성방송, SKT의 DMB와 경쟁이 불가피하겠지만 이들은 일방통행의 지상파 방송과 같이 쌍방향 서비스는 불가능하고 위성을 이용하기 때문에 산간벽지, 오지 등에도 서비스가 가능하지만 기상조건의 악화, 각종 전파장애 등으로 품질의 안정에 문제가 있어 케이블을 이용한 디지털 방송은 품질의 안정성을 보장하므로 승산이 있다고 판단했다. 미국에서도 케이블방송 가입자의 70%가 유선을 선호하고 있었고, TCI 및 미디어 원을 인수한 AT&T, 타임워너, Comcast 등 HFC를 이용한 케이블방송이 위성을 이용한 Direct TV, Echo Star 등에 판정승을 거두고 있는 것이 이를 증명했다. DMB는 이동성은 좋으나 화면이 작기 때문에 대량 데이터 및 영상통신에는 한계가 있고 특히 기업용 번들서비스에는 적합하지 못했다. 또한 겸업 금지로 케이블방송에는 진출할 수 없는 제약이 있었다. Accenture의 보고서에 따르면, 2001년부터 미국에서 서비스가 시작된 인터넷 TV의 전세계 사용자 수가 2001년 1,290만 명에서 2006년에 1억 명으로 급속히 늘어 케이블방송 가입자의

53%가 인터넷 TV를 이용할 것으로 전망했다. 국내 인터넷 TV시장도 5년 후에는 700만 명의 가입자에 약 1조 5,000억 원의 시장이 형성될 전망이므로 이 새로운 서비스시장에서는 반드시 국내에서 시장선점을 해야만 한다고 생각했다. 게다가 그룹 내에 광케이블 메이커인 전선, 디지털텔레비전과 셋톱박스 등 기기메이커인 전자, 시스템 구축의 CNS와 콘텐츠를 제공하는 홈쇼핑, DMI 등 관련 시너지 산업을 갖추고 있어 멀티미디어 시대에서는 KT와 겨루어볼 수 있다고 판단했다.

이상과 같은 여러 가지 강점을 가지고 있었지만 위험 요소도 만만치 않다고 보았다. 첫째로 우리나라 케이블방송사업은 대기업의 지분제한과 서비스지역 제한을 두고 있기 때문에 미국과 같이 전국적 서비스를 제공하는 사업자가 등장하기 어렵게 되어 있었다(2004년 3월 2일 방송법개정안이 국회에서 통과되어 대기업의 지분참여 제한은 30%에서 49%로 상향되었음). 미국에서 1996년 통신법으로 한 회사가 여러 개의 케이블방송회사를 소유하는 것을 허용함에 따라 SO(System Operator :지역케이블방송사업자)시장에서 인수합병의 붐이 일어났다. 그 결과 타임워너, TCI 등 MSO(Multi-system Operator)의 대형화가 촉발되어 전국적인 케이블방송 사업자가 등장한 것처럼 우리도 이와 같은 인수합병이 전개될 때에는 그 소요자금이 만만치 않을 것이라고 보았다. 따라서 우리는 통신·방송융합 시대에 변화의 중추적 역할을 케이블 TV가 담당할 것으로 보고, SO들과 협력을 강화해 인수합병, 전략적 제휴, 공동망구축 등 다각적인 협력방안을 추진하기로 했다. 둘째 우리는 방송사업권과 가입자기반이 없다는 것이 큰 약점이었다. 방송법의 개정노력으로 대기업의 진입장벽을 허물고, SO를 인수하거나 별도로 사업권을 확보하던 방송사업권을 획득해야 하고, 가입자기반으로 두루넷과 온세를 인수해 초고속인터넷 가입자를 확보하거나 SO들을 인수해 케이블방

송 가입자를 확보하여 번들서비스 제공을 위한 최소 200만 명의 가입
자기반을 확보해야만 했다. 셋째 SO들이 한전의 전주를 이용해 공격
적인 투자로 자가망을 구축하고 저가의 초고속인터넷 서비스를 번들
로 제공할 경우 파워콤망의 이용률을 떨어뜨리고 번들시장에서 경쟁
자가 될 것이며, 일부 MSO들이 DMC사업을 독자적으로 추진한다면
우리의 사업전개에 걸림돌로 작용할 가능성이 있었다. 여기에서 우리
의 선택은 MSO의 인수합병을 추진하거나, 이들이 VOIP 플랫폼 구축
이나 DMC 구축, 전국적 네트운용 등에 기술적 역량과 자금력이 부족
한 그들과 어떠한 방법으로든 상호 승리할 수 있는 방법을 찾아보기로
했다. 예를 들어 그들의 자가망을 인수하거나 협력하는 대가로 VOIP
나 초고속인터넷 서비스를 제공해 매출배분방식으로 협력하고, DMC
사업에 지분을 참여시키거나 Program Provider로 진출해 협력하는 등
의 방법을 강구했다. 그리고 2005년에 제공계획인 인터넷 TV서비스에
BEET(즉 Banking, Education, Entertainment & T-Commerce on TV)를 중심
으로 한 콘텐츠 개발에 역점을 두기로 했다. 한편 파워콤에서는 전국
적으로 6층 이상 건물을 대상으로 FTTH 또는 HFC망을 구축하기 위
한 3개년 계획을 세우고, HFC 가입자망의 업그레이드와 홈패스율 제
고를 위한 3개년 계획도 수립했다. 또한 수도권 등 대도시의 신도시개
발 및 재개발 지역의 아파트단지에 FTTH 또는 HFC망이라 불리는 차
세대 네트워크 구축을 위한 장기계획에 따라 투자를 공격적으로 전개
하기 시작했다.

두번째 계획은 인터넷전화 서비스를 본격적인 번들상품으로 제공하
는 것이다. KT가 독점해 온 음성전화 시장에 진입하기 위해서는 기존
의 PSTN(Public Switched Telephone Network)망을 이용해서는 승산이 없

다고 판단했다. 따라서 투자비가 적게 들고 요금이 저렴한 IP망을 이용한 인터넷전화(VOIP : Voice over Internet Protocol)서비스로 시내전화와 LM시장에 진입할 수 있다고 보았다. 또한 케이블방송 가입자에게 초고속인터넷과 전화서비스를 번들로 제공하고, 초고속인터넷 가입자에게 디지털방송과 전화서비스를 경쟁자보다 6개월 먼저 번들로 제공한다면 시장의 판도를 바꿀 수 있다고 판단했다. 우리는 선진국의 유선전화 시장이 2010~15년까지는 80% 이상 VOIP방식으로 전환될 것으로 전망하고, 국내전화 가입자 2,300만 명 중 2008년까지 약 400~500만 명이 VOIP로 전환해 연평균 140%씩 성장해 1조 원 이상의 VOIP시장이 형성될 것으로 보았다. 국내에서 VOIP전화서비스가 1999년부터 여러 가지 형태로 제공되기 시작했으나 근본적인 몇 가지 문제를 해결하지 못해 실패로 끝난 것을 우리는 잘 알고 있었기에 이 문제해결에 달려들었다. 먼저 기존 전화번호를 변경해야 하는 문제를 해결했다. 기존 전화번호를 그대로 사용하면서 모뎀을 연결해 시내, 시외, 국제전화, 팩스 등의 발신 서비스를 가능하도록 시스템을 구축함으로써 현재보다 30% 이상 저렴한 서비스를 제공하고, 값비싼 VOIP단말기를 설치하지 않아도 이용이 가능하도록 했다. 또한 인터넷전화의 근본적인 결점인 착신 서비스가 불가능하다는 점을 해결하지 않고 진입한다는 것은 실패할 위험이 높았기 때문에 문제해결을 위해 우리의 우수한 기술인력이 투입되어 밤낮으로 고생했다. 약 1년 이상의 노력 끝에 우리는 2002년에 출시한 평생전화번호, 시내·시외 요금 구분이 없는 전국동일 전화번호인 0505전화를 이용해 착발신이 가능한 VOIP시스템을 구현하는 데 성공했다. 다음으로 통화품질의 확보가 필수적이므로 VOIP 플랫폼을 2003년 6월에 시험구축하고 임직원 약 200여 명의 가정에 시험서비스를 실시했다. 약 6개월 간의 시험서비스를 통해서 기존의 통화

품질과 같은 수준을 확보했고 만약의 장애를 대비해 기존의 PSTN으로 자동연결이 가능하도록 시스템을 구현했다. 또한 PC에서도 착발신이 되도록 하고, 텔레미팅, 화상회의 등 부가서비스가 PC에서 구현되도록 했으며, PC에서도 케이블방송을 수신할 수 있는 시스템을 개발했다. 문제는 인터넷전화에 필요한 상호접속계약과 케이블방송 가입자 또는 초고속인터넷 가입자 기반을 확보하는 것이었다. 두루넷 인수에 실패한 우리는 우선 자체 서비스인 보라홈넷 가입자를 10만 명에서 30만 명으로 늘리고, 케이블방송 사업자와의 전략적 제휴를 추진하고, 법정관리 중인 두루넷과 온세와 상호 협력해 연말까지 가입자 기반을 200만 명 선을 확보하기로 했다. 그러나 각자의 이해관계가 달라 가입자 기반 확보에 어려움을 겪어 연말까지 126만 명을 확보하는 데 그쳤고, VOIP 플랫폼 구축을 위한 장비선정과 청약·유치, 빌링, 개통·장애·장비관리, 인증·NMS 등 백오피스 시스템개발과 구축에 예상보다 시간이 많이 소요되어, 2004년 1월 1일부터 기업용 번들서비스는 예정대로 출시하되 가정용서비스는 2004년 3월 1일로 연기하기로 했다. 반면에 2004년 1월부터 단독주택 및 재개발, 신도시아파트를 중심으로 시범대상 범위를 넓혀 전국 약 1,000가구에 시범서비스를 제공해 번들서비스의 품질을 확보하기로 했다. 한편 2004년에 예정된 040 또는 070으로 VOIP번호체계를 부여할 때 확보할 수 있는 방안과 시장지배사업자에 대한 번들금지 규제를 최소한 6개월 이상 유지하는 노력 등 대 정부접촉과 협의를 시작했다.

세번째 계획은 4P(Product, Price, Promotion, Place)에 기초를 둔 마케팅전략을 수립했다. 방송과 통신의 융합상품으로 번들서비스를 제공키로 한 우리는 가격 수준도 현행 개별 상품가격보다 15~30%정도 저렴하게 책정하고 세 가지 서비스(Triple Play Service)를 가입할 시에는 화상회의, 텔레미팅, CHOL, 웹하드서비스를 무료 또는 최저가로 제공하기로 했다. 그리고 초기 공략대상 시장을 HFC 가입자망이 구축되어 있는 단독주택과 신규개발이 활발한 재개발 및 신도시 아파트를 대상으로 하고, 2003년 5월에 새로 선정한 협력업체 100개를 개통·장애처리·유지보수를 지역별로 분담해 전담하기로 했다. 한편 2003년 6월 제주도 서귀포에 위치한 국제컨벤션센터에서 개최된 디지털케이블TV 및 콘퍼런스(KCTA 2003)에 HFC망을 이용한 번들서비스 솔루션을 파워콤·데이콤의 합동부스에 전시해 고객들의 관심을 모으는 데 성공했다. 우리가 시연한 서비스는 디지털 케이블TV, VOD(Video on Demand), MOD(Music on Demand), VOIP 등 방송통신 융합형 서비스와 HFC망을 기반으로 한 디지털 홈네트워크, 그리고 PLC(Power Line Communications)를 이용한 2 Mega/bps의 초고속인터넷서비스 등이었다. 그 동안 애써 준비한 결합상품을 성공적으로 시연함으로 상용서비스의 출시에 앞서 자신감을 얻을 수 있었다. 또한 행사 관련자가 모여 전국 주요 도시에 산재한 파워콤과 데이콤국사에 일반고객이 시험 이용할 수 있는 '멀티미디어 데모룸'을 설치하고, 브랜드 이름도 공모하기로 하고 그 준비에 착수키로 했다. 그러나 유통망을 이용한 간접 마케팅을 할 것인가 아니면 온라인을 이용한 직접 마케팅을 할 것인가에 대해 내부에서 의견통일을 이루어내지 못했다. 기존의 약 500개의 유통망과 전국적으로 산재한 SO들을 이용하는 방법을 선택할 경우 후발 사업자가 부담해야 할 유통비용이 엄청날 것이고, 외국에서 성공하고 있는 델 컴퓨터, 아마존, SBC·야후 등과 같이 온라인마케팅을 채택하면 유통비용은 크게 줄일 수 있으나 가시적인 유치실적에 자신이 없었다. Accenture에서는 우리나라 인터넷이용자 수를 감안해 강력히 온라인마케팅을 권고했는데, 이 분야에 경험이 없는 우리는 확신이 서지 않았다. 모든 통신사업자가 채택하고 있는 유통망을 이용한 오프라인마케팅을 답습할 경우, 매출액 대비 외부유통망 지급수수료가 32~38%나 되어 부담이 컸다. 그리고 고객관리에 안정성과 신뢰성을 확보할 수 없는 데다가 고객유치를 위한 과당경쟁에 휘말릴 위험이 있었고, 온라인마케팅방법을 채택한다면 기존 영업채널과의 마찰과 오프라인 유통조직이 붕괴되고, 기존 고객의 가격인하 요구로 매출이 감소할 뿐 아니라, 온라인마케팅을 위한 광고비부담 등의 문제점이 있었다. 그리하여 온라인마케팅의 성공사례인 델 컴퓨터, 아마콘, SBC · 야후, 교보자동차보험 등을 벤치마킹하는 한편 웅진코웨이의 코디, 마이크로소프트의 소프트나이트, 피라미드 판매조직 등 점조직 마케팅 기법의 장단점을 종합적으로 검토한 후 제2차 마케팅 서베이를 실시해 결론을 도출하기로 했다.

네번째 계획은 기술개발계획으로 지난 3년 간 회사의 형편상 신규인력채용을 중지해 왔으나 2003년 하반기부터 멀티미디어서비스와 관련한 연구인력을 30% 증원하고 R&D예산을 매년 30%씩 확충해 나가는 것이다. 회사의 특허출원 건수가 2001년과 2002년에는 각각 13건, 15건에 머물렀으나 2003년에는 39건으로 늘어났다. 39건 중 VOIP서비스 관련 특허가 4건, 멀티미디어네트워크 관련 특허가 4건으로 점점 늘고 있었으므로 이제부터는 본격적으로 연구개발 활동을 적극적으로 지원키로 했다. 여기에 포함된 연구과제로는 속도를 업그레이드하기 위한 캐나다 연구소와 공동연구 프로젝트, 한전 및 파워콤과 공동으로 PLC를 이용한 멀티미디어구현방법, 단독주택 또는 연립주택용 Cable Access Point를 이용한 무선건물인입방법, LG전선과 프라스틱 광케이블 구축방안, 전자와 통합셋톱박스(One Single Unified Setup box)개발 등이었다.

우리는 지난 1년 반 동안 멀티미디어서비스를 준비하면서 수많은 회의를 가지고 토론을 했는데 우리가 제공할 서비스가 'Functionality, Convenience, Reliability, Low Price'라는 네 가지 핵심가치를 철저히 보장하고 구현해야 한다는 데에 인식을 같이 했다.

미래 10년을 위한 대비

지난 10년 간 세계 통신산업은 엄청난 변화를 경험했다. 통신서비스가 1997년 2월, WTO체제에 편입되므로 민영화, 개방화, 자유화의 물결에 휩싸였다. 게다가 미국의 1996년 통신법 제정에 따른 무한경쟁시대에 진입한 통신전쟁은 세계통신업계에 큰 영향을 주었다. 이 과정에서 많은 국영통신업체들의 민영화가 이루어졌고, 통신사업자 간 인수합병으로 통신사업자의 대형화가 진행되었으며, 전화·인터넷·방송 등의 결합 서비스를 제공하는 종합통신사업자들이 시장의 주도권을 잡아나가면서 인프라에서부터 콘텐츠까지 서비스의 수직적 통합을 이루어나갔다. 또한 무선사업자들이 괄목할 만한 성장을 이룩했고 인터넷서비스가 꽃을 피웠다. 그러나 동시에 수많은 통신회사가 시장에서 사라졌고, IT 버블현상을 겪으면서 IT업체들이 우후죽순처럼 일어났다가 버블이 사라지자 90% 이상이 시장에서 퇴출되었다. 더구나 유럽의 통신사업자들을 중심으로 IMT-2000이란 3세대 무선사업권을 획득하기 위한 주파수 가격 경쟁에 휘말리면서 누적된 부채와 수익성 악화로 강도 높은 구조 조정의 아픔을 경험하기도 했다. 앞으로 다가올 10년은 세계 통신산업에 과연 어떠한 변화가 전개될 것인가?

　우선 세계화의 속도가 더욱 빨라질 전망이다. 지난 10년 간은 국경 내부에서 인수합병에 의한 대형화가 이루어졌으나 앞으로의 10년 간은 국경의 벽을 넘어 세계시장을 놓고 대형 통신회사가 등장할 전망이다. OVUM이 "2020년까지 세계통신시장은 6개 Major Players가 Major League에서 경쟁하게 될 것"이라고 예측했고, KPN의 맥 마스터(Mc Master) 사장이 "수년 내에 세계통신시장이 대형 6개 통신회사로 개편될 것"이라고 전망한 것처럼, 10~20년 내에 세계적인 대형 종합통신서비스 회사가 등장할 것은 틀림없어 보인다. 그 근거의 하나로 WTO 뉴라운드 협상에서 서비스시장의 개방을 위한 '도하아젠다'가 2003년에 합의하는 데는 실패했지만, 그 대안으로 지금 각 지역 내의 자유무역협정의 체결이 활성화되어 지역 내 통합을 시작으로 지구촌 곳곳으로 확산되고 있는 세계화 추세다. 또한 현재의 추세로 보아 WTO 도하아젠다는 시간문제로 언젠가는 합의에 이르게 될 것이다. 특히 1994년 인도네시아 보고르에서 개최된 APEC 정상회담에서 "선진국은 2010년, 개발도상국들은 2020년까지 무역 및 투자자유화를 달성키로 한다"고 합의했고, 그 후 개최되는 APEC 정상회담 때마다 이를 확인하면서 APEC 행동계획을 지속적으로 추진키로 합의해 오고 있으므로 투자의 개방화와 자유화는 반드시 이룩될 것이다. 그렇게 되면 통신, 방송, 교육, 법무, 회계, 금융서비스 등 서비스 분야의 각종 규제는 철폐되고 자유화·개방화·민영화의 회오리가 전세계에 몰아닥칠 것이 분명하다. 특히 통신서비스 분야에 대한 외국인의 지분제한이 철폐되고 역무 구분이 없어질 때에, 1996년 미국의 통신법 이후 미국 내에서 전개되었던 인수합병과 전략적 제휴, 서비스의 결합 및 수직적 통합 등 세계 통신산업이 무한경쟁의 소용돌이 속에서 일대 재편 과정을 겪게 될 것이다. 또한 통신 산업의 특성상 네트워크의 구축을 전제로 하기 때문에 앞으로 10년 내에 구리 인프라는 수명을 마감하고 광케이블 인프라로 대체될 것이다. 이에 따라 대규모 자본이 투입되어 세계를 연결하는 네트워크가 구축될 것이므로 대형화·통합화는 불가 피한 선택이 될 것이다. 네트워크의 세계화는 국경선이나 지역적 동 맹·정치 체제의 지배를 받지 않고 많은 장벽을 무너뜨리면서 발전해 나갈 것으로 보인다. 또한 메트칼피 교수가 주장한 "네트워크의 경제 성은 이용자수의 제곱의 효과가 있다"는 법칙에 따라, 대형 통신사업 자의 주도로 세계시장의 통합노력은 지속될 것이다. 해저광케이블이 구축되고 저궤도 인공위성으로 세계적인 네트워크가 구축되고 있는 것과 같이 세계 구석구석을 연결하는 기간망은 물론 가입자망까지 광 케이블로 연결될 것이다.

또 하나의 근거는 반도체 집적기술이 무어법칙대로 18개월마다 2배 로 늘어나 이미 1기가비트가 상용화에 도달했으며 2010년에 1테라비트 가 상용화될 전망이고, Bandwidth의 속도가 6개월마다 2배씩 증가한 다는 길더의 법칙이 현실화되고 있는 등 디지털 기술혁명이 세계통신시 장의 통합을 가속화시킬 것이다. 그 결과 세계적인 대형 통신사업자가 속속 등장할 것이다. 또한 인터넷이 1992년부터 상용화되어 2006년에 는 15억 명이 이용할 것이다. 그 결과로 정보공유의 세계화가 후진국에 까지 퍼져나가면서 인터넷시장의 통합화는 통신산업의 세계화를 촉진 하고 있다.

앞으로 어느 통신업체가 세계시장을 지배할지 누구도 예측할 수 없 다. 그러나 앞으로 대형통신회사들이 세계 통신시장을 분할해 나갈 것 이다. 세계 통신시장을 지배할 수 있는 후보 회사로는 NTT, Verizon,

Deutsche Telecom, Vodafone, France Telecom, SBC, Telecom Italia, AT&T, BT, Telefonica 등이다. 다만 재무구조가 취약한 유럽 지역의 회사들이 고전하고 있으므로 주도권을 상실할 우려가 있는 반면, 중국의 두 개 통신회사가 자국시장을 기반으로 부상할 가능성도 배제할 수 없다.

두번째 변화는 서비스 간 융합현상과 수직적 통합추세가 빨라질 것이다. 미국 내에서 이미 지역전화와 장거리전화 영역이 사라졌고, 유선사업자는 무선사업에 진출해 유무선통합 사업자가 되었으며, 여기에 인터넷서비스 사업도 전개해 음성과 데이터통신을 통합했을 뿐 아니라 방송도 통합해 결합상품을 제공하므로 음성 · 데이터 · 방송의 융합이 이루어지고 있다. 특히 인터넷의 세 가지 요소인 Access, Contents, Device의 영역도 허물어지고 있는 추세다. 타임워너와 AOL의 합병은 Access와 Contents가 결합한 것이고, 최근 소니가 영화사 MGM을 인수한 것은 Device와 Contents가 융합한 것이며, AT&T가 TCI와 미디어원을 합병한 것은 Carrier of Carrier가 Access를 확보하고, Excite@Home을 통합해 Contents를 통합한 사례다. 또 세계 소프트웨어시장을 석권하고 있는 마이크로소프트가 하드웨어인 3차원 컴퓨터 제조업에 뛰어들 준비를 하고 있으며, 마이크로프로세서 제조업과 서비스업, 서비스업 내의 상호간 칸막이가 사라지는 현상이 전개되고 있다. 아직도 세계인구의 절반 이상이 기존의 전화를 사용하며, 약 7억 명의 인터넷 사용자가 초보단계 기술에 감동하지만, 7억 명은 세계인구의 10%에 불과하다. 세계적으로 엄청난 디지털혁명이 진행되고 있어 많은 사람들이 언젠가는 세계화 · 지구촌화 추세에 편승할 것이다. 바로 이러한 변화의 소용돌이에서 성공한 기업들이 선두에 서서 향후

10년 간 세계시장을 통합화·융합화·복합화를 이룩해 내는 Driving Force 역할을 할 것이다.

　제조업에서도 이런 추세에 맞추어 각종 복합·융합 제품이 쏟아져나올 것은 자명하다. 미국의 Web TV사가 2000년 초부터 시판하고 있는 TV와 전화, 그리고 PC기능을 통합한 ‘Intelligent TV’처럼 음성, 데이터, 영상을 동시에 접속하는 단말기가 앞으로 일반화될 전망이다. 또 가정에서 쓰는 가전제품이 자동제어되는 홈네트워킹 시스템도 상당한 수준으로 보급될 것이다. 2010년경에는 유선망과 무선망이 All-Ip망으로 통합될 전망이고, 휴대전화기와 컴퓨터가 통합된 휴대인터넷의 보급이 일반화될 것이다. 단말기의 칩도 음성, 데이터, 영상서비스의 융합이 가능하도록 개발될 것이다. 또한 차세대 PC로서 음성인식과 인공지능 및 시각인식의 3차원 Neuron Computers가 상용화될 날이 멀지 않았다. 컴퓨터의 처리능력과 저장용량 및 그 밖의 자원들을 공유하는 거대하고 안전한 ‘Grid Computing’이 등장해 현재의 WWW를 대체할 날도 멀지 않았다. 이 계획은 2002년 IMB의 새 회장으로 부임한 팔미사노가 50억 달러의 투자를 결정하고 진행 중에 있다. 이것이 성공하면 WWW는 20년 간의 수명을 다 할 가능성이 있다. 모토롤라의 에드워드 젠더 회장은 “PC의 성장은 이제 끝났으며 머지않아 휴대전화기가 새로운 복합기기로 PC의 역할을 대신할 것이다. 미래에는 집, 자동차, 회사, 외부세상 등 네 가지가 인터넷으로 연결되는 이동성 혁명(Seamless Mobility)이 전개될 것이다”라고 전망했다. 또한 일본 세이코에서 시판 중인 손목시계형 컴퓨터처럼 Wearable Computers도 일반화될 전망이다. 어떤 종류의 차세대 PC가 주도권을 장악할지는 알 수 없으나 분명한 것은 현재의 PC가 종말을 맞이하고 있다는 점이다. 이와 같이 서비스의 다양화, 개인화, 복합화 추세로 급격히 변화하는 시장의 흐름을 바로 인식하고 적응하는 통신사업자는 살아남을 것이고 그렇지 못한 사업자는 시장에서 사라질 것이다.

세번째는 유비쿼터스 네트워크(Ubiquitous Network)시대가 도래 할 것이다. 개인이나 기업들이 머지않아 물이나 전력을 얻는 것과 유사한 방식으로 정보를 얻게 될 것이다. 유비쿼터스란 라틴어로 '동시에 닿을 수 있는 모든 곳에 존재한다. 도처에 존재한다' 는 의미다. 1990년대 중반부터 미국을 중심으로 급속도로 보급된 인터넷은 컴퓨터와 컴퓨터 간에 서로 대화할 수 있는 네트워크였지만, 앞으로는 PC를 비롯해 TV, 휴대전화, PDA, 게임기 등 도처에 널려 있는 단말기를 이용해 누구나 네트워크를 활용하는 사회가 될 것이다. 단말기 상호간에도 상호접속이 가능해 '언제 어디서나 누구나' 대화가 가능한 유비쿼터스 환경이 도래할 것이다. 유비쿼터스 네트워크는 네 가지 기술요소로 구성되어 있다. 첫째, 브로드밴드 환경이 실현되어 향후 10년 내에 일반적으로 한 가정당 30~50Mbps 환경으로 발전할 것이다. 이는 2시간짜리 DVD영화를 10분, 비디오는 3분, 70분짜리 CD를 10초 만에 다운로드할 수 있는 환경이 각 가정과 사무실에 마련된다는 것이다. 일본 노무라연구소의 전망에 따르면, 유비쿼터스 네트워크사회를 구현하는 데에 필수적인 FTTH의 가격 수준이 가정당 월 5,000엔대가 될 때 그 보급이 폭발적이 될 것이라고 보고 있다.

둘째, 모바일통신 환경은 현재 2세대에서 통신속도가 384k~2Mbps인데 유비쿼터스 환경 아래서는 20~25Mbps까지 빨라질 전망이다. 이 속도는 TV방송의 송신도 가능한 수준으로 고화질 영상으로 간단히 착신을 알릴 수 있는 속도다. 뿐만 아니라 휴대전화는 다양한 데이터 처리가 가능한 고기능의 스마트폰이 일반화되고, 블루투스 기술을 이용해 노트북과 PDA, 휴대전화 등을 무선으로 접속해 음성과 데이터를 주고 받을 수 있게 될 것이다.

셋째, 유비쿼터스 네트워크는 만인의 접속환경이 마련되어 이용자의 인터페이스가 장벽이 없는(barrier-free) 자연스러운 상시접속 환경이 된 다는 의미다. 앞으로 거의 모든 가전기기에 네트워크 접속기능이 내장 되고 집안은 무선랜화되어 거추장스러운 배선이나 설치 없이도 에어컨 이나 가스레인지 같은 가전기기를 제어할 수 있게 된다. 또한 집안에 카 메라를 달아 경비회사와 연결하면 집안 단속도 가능하며, 차량은 텔레 매틱스 시스템으로 바뀌어 달리는 자동차 안에서도 외부와의 정보교환 이 가능해질 것이다.

넷째, 인터넷네트워크에 접속된 컴퓨터에 할당된 IP어드레스는 IPv4(약 43억 개)에서 IPv6까지 늘어나 이 세상에 존재하는 모든 곳, 모든 사람에게 부여할 수 있게 되어 무한대 접속이 가능해진다. 그리고 모든 물건과 생물에 RFID(Radio Frequency Identification)가 내장되어 고유한 극소형 전자태그로부터 무선주파수를 이용해 정보를 송수신할 수 있을 전망이다.

노무라연구소는 유비쿼터스시스템 사회에서는 3단계의 비즈니스계 층으로 형성, 발전할 것으로 전망한다. 제1층은 인프라에 해당하는 유 비쿼터스 네트워크로 광케이블로 기간망과 가입자망이 지구촌 구석구 석까지 연결되어 구축되는 통신환경이고, 제2층은 유비쿼터스 사회시 스템을 지원하는 플랫폼으로 단말기, 칩, 유통센터 등으로 구성된다. 제 3층은 유비쿼터스사회의 모든 애플리케이션, 즉 의료복지 시스템, 교통 네트워크 시스템, 교육학습 시스템 등 인간계 사회 시스템과 식품이력 및 안전성 확인 시스템, 사회간접자본 모니터링 시스템, 도로환경 센싱 시스템 등 환경계 사회 시스템이 무한히 존재할 수 있다는 것이다.

이상에서 설명한 것과 같이 앞으로 전개될 통신시장에서의 변화를 요약하면 세계화와 지구촌화, 그리고 급속한 디지털혁명의 전개와 서비스의 통합화, 융합화, 복합화 현상과 더불어 유비쿼터스사회 시스템으로 변모할 것이다. 그러면 미래에 생존할 수 있는 우리의 선택은 무엇인가?

우선 세계시장의 통합 추세는 우리가 거역할 수 없도록 전개될 것은 분명하다. 미래학자 아서 클락 교수는 "2020년경에는 미국의 달러가 세계의 단일화폐가 될 것이고, 영어가 세계적인 공통언어가 될 것이다"라고 전망했다. 화폐와 언어의 통일과 더불어 앞에서 언급한 인터넷보급과 디지털기술혁명, 그리고 WTO 뉴라운드, 지역협정 등이 세계화를 촉진해 자본력과 기술력에 우위를 가진 대형 통신회사가 세계통신시장을 지배하기 위한 인수합병 전쟁이 전개될 것이 분명하다. 우리나라의 통신사업자도 세계적인 통신사업자들의 인수합병의 먹잇감이 될 것이다. 그나마 가치가 있는 대상은 인수합병으로 계속 존속하겠지만 그렇지 못한 사업자는 시장에서 퇴출될 것이다. 우리에게는 아직 이러한 수모를 당하지 않기 위한 시간이 있다. 지금은 정부와 통신업체들이 경쟁력 제고를 위해 힘을 모으고 미래를 준비할 때라고 생각한다.

먼저 국내 통신사업의 구조조정이 이루어져야 한다. 한번도 구조조정과정을 거치지 않은 국내 통신산업의 구조조정이 선결되어야 한다. 민간 주도에 의한 구조조정이 바람직하지만 현재 통신산업의 구도를 볼 때 불가능하므로 정부 주도로 2~3개의 유무선통합 통신사업자로 구조조정을 이룩한 다음에 경쟁체제를 구축하는 것이 바람직하다. 숫자만 늘인다고 경쟁체제가 구축된다는 단견에서 벗어나, 두세 개 플레이어 간의 유효경쟁체제를 구축하는 것이 더 효율적이라는 인식을 가져야 한다.

그리고 가장 경제적이고 효율적인 광케이블 인프라를 구축해야 한다. 정부에서는 통신·방송·인터넷 등이 융합된 멀티미디어 서비스를 언제, 어디서나 이용할 수 있게 해주는 광대역 통합망(Broadband Convergence Network)을 구축하기 위해 시범사업자를 선정한다고 발표했다. 이는 기존의 광케이블망을 최대로 활용하고, 중복과잉 투자를 방지해 가장 경제적인 네트워크가 구축되도록 해야 한다. 기존 광섬유 기반의 기간망과 가입자망부터 통합을 이룩해 기존 시설을 최대로 활용하고, 건물 인입선을 포함한 Last Miles을 공통투자토록 해 중복과잉 투자를 방지해야 한다. 그 방법으로는 현재 광기반의 네트워크설비를 현물출자해 한 개의 인프라구축 및 운용회사를 설립하거나, 지역을 나누어 지역독점적으로 구축토록 해 동일조건으로 사용토록 개방의무화할 수도 있을 것이다. 지역별, 단지별, 건물별로 광케이블 구축을 경쟁입찰에 부치는 방법을 채택하는 등 여러 가지 합리적이고 경제적인 투자를 유도할 수 있는 방법이 있다.

또한 동남아 통신업체들과 전략적 제휴를 맺거나 현지투자를 통해 우리의 사업영역을 넓혀야 한다. 우리는 그들보다는 자본력과 기술력 면에서 우위에 있으므로 그들과 연대해 인수합병을 대비해야 할 것이다.

따라서 우리는 통신과 방송의 융합, 유·무선의 통합 추세, 그리고 인프라에서부터 콘텐츠까지 수직적 통합 추세에 대비해야 한다. 먼저 정부조직부터 이런 추세에 합당한 조직으로 바꾸어야 한다. 영국이 2003년 12월에 통신과 방송관련법체계와 규제를 통합했고, 독일과 프랑스도 법과 규제체계를 통일해 일원화하는 절차를 진행 중에 있다. 미국과 일본은 처음부터 한 기관에서 규제행정을 통합하고 있어서 우리처럼 밥그릇 싸움으로 허송세월하지 않는다. 하지만 우리는 과거의 아날로그시대의 정부조직을 그대로 존속해 부처 간 영역싸움으로 번져 혼란만 초래하고 있는 것이 안타깝다. 따라서 현재의 통신위원회와 방송위원회를 조속히 통합해 규제기관으로 독립하고, 하드웨어, 소프트웨어 및 서비스산업의 조장 및 지원기능은 한 기관으로 통합하는 등의 조치가 필요하다. 또한 정부는 IMT-2000에 대한 사업권을 부여한 것과 같은 새로운 서비스에 사업권을 돈 받고 파는 현행제도를 폐지해야 한다. 미국 등에서는 공기와 같은 주파수를 매각하지 않고 서비스를 제공하던 통신사업자에게 맡긴다. 통신사업자가 새로운 서비스의 경제성과 시장성을 제일 잘 파악하고 투자하는 것이므로 기업의 판단에 맡겨야 시장의 개인화·다양화·복합화 추세에 신축적으로 부응할 수 있다. 정부가 시장의 과열경쟁을 부추기고 투자비만 과도하게 소요되는 서비스의 상용화를 강요해서는 안 된다. 사업권의 부여로 수요가 창출되지 않거나 적자사업으로 전락할 때 정부가 책임을 지는 것이 아니라면, 휴대인터넷 사업자 선정과 같은 새로운 서비스의 상용화를 정부가 허가하는 제도를 폐지하고 모든 결정권을 기업에 맡겨야 한다.

또한 유비쿼터스 시대를 대비해야 한다. 일본의 경우 2001년 1월에 총리가 본부장인 IT추진전략본부를 설립해 정부의 전 부처와 민간기업, 그리고 많은 연구기관이 연대해서 국가전략사업으로 추진하고 있다. 반면 우리는 e-Korea, u-Korea를 부르짖으면서도 종합적이고 체계적인 행동과 실천은 없는 것 같다. 노무라연구소에서 제시한 대로 1층산업과 2층산업 간의 균형적 발전과 시너지 창출, 1층산업과 3층산업 간의 계열화 내지 유기적 발전을 도모해야 한다.

그러면 데이콤이 앞으로 전개될 무한경쟁시대에 어떤 선택을 해야 성장, 발전할 수 있을까? 우리는 지난 3년 간의 모진 고생끝에 다시 회생해 2004년 영업이익률 13.0%를 달성했다. 1992년 14.2% 이후 12년 만에 가장 높은 이익률을 기록한 것이다. 경상이익률은 1995년 3.6% 이후 처음으로 3.6%를 달성했다. 또한 부채비율을 1996년 150.3% 이후 가장 낮은 185.0%를 기록했다. 매출은 6.6% 증가했으나 영업비용은 오히려 2.5% 감소함으로써 투하자산수익률이 8.0%로 개선되어 드디어 우리가 소망하던 흑자구조와 경영정상화를 이룩해 가고 있다. 그러나 우리의 코앞에는 새로운 변화와 혁신을 요구하는 환경이 급속히 전개되고 있다. 우리는 세계화 추세 속에 계속기업으로 생존해야 하고, 개인화, 다양화, 복합화 서비스 시대에 승자기업으로 발돋움해야 한다. 아울러 유비쿼터스사회를 선도하기 위해 지금까지의 핵심역량을 바탕으로 끊임없이 변신해야 할 것이다. 새로운 환경에 적응하지 못하고 대비하지 못하면 또다시 제2의 위기를 맞게 될 것이다.

우리가 새로운 변화의 환경 아래서 살아남기 위해서는 현재의 역량을 최대로 결집해야 한다. 우선 데이콤과 파워콤 간의 조속한 합병을 이루어 인프라의 중복투자를 방지하고 지원부서 및 국사 등의 통합으로 간접비를 줄이고 All-Ip망의 투자를 계획대로 늘려야 한다. 그리고 법정관리 중인 두루넷과 온세통신을 인수합병해 가입자기반을 확보하고, MSO의 인수 또는 방송사업권을 획득해 통신, 방송, 인터넷서비스 등의 번들서비스를 가장 먼저 출시해 시장을 선점하고, 우리가 계획한 인터넷 TV서비스의 상용화에 앞장서고, 인터넷 TV상의 BEET 솔루션 등 콘텐츠사업에 역량을 강화해야 한다. 뿐만 아니라 휴대인터넷사업권을 확보해 유무선융합 시대를 대비해야 한다. 그리고 R&D 투자를 과감히 늘려 그룹 내의 연구역량을 결집해 서비스의 개인화, 다양화, 복합화에 대응해야 한다. 또한 동남아의 유수 통신사업자와 합작투자 내지 전략적 제휴를 추진해 장래에 예견된 인수합병 전쟁을 방어하는 자세가 필요하다. 이 방법은 현재의 경영권을 유지하면서 지금까지의 노력선상에서 재도약을 위한 도전과 기회를 포착할 수 있는 대안이다. 그러나 재무구조의 취약점을 개선하고 자금력을 키워야 하는 문제 등을 가지고 있다.

또 하나의 선택은 우리나라 통신시장에서 2개의 종합통신사업자의 경쟁이 바람직하다고 보고, KT계열의 통신회사를 제외한 나머지 통신회사들이 한 개로 통합해 국내시장에서 2개의 대형종합통신회사가 경쟁하면서 세계화·지구촌화를 대비하는 것이다. 무선 분야에서는 1위의 지위에 있으나 통신인프라와 유선 및 데이터통신 분야가 취약한 SK텔레콤이나 재무구조가 취약한 후발사업자들은 무한경쟁시대와 유비쿼터스사회에서 통신사업자로 생존하는 데 취약점을 가지고 있다. 따라서 이해관계를 떠나 하나로 통합해 KT계열과 쌍벽을 이루는 종합통신사업자로 경쟁력을 높여 미래를 대비해야 한다. 이들이 이해관계를 초월해 대형 종합통신사업자로 자리매김한다면 통신시장 개방시 국내시장의 수성과 해외진출의 기회를 포착할 수 있으며 중복투자를 방지할 수 있을 것이다. 그러나 나머지 통신사업자들 간의 경영권 주도문제 및 이해관계 조정, 노동조합의 동의확보와 적정주가 산정문제 등 여러 가지 문제가 발생할 수 있다. 그러나 외국의 대형 통신사업자에 강제로 인수합병되는 것보다는 우리의 경영권을 보존하고 통신안보를 사수해야 한다. 그리고 차세대 네트워크구축을 위한 중복투자 방지, 해외진출의 역량축적, 유효경쟁체제 구축, 서비스의 개인화·다양화·복합화 추세에 대비한 기술개발에 힘을 쏟아야 한다.

미래는 준비하는 자의 몫이다. 하버드 경영대학원 니틴 노리아 교수는 지난 100년 간 20세기를 이끈 미국 비즈니스리더 860명에 대한 데이터베이스를 분석한 결과, 이들의 가장 큰 공통점은 '시대흐름을 파악하는 능력(Contextual Intelligence)'이라고 결론을 내린 바 있다. 침몰 직전의 데이콤 호를 구출해 낸 역량을 결집해 구성원 모두가 열정과 창의력,

그리고 지혜를 모아 다가오는 10년의 흐름을 파악하고 대비한다면 우리에게도 기회가 올 것이다. 또한 토머스 프리드먼 교수가 《성공하는 국가들의 9가지 습관》에서 "세계화시대에는 자본주의 논리에 따라 비효율적 기업들이 신속히 파괴되도록 하고, 비전 없는 사업에 묶여 있던 돈이 더 혁신적인 사업으로 자유롭게 흘러갈 수 있도록 하는 나라들만 번성한다. 반면 비효율적 기업들이 창조적 파괴 대상이 되지 않도록 권력의 힘을 빌려 보호하는 나라들은 시대의 낙오자가 될 뿐이다"라고 강조한 것처럼 성공하는 국가나 기업은 자유경쟁을 통해 창조적 파괴를 지속해야만 생존과 번영을 보장받을 수 있다.

한국형 혁신 리더십

지은이 | 박운서
펴낸이 | 김경태
펴낸곳 | 한국경제신문 한경BP

제1판 1쇄 인쇄 | 2006년 4월 5일
제1판 1쇄 발행 | 2006년 4월 10일

주소 | 서울특별시 중구 중림동 441
기획출판팀 | 3604-553~6
영업마케팅팀 | 3604-561~2, 595 FAX | 3604-599
홈페이지 | http://bp.hankyung.com
전자우편 | bp@hankyung.com
등록 | 제 2-315(1967. 5. 15)

ISBN 89-475-2567-7
값 12,000원

파본이나 잘못된 책은 바꿔 드립니다.